Inhalt

Vorwort

Die Abitur-Vorbereitung

Wenn das Abitur näher rückt, wird die Zeit zur Behebung der einen oder anderen Wissenslücke knapper. Der Prüfungsstoff türmt sich zu einem Berg auf, der höher und höher wächst, und manchmal scheint es fast unmöglich, all das wirklich oder vermeintlich erforderliche Wissen auch nur ansatzweise zu speichern.

In dieser Situation hilft nur eins: kühlen Kopf bewahren und die noch verbleibenden Monate so arbeitsökonomisch wie möglich zu nutzen. Dabei möchte Ihnen **Fit fürs Abi – Englisch ⦿ Wissen** helfen.

Natürlich ist klar, dass Versäumnisse aus den vergangenen Jahren Englischunterricht sich nicht in ein paar Wochen einholen lassen. Ein bisschen früher müssen Sie mit ihren Vorbereitungen also schon anfangen – idealerweise mindestens zu Beginn des zweiten Halbjahrs in der vorletzten Jahrgangsstufe. Aber gleichgültig, wie knapp die Zeit auch immer ist: zielgerichtetes, systematisches Lernen und sichere Unterscheidung von wichtigen und weniger wichtigen Dingen führt in jedem Fall zu größerer Effektivität.

Zur Arbeit mit diesem Buch

Wir konzentrieren uns ganz bewusst auf die unbedingt notwendigen Techniken und Vorgehensweisen bei der Prüfungsvorbereitung.

- Wir beginnen mit einer Einführung in die Strategie des Fremdsprachenlernens für Fortgeschrittene.
- Auf diese folgt eine Darstellung der wichtigsten Hilfsmittel für die Sprachpraxis (Wörterbücher und Grammatiken),
- an die sich ein Kapitel über Materialbeschaffung und Internet anschließt.
- Das Kapitel über Literatur soll Ihnen einen orientierenden Überblick verschaffen, der dann durch eine Behandlung ausgewählter und prüfungsrelevanter Probleme ergänzt wird.
- Der landeskundliche Teil ist in der Art eines Konversationslexikons gehalten, in englischer Sprache, um als Vorbild oder Anregung für das eigene Schreiben zu dienen.

Wir wünschen Ihnen viel Erfolg bei der Arbeit mit **Fit fürs Abi – Englisch ⦿ Wissen** und möchten an dieser Stelle auch den Band **Fit fürs Abi – Englisch ⦿ Training** empfehlen, der eine ideale Ergänzung zu diesem Band darstellt.

1_Eine Fremdsprache lernen: Fertigkeiten, Wissen, Strategien

1.1 Allgemeine Bemerkungen

Der Erwerb einer Fremdsprache ist eine relativ langwierige Angelegenheit, ein gutes Beispiel für lebenslanges Lernen. Zwei Jahre vor Beginn des Abiturs ist gerade noch Zeit, mit vernünftigen Lernmethoden größere Verbesserungen zu erreichen. Nehmen Sie sich die Zeit, dieses Kapitel aufmerksam durchzulesen – nach zwei Seiten geht es gezielt zur Sache.

Nicht alle sind beim Lernen einer Fremdsprache so erfolgreich wie sie sich das wünschen. Es ist aber fraglich, ob man für wenig oder nur mäßigen Erfolg die Erbanlagen verantwortlich machen darf („In unserer Familie tut man sich schwer mit Sprachen."). Wie jeder andere Lerngegenstand verlangt auch der Gegenstand Fremdsprache „eigentlich nur": Gedächtnisleistungen und Kombinationsleistungen, Übung und Motivation für die zu erbringende Arbeit. Es erscheint vernünftig, davon auszugehen, dass, wenn Gedächtnis und Kombination, Zeit und Interesse in normalem Maße vorliegen, keine größeren Probleme entstehen sollten.

Ob die Sprachlernfähigkeit mit zunehmendem Alter abnimmt, ist umstritten. Möglicherweise nimmt die psychische Bereitschaft ab, auf eine andere als die übliche muttersprachliche Weise zu kommunizieren; möglicherweise entwickeln sich einige Hemmungen (man möchte sich nicht durch schwache Kenntnisse blamieren). Zum Sprachenlernen ist man aber wohl nur dann zu alt, wenn das Gedächtnis nicht mehr funktioniert, das Denken etwas ausgerastet ist, keine Energie mehr vorhanden ist.

Nur ganz gelegentlich bestehen Hörschwächen oder Leseschwächen, die zwar im muttersprachlichen Umgang kompensiert werden, sich beim Fremdsprachenlernen aber erheblich zum Nachteil auswirken können, da im unbekannten sprachlichen Terrain die Kompensationstechniken versagen. So kann beispielsweise nicht Gehörtes nicht oder nur selten in gleichem Maße kontextuell ergänzt werden.

1.2 Muttersprache – Fremdsprache

Wenn wir von „Muttersprache" sprechen, sollten wir uns diese nicht als einen uniforme, homogene Einheit vorstellen. Die Muttersprache begegnet uns als

- eine Vielzahl von regionalen **Dialekten**, jeder davon in vielfältigen Abstufungen im Verhältnis zur sogenannten Hochsprache;
- in verschiedenen **Soziolekten** (schichtbeeinflusst, oft kombiniert mit Dialekten);
- in verschiedenen berufs- und fachbedingten **Sonderformen**;
- als spontane **Mündlichkeit** in konkreten Situationen;
- als sorgfältig geplante **Schriftlichkeit** in „abstrakten Überlegungen".

Diese Mehrsprachigkeit in der Muttersprache ist für viele eine Selbstverständlichkeit, sie wird mehr oder minder auch unbewusst praktiziert. Für manche ist sie ein Problem, je nachdem, wie sich der Spracherwerb in der Kindheit abspielt. Viele Kinder machen, noch weit vor dem Schuleintritt, eben die Erfahrung, dass die Muttersprache aus verschiedenen Varianten besteht, z. B. dem regionalen Dialekt der Umgebung einerseits und einer Art Hochsprache im Elternhaus. Die damit verbundene Herausforderung, „zweisprachig" in der Muttersprache werden zu sollen, ist wahrscheinlich eher eine günstige Voraussetzung für den Fremdsprachenerwerb: das Bewusstsein, dass man in mehr als einer Sprache kommunizieren kann, bildet sicher eine förderliche Disposition.

Reflektiert man die gerade erwähnte Differenziertheit von Sprache intensiver, muss man zu dem Schluss gelangen, dass niemand seine Muttersprache völlig beherrscht. Die Kenntnisse der Dialekte, Soziolekte (und ihren Vermischungen) ist begrenzt. An Fach- und Berufssprache beherrscht man meist nur das, was persönlich relevant ist. Und das Beherrschen der Muttersprache impliziert natürlich auch, dass man sprachlich komplexere Handlungen gelungen vollziehen kann, gute Texte produzieren kann: mal eine Rede halten, einen vernünftigen Aufsatz schreibt, eine gute Seminararbeit, einen „schönen" Brief, einen begründeten Antrag, ganz allgemein: die „passenden Worte findet".

Überlegt man dies nun etwas genauer, könnte man zu zwei Schlüssen kommen. Zum einen, dass für den Lebensweg sehr viel davon abhängt, was man während der Kindheit, der Ausbildung und des Berufslebens an Sprache, vor allem an Schriftlichem, produziert – die „Selektion" in Schule und Beruf erfolgt in hohem Maße durch die Qualität schriftlicher Leistungen. Zum zweiten folgt, dass der Erwerb der Muttersprache nicht etwas ist, das in der Kindheit abgeschlossen würde. Zwar wird nirgends explizit gesagt, dass ein Kind mit zehn Jahren den Erwerb der Muttersprache beendet habe; wir neigen aber doch dazu zu übersehen, dass es sich bei diesem Erwerb um einen jahrzehntelangen oder gar lebenslangen Prozess handelt. Die sprachlichen Aspekte erfolgreichen Erziehens, Lehrens, Verhandelns, Präsentierens, Überzeugens lernt man nicht im Sandkasten als kleines Kind, sondern auch durch Unterricht und im wirklichen Leben – und vor allem mit der Zeit. Die Muttersprache so einzusetzen, dass die Partner zufrieden sind oder es beifällig zur Kenntnis nehmen, ist ein gewaltiges Unterfangen und eine gewaltige Leistung.

Kenntnisse *(knowledge)* und **Fertigkeiten** *(skills)* sind zwei grundlegende Begriffe. Sie beziehen sich auf das, was man weiß bzw. kann. Es kann sein, dass man „weiß", dass *Nicht einmal im Traum hätte ich daran gedacht* auf Englisch realisiert wird als *I woudn't even dream of it.* Aber ob einem das in einem Gespräch, wenn man so etwas sagen möchte, auch tatsächlich einfällt (ob man es also „kann"), ist eine ganz andere Sache.

Nach ca. sieben Jahren Englischunterricht an der Schule haben Sie ungefähr 1200 Unterrichtsstunden hinter sich, plus vielleicht 600 Stunden für Hausaufgaben; Stunden, in denen Sie dieser Sprache irgendwie ausgesetzt waren. Wenn Sie sich vorstellen, dass ein kleines Kind in England, mit Eltern und Geschwistern lebend, immer auch Sprache lernt, bei allem was es tut, und das sechs Stunden am Tag, dann sind diese 1800 Stunden schon mengenmäßig in weniger als drei Jahren erreicht. Das heißt für uns, die wir eine Fremdsprache lernen wollen: Üben, Üben, Üben, Reden, Schreiben, Hören, Wiederholen, Wiederholen, Wiederholen – um das relativ Wenige, was wir wissen, auch tatsächlich zu können.

Hier einige Zeilen aus einem (erfundenen) Gespräch zwischen einer Mutter und einem kleinen Kind.

M: *Jetzt tun wir dich waschen.*

K: *Waschen.*

M: *Ja. Jetzt tun wir dich waschen. Mit Seife.*

K: *Seife.*

M: *Mit Seife. Erst den Bauch waschen.*

K: *Bauch waschen.*

Wenn wir Glück haben (als Kind), geht das so über mehrere Stunden am Tag. Dazwischen hören wir andere sprechen, hören eine Kassette, blättern in einem Bilderbuch und benennen die Gegenstände, bekommen etwas vorgelesen, begleiten uns bei den meisten Tätigkeiten im Selbstgespräch und „unterrichten" evtl. jüngere Geschwister. Einen Großteil dieser Zeit sind wir direkt angesprochen, involviert in die Situation und die sprachlichen Aufgaben, wahrscheinlich auch sehr konzentriert. Damit ist eine ganz andere Art von Aufmerksamkeit und Lernen verbunden als im Schulunterricht. Das tatsächliche Sprechen und Angesprochensein reduziert sich im üblichen Schulunterricht auf wenige Minuten (wenn überhaupt) pro Unterrichtsstunde. Mithin hat ein sechsjähriges Kind beim Erwerb der Muttersprache bereits ein vielfaches an sprachlicher Aktivität hinter sich, wesentlich mehr als ein Deutscher, der Englisch seit sieben Jahren in der Schule lernt.

Die Unterschiede zwischen dem natürlichen Muttersprachenerwerb und dem Fremdsprachenunterricht sind evident: Der „Stoff" ist ein anderer, die Lernmethoden sind andere, die Anwendung des Gelernten ist anders, der Erfolg ist anders. Es ist daher sinnvoll, eine auch begriffliche Unterscheidung anzustellen. Man spricht vom **Erwerb der Sprache** (*acquisition*) einerseits und vom **Lernen der Sprache** (*learning*) andererseits. Unter Erwerb versteht man dabei den spontanen, situationsgebundenen Muttersprachen-Erwerb, unter Lernen den gesteuerten (Fremdsprachen-)Unterricht und die entsprechenden Eigenaktivitäten.

1.3 Sprache: Qualität, Quantität, Routine

Aufgabe und Leistung von Sprache ist, dass wir miteinander über die Welt kommunizieren können, gemeinsame Aufgaben bewältigen können. Und so, wie unser Alltag großenteils aus Routine besteht (Zähne putzen, Schuhe binden, Autofahren, Radeln), besteht auch das, was wir sprachlich produzieren, großenteils aus Routine. An den folgenden Sätzen z. B. kann man nichts „Neues" finden:

- *Wieviel Uhr ist es denn?*
- *Was gibt's zu essen?*
- *Ich lasse mir die Haare schneiden.*
- *Es hat ein bisschen geschneit.*
- *Kauf dir doch einen neuen Computer!*
- *Moskitos übertragen Malaria.*
- *Die USA und Frankreich haben sich auf eine Resolution geeinigt ...*
- *In den frühen Morgenstunden haben sich die Tarifparteien zu einem Kompromiss durchgerungen ...*

So gesehen besteht fast jeder Text nicht primär aus einzelnen Wörtern, sondern aus sogenannten *chunks*, zumindest aus ausgefüllten Schablonen – auch die „guten Texte". Man kann sich vorstellen, dass solche Teile auch nicht mehr eigens und Wort für Wort geplant werden (so, wie man einen lateinischen Satz konstruiert), auch nicht mühsam „decodiert", sondern, aufgrund der Erwartbarkeit der Teile, als Ganzes verstanden werden.

Wenn dem so ist, dann ist der „fremdsprachliche Haken" offensichtlich. Angenommen, man kennt die englischen Wörter für *wieviel, Uhr, ist, es*, dann führt kein Weg zu *What's the time?* In dem Film „Casablanca" wird kurz ein jüdisch-deutsches Paar gezeigt, das vor der Einschiffung nach Amerika Englisch übt:
Er: *How much watch is it?*
Sie: *Ten watch.*
Er: *Oh, such much!*
Diese beiden können üben solange sie wollen. Englisch wird das nie.

Auch die anderen obigen Beispiele sind nicht über die Teile übersetzbar, sondern nur als Ganzes:

- *Was gibt's zu Essen?*
  → *What'll we have for dinner/lunch?*
- *Ich lasse mir die Haare schneiden.*
  → *I'm going to have my hair cut.*
- *Es hat ein bisschen geschneit.*
  → *We've had a bit of snow.*
- *Kauf dir doch einen neuen Computer!*
  → *Why don't you buy yourself a new computer?*
- *Moskitos übertragen Malaria.*
  → *Mosquitoes can carry malaria.*

WICHTIG!

Aus der Tatsache, dass die deutschen und englischen Äußerungen einander zwar im Ganzen entsprechen, nicht aber in den einzelnen oder in allen Teilen – folgt zwingend, dass wir die englischen Äußerungen auswendig **als Ganzes lernen** müssen. Nur dann haben wir sie parat (gelegentlich mit leichten Änderungen).
Dabei handelt es sich um eine hohe Zahl *(a large* [!] *number)*, und je mehr man beherrscht, umso besser.
Schluss also mit dem Lernen von Einwort-Gleichungen und der damit verbundenen Gleichsetzung von deutschen und englischen Wörtern!
Noch einmal: wenn man sich auf das Faktum „Sie hat rote Haare" beziehen will, darf dies nicht spontan zu *She has red ~~hairs~~* führen, sondern zum paraten *She has red hair* oder *Her hair was red* .
Wir werden sehen, welch enorme Auswirkungen diese Beobachtung auf die einzelnen Fertigkeiten hat.

1.4 Hörverstehen

1.4.1 Der Alltag

Das Hörverstehen ist eine anspruchsvolle Fremdsprachenfertigkeit und zu Recht als „Hörverstehen" bezeichnet (nicht als „Hören"), da es sich um eine sehr rege geistige Tätigkeit (!) handelt, und definitiv nicht um eine „passive Sinneswahrnehmung". Wir beginnen mit einigen Bemerkungen aus dem Alltag.

Wir haben zwei Ohren. Die Ohrmuscheln sind zusätzliche Schallfänger. Eine Schallquelle links von uns trifft um einen Bruchteil von Sekunden früher auf das linke Ohr als auf das rechte Ohr. Aus der Differenz berechnen wir den Ort der Schallquelle. Bei mehreren gleichzeitig produzierenden Quellen an verschiedenen Orten können wir uns auf eine dieser konzentrieren, man nennt dies das *cocktail party phenomenon*. Wenn mehrere Quellen stereophon produzieren, aber monaural wiedergegeben werden, tut man sich mit dem Hören sehr schwer.

Wir können uns rein lautliche phonetische Information eine kurze Zeit merken. Angenommen, wir hören das uns nicht bekannte Wort *Evaporation*, dann können wir es uns merken und fragen: Was ist denn Evaporation? In unserer eigenen Sprache können wir uns auch ganze Sätze merken und nachsprechen, z. B. *Es hat am frühen Morgen zu schneien begonnen und erst gegen Abend wieder aufgehört.*

In einer Fremdsprache (die wir nicht kennen), geht das nicht. Es bleibt, ohne Spanischkenntnisse, von gehörtem *Sus padres son buenos amigos míos y siempre me han ayudado cuando lo he necesitado* nichts oder nur sehr wenig. Offensichtlich können wir die für uns bedeutungslose spanische Information nicht in das „Langzeitgedächtnis" überführen.

Wir können einem muttersprachlichen Sprecher (z. B. in den Nachrichten) auch zuhören und fast gleichzeitig mitsprechen (*shadowing*): wer das bei einem britischen oder amerikanischen Sprecher schafft, braucht sich um das Hörverstehen nicht zu sorgen.

Im Alltag findet innerfamiliäre Kommunikation oft über mehrere Räume hinweg statt. Nehmen wir an, der eine sei im Badezimmer, der andere in der Küche, und dieser andere rufe, was der eine hört als *ingmernaschapm*. Dann kann es sein, dass der eine *Was?* zurückruft, es kann auch sein, dass er gleich nach dem Rückrufen weiß, was der andere gesagt haben könnte: *Bring mir einen Waschlappen.*
Zu einer solchen Leistung sind wir in der Lage, weil wir das Gehörte eine Zeitlang behalten können und dann so lange interpretieren, bis die Äußerung einen Sinn ergibt. Dabei nehmen wir an, dass kein Unsinn geredet wird und wir gehen situationsbedingte Wahrscheinlichkeiten durch. Für das Letztere setzen wir dann sozusagen unsere gesamten muttersprachlichen Kenntnisse ein. An solchen umfangreichen Kenntnissen hapert es natürlich, wenn wir eine Fremdsprache hören. (Unser subjektiver Eindruck ist ja auch, dass in der Fremdsprache schneller gesprochen wird. Das ist jedoch ein Irrtum.)

Was „Einsatz aller muttersprachlichen Kenntnisse" bedeutet, sei an einem Beispiel kurz illustriert.

>> **BEISPIEL**

In einem Experiment sollten Studenten einen Song von Eartha Kitt als Echtzeit-Diktat schreiben, das heißt, die Probanden konnten beliebig oft vor- und zurückspulen, nicht aber eine geringere Geschwindigkeit einstellen.
Eine der zu produzierenden Zeilen war *I'm just an old-fashioned girl*. Nun spricht die Sängerin das *old-fashioned* mit einem ganz kurzen Übergangslaut [ə] zwischen dem *d* und dem *f* aus. Einige Studenten haben das gehört und demzufolge *older-fashioned* oder *old-afashioned* als Lösung gegeben. Die Lösungen sind falsch, weil es keines dieser beiden Formulierungen gibt. – Die richtige Lösung verlangt also sowohl, dass man weiß, dass es *old-fashioned* gibt, als auch, dass es *older-fashioned* etc. nicht gibt. Das sind durchaus gehobene Ansprüche. Mit anderen Worten: **Je mehr man weiß, desto mehr versteht man.**

Es gibt zwei Möglichkeiten, das Hörverstehen zu trainieren.

1.4.2 Phonetisches Training

Es kann sein, dass man mit der lautlichen Gestalt der Wörter und Texte verschiedene Arten von Schwierigkeiten hat. Wenn man glaubt, das Wort *heron* (Reiher) werde wie *heeren* gesprochen (statt wie *herren*), muss man ein gehörtes *herren* uminterpretieren und verliert damit Zeit (während der Sprecher weiterredet). Wenn ein solches Problem öfters auftritt, ist man schnell aus der Bahn geworfen. Es kann sein, dass man manche phonetische Unterschiede des Englischen, wie den von [s] und [z] oder den von [w] und [v] nicht „hört", (vgl. *seal – zeal, ice – eyes, whale – veil)* und so bei vielen Wörtern zunächst in die Irre geleitet wird, Vermutungen anstellen muss, Zeit verliert – und den Anschluss auch.

Phonetische Schwächen lassen sich teilweise durch systematisches Nachschlagen in den Lernerwörterbüchern mildern, auch durch Bemühungen um die korrekte Aussprache einzelner Laute (→ Kapitel 1.7.1, Seite 22). Die sinnvollste Prozedur besteht aber darin, im **Internet** nach Texten zu suchen, die dort sowohl geschrieben als auch gesprochen vorhanden sind. Bei DVDs kann man anhalten, wiederholen, die Untertitel des Originals zuschalten.

Tipp: Reden aus dem Internet

Unter den Websites der jeweiligen Regierungen finden sich fast alle der bekannten Reden englischsprachiger Politiker

- www.direct.gov.uk
- www.number-10.gov.uk
- www.whitehouse.gov,

weiterhin gibt es Spezialadressen wie

- www.americanrhetoric.com
- www.britishcouncil.org/press-speeches.htm

Es empfiehlt sich, einen gesprochenen Text als Echtzeit-Diktat zu verwenden und das Diktat mit dem geschriebenen Text zu vergleichen, zur Diagnose der eigenen Schwächen. Daraufhin kann man die Texte wieder und wieder hören (anfangs mitlesen, um Frust zu vermeiden), laut mitsprechen, versuchen, teilweise auswendig lernen, Notizentechniken ausprobieren, die Satzmelodien nachahmen, bestimmte „natürliche Zungenbrecher" üben usw., kurz alles, was einen stabilen Konnex herstellt zwischen Geschriebenem und Gesprochenem.

1.4.3 Allgemeines Training

Grundsätzlich aber steht und fällt das Hörverstehen mit einer anderen Eigenart von Sprache. Bei dieser Eigenart handelt es sich um ein habituelles Miteinander von Wörtern, sogenannte **Kollokationen**. Solche Kollokationen sind z.B. *sing a song, compose a symphony, check a passport, buy a ticket, a blind alley, a brave effort, a great deal of, weapons of mass destruction, a brilliant performance, wasted time, in the near vicinity,* und Tausende und Abertausende (!) anderer. Der Effekt auf das Hörverstehen sei am Beispiel von *wasted time* erklärt.

>> BEISPIEL

Als vorgestelltes Adjektiv geht *wasted* mit Substantiven wie *time, money, talent, energy* und einigen anderen (vgl. auch die deutschen Kollokationen *vertane Zeit, verschwendete Energie, verprasstes Geld* usw). Es besteht also eine hohe Wahrscheinlichkeit, dass, wenn ein Substantiv auftritt, es dann eines der genannten ist. Daher ist *wasted* ein Hinweis auf diese Wörter, ein *clue*. Die Wahrscheinlichkeitsüberlegung funktioniert natürlich auch in der anderen Richtung: *time* kann ein Hinweis auf vorangeganges *wasted* sein.

In normaler Sprechgeschwindigkeit wird *wasted time* wie *wasty time* ausgesprochen: aber das stört nicht weiter: man weiß, dass es eigentlich *wasted time* „ist". Sollte ich nun nur hören *wasty ime* (weil während des „t" gerade jemand hustet), dann höre ich das ebenfalls als *wasted time*, auch eine verstümmelte Form wie *ace-ty eye* würde keine Schwierigkeiten bereiten.

Mein Verstehen ist also vom Erwarten und Kalkulieren dessen abhängig – und das funktioniert nicht, wenn ich die Kollokation nicht kenne.

Noch ein weiteres Beispiel. Angenommen, wir hören von einem kurzen Wort nur, dass es mit einem Konsonanten beginnt, dass dann ein kurzes „i" folgt und dann wieder ein Konsonant, also „?i?". Wenn dann *of an orange* folgt, ist es ein *pip*, wenn *generous* davor steht, ist es *tip*, wenn *sewing* davor steht, ist es *kit*.

Die Hilfe, die Kollokationen (und natürlich genau so die schon erwähnten ***chunks***) bieten, ist wirklich offensichtlich – aber natürlich nur dann, wenn man sie kennt, auswendig kann. Ändern Sie gegebenenfalls ab jetzt radikal ihr **Vokabellernen** und investieren Sie ausreichend Zeit dafür. Zur Kontrolle: Der vorliegende Abschnitt 1.4.3 enthält natürlich auch (deutsche) Kollokationen und *chunks*: Unter anderen:

- *x steht und fällt mit*
- *bei x handelt es sich um*
- *Tausende und Abertausende*
- *Effekt auf*
- *am Beispiel von x erklärt*
- *vorgestelltes Adjektiv*
- *geht mit*
- *es besteht die Wahrscheinlichkeit*
- *ein Hinweis auf*

Sollten Sie alle englischen Äquivalente kennen und ihrer so sicher sein, dass Sie eine höhere Summe darauf wetten könnten, dann können Sie zufrieden sein.

Freilich, im Folgenden wird es nicht darum gehen, solche Fertigteile aus deutschen Texten zu ermitteln, sondern eben aus englischen. Eine Fremdsprache kann man nur dann beherrschen, wenn man über längere Strecken auf Routine zurückgreifen kann. Bei keiner der fremdsprachlichen Fertigkeiten kann man sich sinnvoll vorstellen, dass im Gehirn ein starker Computer steckt; ein Computer der überlegt, was man sagen will, die Wörter irgendwie herblättert, die grammatischen Regeln nachsieht, die Reihenfolge der Wörter und ihre Formen bestimmt und dann auch noch die entsprechenden Befehle an die Artikulationsorgane gibt. Kurz: In der Art, wie Lateinunterricht das Sprachlernen suggeriert, kommt man auf keinen grünen Zweig.

1.5 Leseverstehen

1.5.1 Zum Lesevorgang

Es ist ein weiter Weg vom mühsamen Buchstabieren eines Wortes wie *immediately* bis zum „inhaltsentnehmenden" Überfliegen eines Absatzes oder gar einer Seite. Über den Stand der persönlichen Lesefähigkeit kann man sich relativ leicht informieren. Man warte, bis es abends dämmerig wird, bis das Licht so ist, dass man gerade noch in einem deutschen Buch lesen kann (gesunde Augen vorausgesetzt). Dann schlage man ein englisches Buch auf und versuche, beim selben Licht zu lesen. In den meisten Fällen wird das Lesen wesentlich erschwerter sein, man ist zum Buchstabieren und Raten gezwungen.

Schnelles Lesen in der Muttersprache ist keine geschwinde Art zu buchstabieren, sondern das Erkennen von größeren Einheiten, die wir auf einen Blick erkennen, aufgrund der Striche, Kreise, Häkchen, Oberlängen, Unterlängen der Schriftzeichen. Beim Erkennen, welches Wort an einer bestimmten Stelle steht, werden wir von unserem Wissen über die Sprachwirklichkeit unterstützt. Nach dem Stück *ein Wein mit einem ausgereiften* kann eigentlich nur *Geschmack*, *Aroma* oder *Bouquet* folgen. Das heißt aber, dass unter Umständen schon das Erkennen der zwei Bogen im „B" und der Unterlänge von „q" ausreicht, um auf *Bouquet* zu schließen, der Rest ist, genau genommen, redundant.

Damit sind wir wieder (einmal) beim Wissen vom Miteinander von Wörtern, von Kollokationen und *chunks*, als Grundlage des nicht-buchstabierenden Lesens. Dieses Wissen ermöglicht uns das Lesen auch von verstümmelten Zeilen, ermöglicht auch das intelligente Raten über die Erwartungen.

>> BEISPIEL

Im folgenden Satz wurde jeder vierte Buchstabe durch * ersetzt:
Die *SA u*d Fr*nkr*ich *abe* sic* auf *en E*twu*f ei*er R*sol*tio* gee*nig*, die *en V*rei*ten *ati*nen *org*leg* wer*en s*ll.

Er ist immer noch gut verstehbar als:
Die USA und Frankreich haben sich auf den Entwurf einer Resolution geeinigt, die den Vereinten Nationen vorgelegt werden soll.

Mit dem Folgenden tun wir uns schon etwas schwerer – warum wohl?
EPI*EMI*S, li*e wa*s, br*ng o*t str*ng em*tio*s. Fe*r an* ang*r ar* chi*f am*ng t*em, a* can *e se*n in *ong *ong, *her* a ne* vir*l di*eas*, Sev*re A*ute *esp*rat*ry S*ndr*me (SA*S), is *agi*g. Th* vir*ses *hat *aus* SAR* are *orm*dab*e fo*s.

Auch das Lesen ist Anwendung dessen, was man weiß (und je mehr man weiß, ...).

Man kann sich das **Üben des Lesens** erleichtern. Zum einen, indem man Texte liest, die „nicht nur der Sprache wegen" gelesen werden, also im weitesten Sinne informative Texte, bei denen man auch etwas über die Welt erfährt. Dies führt zu einer stärkeren Motivation (Interesse). Zum andern, indem man zumindest anfangs auch einfache, vereinfachte Texte liest. Es gibt eine große Menge von Literatur, die in *Easy Readers* umgeschrieben worden ist (geben Sie *Easy Reader* in die Suchmaschine ein). Einfachere Textversionen liegen dabei nicht nur für die hohe Literatur vor (das betagte *World and Press, Reader's Digest*): Texte also, die weder von der Sprache noch von der Sache her sogenannte „Schwierigkeiten" bereiten sollten. Das Entscheidende ist natürlich, was man mit den Texten macht. Es kommt darauf an, dass man in der Lage ist, sprachliche Information zu entnehmen, die Texte für die eigene Spracherweiterung und -verbesserung auszuwerten.

Das Lesen ist relativ stressfrei. Man kann Tempo und Intensität selbst bestimmen, eine kapazitätsfordernde Interaktion ist nicht vorhanden. Ein konkretes Leseproblem kann man lösen wollen oder nicht, Hilfsmittel konsultieren oder auch nicht. Diese Annehmlichkeiten müssen freilich erkauft werden. Sofern der Text nicht mit Verstehens-Tests versehen ist, ist keine Autorität vorhanden, die einem bestätigt, ob man den gelesenen Text verstanden hat oder nicht. So liest man *They had an argument*, glaubt, dies bedeute *wir argumentierten, diskutierten*, nicht wissend, dass hier von einem Streit zwischen zweien die Rede ist. Im Grunde gehen fast alle Übersetzungsfehler auf solches nicht-bewusstes Nicht-Wissen zurück. Denn: wüsste man immer genau, wovon die Rede ist (und auf welche Art ein Sachverhalt geschildert wird), blieben ja nur wenige andere Fehlerquellen übrig.

Die Kunst des entnehmenden Lesens besteht also darin zu merken, was man nicht weiß.

1.5.2 Das „persönliche Defizit"

Solange wir nicht sehr fortgeschrittene Lerner sind, müssen wir beim Lesen eines fremdsprachlichen Textes unterstellen, dass dieser im Prinzip „richtig" ist und dass kein Unsinn geschrieben wurde. Sehen Sie sich das Beispiel, eine Auto-Werbung, auf der nächsten Seite an.

Tipp: Lernmaterial

Die gefundenen Mehrwort-Einheiten (*chunks*, Kollokationen) sind nun Lernmaterial, das Sie in ein größeres Heft notieren oder in eine Kartei aufnehmen sollten. Dabei sind die oben mit angegebenen Übersetzungen in manchen Fällen überflüssig – die Bedeutung der meisten Phrasen ist ersichtlich, und es kommt ja nur auf die Phrasen selbst an. Dieses Lernmaterial braucht nicht systematisch gepaukt zu werden, es genügt ein wiederholtes Durchlesen.

Wenn Sie die Phrasen in ein **Heft** notieren, hat das gegenüber einer **Kartei** einen großen Vorteil: Die Einheiten aus einem Text stehen hintereinander und ergeben eine Art Skelett; auf diese Weise kann man sich später noch erinnern und die Phrasen der Textsorte (z. B. Werbung, Magazinartikel, Kinderbuch) zuordnen: Ein Stück, das aus einem Kinderbuch stammt, ist nicht unbedingt für eine argumentative, sachliche Darstellung geeignet. Zumindest erinnert man sich daran, ob es sich um einen Werbetext, einen Stadtführer oder einen politischen Essay handelte, und hat somit Anhaltspunkte für den stilistischen Wert der Phrasen. Auf diese Weise entwicken Sie ein Gefühl für die *varieties* des Englischen.

>> BEISPIEL: LESEVERSTEHEN TRAINIEREN

How to recognize a safe car

It would be fine if the safety of a car could be measured just by the thickness of its bumpers. But unfortunately, it's not that simple. At first glance, the thick rubber bumpers on a bumper car appear to be safe. But they're effective only up to 5 km/h. At higher speeds, they could even be dangerous – because in a collision, the occupants would be subjected to excessive deceleration forces. And it would be no consolation to the unfortunate occupants that the car itself would remain undamaged. On the contrary, only a precisely pre-calculated, controlled deformation of the auto body can effectively protect an automobile's passengers.
XXX: Latest state of the art in safety engineering. In recent years, some of the greatest advances in automobile construction have been made in the area of safety engineering – although, normally, little evidence of this is actually visible from the outside. And one car whose safety engineering is the latest state of the art is the new XXX. Hardly ever before has it been possible to calculate occupant safety so precisely, and to turn this calculation into reality, as in the new XXX. But there's more to XXX's new shape than safety. [...]

Newsweek, 11.5.1992; Werbetext. Der Name des Produkts wurde aus urheberrechtlichen Gründen in xxx geändert.
Zum Text gehört die Abbildung eines „bumper car", wie beim Autoskooter verwendet

Nachdem Sie den Text jetzt wahrscheinlich kurz überflogen haben, lesen Sie ihn noch einmal. Überlegen Sie, was die einzelnen Sätze/Satzteile „heißen" könnten – wie sie auf Deutsch, in dieser Art von Text, formuliert werden könnten. Unterstreichen Sie die Teile des Textes, die Formulierungen enthalten, die Ihnen nicht bekannt oder nicht geläufig waren. Unterstreichen Sie auch solche Teile, die Ihnen „gelungen" vorkommen. Machen Sie sich eine Liste von Textstücken, Wortfolgen, die für Sie – im obigen Sinn – unterstreichenswert erscheinen. Wenn Sie es für erforderlich halten, formulieren Sie die dazugehörigen Übersetzungen. Das müsste eine Liste von Formulierungen ergeben, die Ihnen bislang noch nicht zur Verfügung standen. Vielleicht sieht Ihre Liste (auszugsweise) dann so aus:

It would be fine if...	Es wäre schön, wenn...
the safety of a car	Sicherheit eines Autos/bei einem Auto
X can be measured by Y	X anhand von Y feststellen, messen
but unfortunately	
It's not that simple	so einfach ist das/geht das nicht
at first glance	zunächst, auf den ersten Blick, auch: oberflächlich betrachtet
effective (up to)	wirksam, nützen bis
at higher speeds	
occupants (of a car)	
it would be no consolation	es wäre kein Trost
remain undamaged	unbeschädigt, ohne Schaden, Beschädigung bleiben
on the contrary, only ...	
protect effectively	wirksam schützen

Im Beispiel wurde einiges übergangen. Im Text sind z. B. englische Formulierungen enthalten, die im Deutschen die folgenden Entsprechungen haben: *von außen sieht man davon wenig; den letzten Stand der Dinge, der Entwicklung darstellen; aber das ist noch nicht alles; bislang war es kaum möglich; ein wichtiger Fortschritt bei etwas ...* Haben Sie das gewusst oder übersehen? Eigentlich spielt es aber keine Rolle, wie viele solcher Einheiten Sie aus einem Text herausziehen: Wichtig ist, dass Sie so viele Texte wie möglich nach dem vorgestellten Prinzip auswerten.

Wenn Sie Texte nach dieser Methode bearbeiten, legen Sie sich zugleich eine sehr sinnvolle, thematisch gebundene **Wortschatzsammlung** an. Und Sie kommen relativ schnell zu Versatzstücken, bei deren Anwendung Sie sicher sein können, dass sie sprachlich korrekt sind, gleichgültig ob Sie sprechen, einen Aufsatz schreiben oder übersetzen. Das bedeutet eine beträchtliche Verminderung des Fehlerrisikos.

Je nach Bedarf kann man Texte unter verschiedenen Gesichtspunkten verwerten, z. B. im Hinblick auf Grammatik (*Present Perfect* in *In recent years, advances have been made; Hardly ever before has it been possible*). Schon wenige Seiten eines argumentativen Textes liefern auch einen Großteil der beliebtesten „links", wie *moreover, additionally, to sum up, similarly, likewise, as was already pointed out* usw.

Wenn man Material so im Hinblick auf die individuellen Kenntnislücken sammelt, lernt man effektiver als mit Vokabelsammlungen. Man versucht also, durch genaue Lektüre festzustellen, wo man, in Bezug auf die Ausdrucksabsicht im Englischen, ein persönliches Defizit findet. Und wenn man eines findet, hat man etwas zum Lernen.

Es ist Ihnen sicher aufgefallen, dass einzelne, unbekannte Wörter bei der vorgestellten Methode keine Rolle gespielt haben. Natürlich kann man dem Werbetext (mit Hilfe des Wörterbuchs) auch entnehmen, wie „Karosserie, Bremskraft, Sicherheitstechnik" zu übersetzen sind. Das sogenannte Vokabellernen ist für den **Grundwortschatz** unentbehrlich, wir gehen in → Kapitel 2 noch ausführlicher darauf ein. Doch darf man das **Lernen von Vokabeln** (und einigen Grammatikregeln) nicht mit dem Spracherwerb gleichsetzen.

Es gibt eine Reihe von Möglichkeiten, das eigene Vokabular laufend zu erweitern. Eine Portion Selbstkritik vorausgesetzt, kann man die Selbstgespräche gelegentlich auf Englisch führen und anschließend einiges vom nicht Gewussten nachschlagen. Man kann auch versuchen, die jeweilige Umgebung zu benennen: die markantesten Bäume in einem Park, die wichtigsten Gegenstände in der Küche, die häufigsten Gemüsesorten auf dem Markt, die Teile des Körpers von der Schädeldecke bis zum großen Zeh. Die einsprachigen Wörterbücher, insbesondere die CD-Roms, kann man effektiver nützen (→ Kapitel 3).

Das **Internet** bietet ebenfalls Vokabelsammlungen, gratis. Alles, was man bei Internet-Auktionen kaufen kann, ist dort auch benannt (Babypflege, Werkzeuge, Mobiliar) und kann über eine Bilder-Suchmaschine auch identifiziert werden. Bei dieser selbst kann man von vorneherein Kategorien ausschließen (über die Einstellungen zur erweiterten Suche) oder auch angeben, welche Art von Quelle man konsultieren will: Die Suche nach *„baby care"* mit dem Eintrag *„ac.uk"* bei der gewünschten Domain-Auswahl listet nur Artikel auf, die auf Websites britischer Universitäten zu finden sind; *„gov.uk"* schränkt die Suche auf amtliche Regierungsquellen ein (dazu mehr in Kapitel 3).

Oft hilft auch die englische Fassung der *Wikipedia* bei der allgemeinen Vokabelsuche. Man kann auch englische Wörter als Suchbegriffe in eine deutschsprachige Suchmaschine eingeben, dies führt in der Regel zu Wörterbüchern. Sucht man mit *dictionaries „Suchwort"* erhält man eine Liste mit Verbindungen zu Wörterbüchern; ein vorgestelltes *definition* liefert Definitionen.

Wir halten aber fest: Nur über ein **Lernen im Kontext** kann man allmählich den Gebrauchswert der Wörter feststellen und ermitteln, mit welchen anderen Wörtern sich ein bestimmtes Wort häufig verbindet. Und dabei erfährt man auch, dass sich ein Wort einer Sprache in den meisten Fällen nicht durch eine einzige Übersetzung in ein Wort einer anderen Sprache in seiner Bedeutung festlegen lässt. Wenn eine Gleichung wie *safety = Sicherheit* gelernt wird, ist abzusehen, dass *safety* fälschlich für *security* gesetzt wird. Wenn dagegen *safety* als *safety of a car, safety of a method* gelernt werden, fühlt man sich zumindest genötigt, bei anderen „Sicherheiten" im Wörterbuch nachzuschlagen (*security, protection, certainty, cover* usw.).

Somit bleibt festzuhalten, dass das Lernen einer Vokabel an sich nur das absolute Minimum darstellt. Die richtige Anwendung im Zusammenhang ist der entscheidende Schritt zur aktiven „Beherrschung" der Sprache.

Tipp: Zeit zum Vokabel-Lernen

Investieren Sie ausreichend Zeit: Ihr Lernheft sollte sich jeden Tag um 10 bis 15 *chunks* und Kollokationen erweitern!

1.5.3 Genau zuhören, genau lesen

Mit etwas Übung kann man die Methode, persönliches Defizit festzustellen, auch auf die gesprochene Sprache anwenden, so beim Hören von Nachrichten oder in einer alltäglichen Unterhaltung. Man versteht, dass jemand mit *You aren't serious, are you?* wohl sagen will *Das meinst du doch nicht im Ernst, oder?*, merkt es sich und trägt es bei Gelegenheit ein. Bei geschriebenen Texten freilich hat man mehr Zeit, sich zu überlegen, was gemeint sein könnte. Man muss sich ein wenig um den Text bemühen und nicht glauben „Na, wird schon bedeuten, was ich glaube". Verlangt wird pflichtbewusstes Nachschlagen, ein Misstrauen gegenüber vorhandenen Kenntnissen oder Halbkenntnissen, und die Suche nach dem wahrscheinlichsten oder akzeptablen Sinn.

>> BEISPIELE

They had an argument on the bus, and Paul, I think, started the fighting: Hier ist nicht von einer Diskussion über den Bus die Rede und davon, dass Paul eine Rauferei anfängt. Wegen des *the* vor *fighting* könnte man misstrauisch werden und nachschlagen – um zu finden, dass *have an argument* bedeutet *mit Worten* streiten, also: *Sie stritten im Bus und ich glaube, es war Paul, der damit anfing.*

In einem Roman wird gesagt, der Stille Ozean sei nicht immer blau, nur manchmal: *Then, indeed, the blue is arrogant.* Dann *ist das Blau in der Tat arrogant?* Was soll das sein, ein *arrogantes Blau*? Ein Grund zum Nachschlagen, irgendeinen Sinn muss es doch haben! Und siehe, *arrogant* kann auch bedeuten *einen starken Einfluss haben und beeindrucken.*

Ein Artikel über Italien ist überschrieben mit *What a lovely place!* Das liefert einen Hinweis darauf, dass *place* bedeuten kann „jede Art von Ort, Fläche, Gegend usw.", also: *Was für ein schönes Land!*', vgl. auch: *Venice is the place to go* (Venedig muss man kennen), *The world's a wondeful place* (Die Welt ist herrlich).

I asked to see Mr Kingsley: Wird hier gefragt, gebeten, verlangt? Keine Diskussion: wenn „ask" mit „to" und Infinitiv konstruiert wird, bedeutet es „verlangen, fordern", also: Ich sagte, ich wolle Mr Kingsley sprechen.

1.6 Schreiben

1.6.1 Allgemeine Voraussetzungen

Schreiben und Lesen sind Aktivitäten, deren nähere Umstände man beschreiben kann. Die Beschreibung dieser Umstände ermöglicht es, Überlegungen anzustellen, wie etwas Geschriebenes im Prinzip beschaffen sein soll.

Im Folgenden seien einige dieser Umstände genannt, kurz ausgeführt und mit den entsprechenden Hinweisen versehen. Was dazu gesagt wird, kann man zusammenfassen mit „Man muss sich das Wohlwollen des Lesers erringen und erhalten". Denn, wie im richtigen Leben auch, man sieht einer Person, der man geneigt ist, viel nach – wenn man aber ihr gegenüber kritisch ist oder wird, findet man mehr und mehr an ihr auszusetzen.

1.6.2 Autor – Text – Leser

Beim Lesen eines Textes ist der Autor des Textes nicht gegenwärtig. Die Möglichkeit zu einer unmittelbaren Kommunikation über einen geschriebenen Text ist nicht gegeben (außer in den Fällen, in denen Leser und Autor tatsächlich über den Text des Autors sprechen). Aufgrund dieses fehlenden *feedback* muss der Text autonom sein, das heißt, alles enthalten, was zum Verständnis des Textes erforderlich ist. Der Leser darf nicht in die Lage geraten, Fragen zum Text zu stellen zu müssen wie *Wer? Warum? Bezug? Wie? Was soll das hier?*

Der Autor hat so zu schreiben, dass er solche Fragen vorwegnimmt bzw. dass sie gar nicht erst gestellt werden. Natürlich gehen wir davon aus, dass ein Autor weiß, was er schreibt. Ob dieses Denken-plus-Schreiben auch in den Text umgesetzt wird, ist aber eine andere Frage: Seitens des Autors ist dazu mindestens erforderlich, dass er zu sich selbst eine leserähnliche Distanz einnehmen kann. Diese Distanz kann man sich so vorstellen, dass ein Text, auch ein monologischer, eine Art von Dialog ist zwischen Autor und Leser: Am Ende von Satz 1 steht sozusagen eine Art Leser-Frage oder Kommentar, unsichtbar, auf die der Autor mit Satz 2 reagiert.

Versuchen wir das einmal mit dem Anfang von diesem Absatz 1.6.2:

... *nicht gegenwärtig* → okay, klar, was folgt daraus?
... *sprechen)* → Schon, aber noch einmal: was folgt daraus?
... *erforderlich ist* → Ginge es etwas deutlicher?
... *das hier* → Was folgt daraus allgemein?
... *gestellt werden* → Versteht sich das nicht von selbst?

Wer etwas schreibt. kann nicht von vorneherein erwarten, dass andere es lesen. Ziemlich am Anfang zumindest vieler Texte sollte eine Bemerkung stehen, die auf den Zweck und die Wichtigkeit des Textes abzielt und das Interesse weckt (hier: die Überschrift); wer sich dafür nicht interessiert, kann ja weiterblättern. Man muss auch etwas zu sagen haben, Erfahrungen zum Thema haben oder recherchieren: Wenn man nichts zu sagen hat, schreibt es sich schwer.

1.6.3 Der intendierte Leser

Nicht alle Texte sind gleichermaßen für alle Leser geeignet: einen Text, den man für alle schreibt, verfasst man vielleicht nie. Daher würde man z. B. die eigenen Pläne für die Zeit nach dem Abitur in einem Brief an einen Cousin anders formulieren als in einem Antrag für ein Stipendium (→ unten). Für einen Großteil der schriftlichen Kommunikation könnte man als „allgemeine Geschäftsgrundlage" ansehen, dass man ehrlich ist, bei der Sache bleibt und keine unnötigen Details bringt. Vorausgesetzt wird auch, dass man das mutmaßliche Weltwissen des Lesers einkalkuliert, ihn z. B. nicht mit Unbekanntem überfällt (oder Bekanntes langatmig erklärt).
Eine Spezialität von **Prüfungsarbeiten** ist, dass sie auch für **Korrektoren** geschrieben werden. Diese fühlen sich zwar nicht als eigentliche Leser, urteilen aber darüber, ob wichtige Anforderungen erfüllt werden – ob etwa der Zweck genannt wird, das Interesse geweckt wird, ob die Fakten korrekt sind usw. Sofern besondere, persönliche Vorlieben der Korrektoren bekannt sind, ist es sicher sinnvoll, diese zu berücksichtigen.

1.6.4 Sprachliche Handlungen

Ein Text ist eine Folge von sprachlichen Handlungen. Solche sprachlichen Handlungen sind unter anderem: Berichten, Behaupten, Einwenden, Widersprechen, Begründen, Zusammenfassen, Beispiele geben, Details als Details kennzeichnen, die eigene Meinung von der allgemeinen Ansicht trennen und eine Reihe anderer. Es muss aus dem Text – an jeder Stelle auf irgendwelche Art und Weise hervorgehen, was der Autor (im Sinne der oben angedeuteten Liste) gerade macht. Als Leser wollen wir wissen, ob Satz 3 in einem vorzeitigen, gleichzeitigen oder nachzeitigen Verhältnis zu Satz 4 steht. Wir wollen nicht rätseln müssen, ob mit einem Satz begründet wird oder ein neues Thema eingeführt wird. Ob z. B. „ein kleines Detail am Rande" gegeben wird, oder ob diese Strecke als Auftakt zu einer Begründung eingesetzt wird. Wir wollen über das, was an einer bestimmten Stelle im Text geschieht, nicht im Unklaren bleiben. Prüfen Sie daher sorgfältig, ob zu jedem Zeitpunkt Ihrer Darstellung „klar ist, was Sie gerade sprachlich tun".

1.6.5 Die Organisation von Texten

Man sagt, Texte seien „organisiert". Das ist folgendermaßen aufzufassen: Wenn in einem ersten Satz davon die Rede ist, dass sich das Gebäude X an der Straße Y befindet, dann gibt es für den folgenden Satz eine Reihe von Optionen. Satz 2 kann davon handeln, was vor dieser Zeit dort stand, wie das Gebäude der Zeit aussieht, was daneben steht, was vor dem Haus vor sich geht, was, dem Blick oder Weg folgend, dann kommt, was sich in dem Haus befindet usw. Der Satz 2 ist nicht „festgelegt", er ist aber freilich auch nicht völlig beliebig. So gibt es temporale, lokale, adversative, kausative Verknüpfungen, auch Abfolgen wie *jetziger Zustand → vergangener Zustand → Bewertung* usw. Diese Art des Zusammenhangs ist es, die mit „Organisation" gemeint ist. Organisation liefert gleichsam ein orientierendes Gerüst für einen komplexen Sachverhalt oder Ablauf. So haben viele Texte – unter anderem – folgendes Gerüst: *Schilderung einer Situation früher → Änderung der Situation → auftretende Probleme → Lösungsversuche → Bewertung der Lösungen*. Auch *Sachverhalt →Argumente dagegen → Argumente dafür → Abwägung → Ausblick* ist eine solche Organisation.

Wir wollen nicht im Unklaren darüber bleiben, welche Organisation vorliegt und welche Funktion dabei welche Strecke hat. Wir wollen immer wissen, an welchem Punkt bei welcher Art von Reise wir sind.

Ein Mittel, dieses Gerüst dem Leser darzustellen, sind die **Absätze** (*paragraphs*). In der englischsprachigen Schreibdidaktik nehmen sie eine prominente Rolle ein. Die meisten Autoren fordern, dass ein Absatz (auch optisch) eine Art von Einheit bildet, die durch einen *topic sentence* überschrieben ist.

>> BEISPIEL: ABSÄTZE

Nehmen wir an, man würde ein *concept x* diskutieren, irgendeine Art von Reform. Dann könnte man

1. in einem ersten Absatz dieses Konzept kurz vorstellen,
2. den zweiten beginnen mit *The concept has found many adherents*,
3. den dritten mit *But there remains a lot of opposition*,
4. den vierten mit *Some people appear to be undecided* und
5. den fünften mit *It is difficult to say anything about tomorrow's majorities*.

Und, natürlich, in den einzelnen Absätzen jeweils das behandeln, was man in den *topic sentences* angekündigt hat. Ein solches Vorgehen mag etwas pedantisch erscheinen, aber es hilft beim disziplinierten Denken.

1.6.6 Sprachen sind nicht homogen

Die jeweilige Art zu schreiben resultiert aus der Konstellation der Kommunikationsfaktoren: also daraus, wer wem was wie bei welcher Gelegenheit (etc.) mitteilt. So wird im Englischen (beispielsweise) zwischen *conversation, news, fiction, academic prose* unterschieden. Jede dieser Varietäten hat, teilweise, eigenes Vokabular, eigene syntaktische Strukturen, unterschiedliche Häufigkeiten derselben Phänomene. Diese „**Varietäten von Sprache**" sind zu beachten. Es leuchtet ein, dass man in einer Unterhaltung auf die Frage nach dem Wetter von morgen kaum sagen wird „Örtliche Schauer bei sinkenden Temperaturen".

2.6.7 Textsorten

Ein Text ist ein Beispiel für eine bestimmte Textsorte. Eine Textsorte ist eine zweckdienliche, historisch gewachsene Art, einen Text zu schreiben. Kochrezepte, Privatbriefe, Romane, wissenschaftliche Aufsätze, Zeitungsartikel erkennen wir in der Muttersprache relativ leicht als solche. Zwar werden natürlich z. B. nicht alle Kochrezepte gleich geschrieben, aber sie ähneln einander zumindest, und Variationen sind ebenfalls meist schon konventionalisiert.

Es ist nicht einfach, in der Fremdsprache zu erkennen, „aus welcher Ecke" ein Text kommt. Hier hilft nur intensives Lesen von verschiedenen Texten, in der festen Überzeugung, dass nicht alle Texte in Bezug auf Grammatik, Wortschatz und Aufbau die gleichen Eigenschaften haben. Und angesichts der nahenden Abiturprüfung ist die Beschäftigung mit „gehobener Presse" keine schlechte Option.

1.6.8 Lesegeschwindigkeit

Unsere übliche Lesegeschwindigkeit kann sehr hoch sein. Anders als früher (anders als bis in die frühe Neuzeit) lesen wir nicht mehr langsam und laut, sondern schnell und ohne zu sprechen, ganze Strecken auf einmal aufnehmend. Bei dieser schnellen Art zu lesen werden orthografische Fehler und schlechte optische Gliederung als störend empfunden. Das rasche, orientierende Lesen haben wir uns bei vielen Texten angewöhnt, die wir konsumieren. Wir wollen bei vielen Texten nicht, dass wir eine Passage zweimal oder gar dreimal lesen müssen, um sie zu verstehen.

Tipp für die Prüfung

Bei handschriftlichen Prüfungen kann die äußere Form (Handschrift und optische Gliederung) das Wohlwollen des Korrektors beeinflussen – vielleicht nur unbewusst, aber dennoch. Es verbiegt Ihren Charakter nicht, wenn Sie sauber und lesbar schreiben, klar gliedern, auf nummerierte Einschübe am Schluss verzichten und davon Abstand nehmen, die Wortstellung durch eine Unzahl von kleinen Ziffern anzugeben.

1.6.9 Sätze bereiten einander vor

Die einzelnen Sätze eines Textes hängen zusammen (wenn nicht, handelt es sich nicht um einen Text). Nach einem Satz *n* ist also der folgende Satz erwartbar, wahrscheinlich, sinnvoll, auf jeden Fall „möglich". Dieser **Zusammenhang** wird durch Wiederholungen, Verbindungen und durch die sogenannte Satzperspektive hergestellt.

Wiederholungen treten etwa auf als:

- tatsächliche Wiederholungen von Wörtern
- Proformen (wie *he, she, it, do, so*),
- sinnverwandte Wörter (wie Synonyme, Antonyme, abstraktere Wörter, die ein vorheriges Wort umschließen)
- Mitglieder des gerade vorhandenen Wortfelds oder Sachfelds,
- Wörter, die in einem logischen oder sachlichen Zusammenhang mit schon Gesagtem stehen,
- Artikel (*a* kennzeichnet Neues, *the* kennzeichnet schon Erwähntes oder Impliziertes, ebenso *dieser, jener*).

Verbindungen mit *weil, danach, obwohl, dahinter, später* usw. stellen per definitionem einen Zusammenhang dar.

Die **Satzperspektive** schließlich ist eine Theorie über den Aufbau von Sätzen, den Einsatz von Konstruktionen und der Wortstellung. Diese Theorie geht davon aus, dass nicht alle Teile in einem Satz von gleicher Neuigkeit oder Wichtigkeit sind. Insbesondere wird angenommen, dass das Wichtigste oder Neueste in einem Satz eher gegen Schluss steht. Weniger Wichtiges tendiert dazu, am Anfang eingesetzt zu werden, sozusagen als Einleitung. (Versuchen Sie dies an den ersten drei Sätzen dieses Abschnittes nachzuvollziehen, die sinnvolle Betonung beim lauten Lesen gibt hier Hinweise). Geübte Schreiber setzen Wiederholungen, Verbindungen und die Satzperspektive intuitiv richtig ein. Es empfiehlt sich aber trotzdem, beim korrigierenden Durchlesen eigens darauf zu achten.

1.6.10 Textanalyse

Zur Verdeutklichung hier nun abschließend eine kurze Textbetrachtung. Es soll versucht werden, den Text so zu „analysieren", wie man ihn als normaler Leser versteht, interpretiert.

>> BEISPIEL

A rubbish business model

Energy: The dream of turning worthless waste into valuable fuel is as potent as ever. But is the whole idea too good to be true?

Das wesentliche Merkmal der Überschrift ist ein Wortspiel, um den Leser aufmerken zu lassen: Handelt es sich hier um ein *(rubbish) (business model)* oder um ein *(rubbish business) (model)*? Der dann folgende Vorspann ist der Versuch einer kürzestmöglichen Inhaltsangabe zur schnellen Orientierung. Man beachte die Alliteration *worthless waste* und, ähnlich, *valuable fuel*.

WHERE there is muck, goes the old saying, there is brass. Several firms have taken that idea to heart and are seeking profitable ways to turn rubbish into fuel. Startech Environmental, for instance, based in Wilton, Connecticut, uses plasma conversion, superheating rubbish to break down its molecular bonds and create a "synthesis gas" which is then converted into ethanol or biodiesel. "We get 3.7 gallons of ethanol per 20lb tyre. That's serious output," says Joseph Longo, Startech's chief executive.

Der erste Satz ist ein *topic sentence* für den Absatz. Der Satz wird als Sprichwort realisiert, unter Hinweis auf den Sprichwortcharakter (*goes the old saying*): ein beliebter Zug vom Typ „Wir alle kennen ja ...". Das braucht jedoch einen weiteren Bezug: Viele tun bereits seit einiger Zeit (*present perfect*), was im Vorspann genannt wurde (*that idea*). Das *several* suggeriert, dass eine Spezifikation kommen könnte. Aus den „einigen" wird Startech Environmental herausgegriffen und mit Ort und Bundesstaat identifiziert und lokalisiert. Man erfährt, was die Firma ganz allgemein macht *(simple present)*, Einzelheiten bringt der Nebensatz (*superheating ...*). Die Konstruktion mit *superheating* ist eine solche, die nur „Achtung, Verbindung" signalisiert und sowohl „durch" als auch „indem" oder „während" oder „weil" anzeigt (was man sich merken sollte). Das Zitat kommentiert den *dream* des Vorspanns und führt zu der Behauptung *serious output*, geäußert von einer relevanten Person (mit Angabe von deren Funktion).

The idea might sound far-fetched, but there are several ways to convert organic waste into various grades of fuel, at least in the laboratory. You can gasify rubbish by heating it and turning it into synthesis fuel, which is then fed into a reaction called the Fischer-Tropsch process. This technique for converting carbon monoxide and hydrogen into liquid hydrocarbons using a catalyst was invented in Germany in the 1920s and was used by the Nazis to convert coal into fuel during the second world war. An alternative method involves breaking down cellulose using various catalysts to accelerate the decomposition of organic plant residues into ethanol.

Auch der zweite Absatz beginnt mit einem *topic sentence* und bezieht sich auf die oben genannte Vorstellung (*the idea*, beachte: nicht *this idea*). Sie könnte abwegig erscheinen (entfernte Möglichkeit: *might*), aber: Der Vorgang wird allgemein beschrieben (*you can*) und erhält einen Namen.

Genau dieses Verfahren (*this technique*), näher erläutert,

wird historisch platziert (*was invented, was used*).

Dazu eine Alternative, mit einem Nebensatz vom Typ oben wie *superheating* ... Diese Alternative erwähnt am Schluss organischen Abfall.

>> BEISPIEL

Household rubbish presents special problems, since it is an unpredictable mishmash of all sorts of stuff. Allen Hershkowitz, director of the solid-waste programme at the Natural Resources Defence Council (NRDC), says that no technology can take large amounts of mixed household waste and profitably convert it into ethanol or any other kind of fuel. He also notes that, although the country's landfills seem to be overflowing, America in fact produces only about 230m tonnes of municipal solid waste a year, compared with more than 2 billion tonnes of farm waste. The NRDC reports that much of the solid waste in landfills is made up of recyclables like plastic, or food waste that could be used as compost. Burning such things for fuel may not count as a gain for the environment.

Auch im dritten Absatz wiederum ein *topic sentence.* Von dem Haushaltsabfall war jedoch vorher explizit nicht die Rede. Er ist aber impliziert in *decomposition of organic plants residues* (und überhaupt von der üblichen Scheidung in Industriemüll und Haushaltsabfälle). Daher kann *household rubbish* die Anfangsposition einnehmen, und die Funktion dieser Anfangsstellung ist sozusagen: „nun zum Haushaltabfall", also gliedernd. Außerdem kündigt der Satz ja im Speziellen *problems* an, die die weitere Gliederung vorgeben. Diese Probleme (und, natürlich, die Andeutungen der Lösungen oder Schwierigkeiten) werden über indirekte Rede eines Fachmanns dargestellt, die im nächsten Satz fortgeführt wird (*he also notes that ...*).

Der vorletzte Satz berichtet über die Ansichten der Behörde des Fachmanns, ist also noch gewichtiger in der Aussage.

Es folgt eine Zusammenfassung durch den Verfasser, die vorsichtig (*may not*) formuliert ist.

By contrast, Startech's Mr Longo says he can produce fuel with almost no emissions and using only 10% of the resulting energy to power the process. Mr Longo is primarily a rubbish man – Startech was formed in the 1990s as a low-emission alternative to landfills and incinerators. Now he is hoping the ethanol craze will convince cities to strike deals with him.

Der vierte Absatz beginnt mit einer Aussage, die im Gegensatz steht zum Ende des vorherigen Absatzes (*By contrast, Startech's Mr Longo says ...*).

Der Rest des Absatzes leitet zu einem weiteren Punkt über, der Umsetzung der Forschungen und der Zusammenarbeit mit Städten.

Die Formulierung *ethanol craze* könnte darauf deuten, dass der Autor etwas auf Distanz geht.

Theoretically, a plant using Startech's process to vaporise 25 tonnes of tyres a day could create more than 8,500 gallons of fuel (the number would be less if it processed other forms of waste). True, America alone consumes more than 20m gallons of fuel a day, but some lucky cities could run their fleets of dustcarts from such a plant with fuel to spare. However, all the 74-year-old Mr Longo has to show for his efforts so far is a small demonstration plant in Bristol, Connecticut. No backer has been prepared to provide the $ 6m for a Startech system that could convert 10 tonnes of waste a day.

„In der Theorie" könnte Startech das leisten, was genannt wird (aber auch nur in der Theorie). Die angegebene Menge muss nun in eine Relation gebracht werden. Die Relation ist aber so gering (8500 zu 20 Millionen), dass das *true ('zwar')* aufzufassen ist, anders kann der Hinweis auf die Treibstoff-Ersparnis der Müllautos auch nicht gedeutet werden.

Das *however* greift nun auch an, was als *theoretically* eingeführt wurde, und plötzlich wird aus dem Mr Longo nun *the 74-year-old Mr Longo* (von dem vielleicht nicht mehr viel zu erwarten ist). Und in der Tat, viel vorzuweisen hat er nicht.

>> BEISPIEL

Lesen Sie nun die restlichen Absätze. Die darin vorgenommenen Hervorhebungen sollen Sie für mögliches Nachdenken sensibilisieren.

At least Mr Longo has his demonstration plant, though. Not so Masada Resource Group, which in 2004 signed a contract with Middletown, New York, to build a $300m plant to convert waste to fuel. Although the scheme promised 90% efficiency using a vaguely defined "OxyNol" process, the firm has yet to lay the plant's foundations. In July Green Power, a start-up from Issaquah, Washington, showed off of a technology for converting waste to oil. The company says it can process any waste that is not glass, metal or radioactive and, using a catalyst, convert it to fuel, with an efficiency of 90%. But the firm's claims were met with scepticism, partly because of a past conviction of Michael Spitzauer, its chief executive, for fraud in his native Austria.

The one American company that has succeeded in building and running a commercial plant to convert waste to fuel is Changing World Technologies. Even then, the company says that, although it can convert solid waste to fuel, the process is not yet economical. "People's waste material is unpredictable," says Brian Appel, who heads the company.

His firm's first plant processes waste from a turkey slaughterhouse and pig fats, using "thermal conversion"—heat and friction—to break down the chemical bonds, followed by heat and water to hydrolyse the material. This mainly yields liquid and solid fertiliser, but also makes gas that is used to power an industrial plant, but could be refined into biodiesel. One problem is that it costs Changing World about $80 a barrel to make the fuel. Another is that the company has had to spend heavily to reduce the smell from the plant, which was briefly shut down because of it.

With oil prices high, Mr Appel and his fellow entrepreneurs must hope that their timing is good. Nancy Floyd, co-founder and managing director of Nth Power, a pioneering energy investor, says that her firm is close to investing in a company that converts waste to ethanol – though she declined to name it. Although the industry has a record of failure, she says, "there is new technology now, and we are seeing it applied." So although profits are hard to come by, optimism is in plentiful supply.

From: *The Economist* print edition. Sep 21st 2006

Die meisten textbezogenen Aufgaben in den Prüfungsaufgaben sind mit einem normalen, aber reflektierten Textverständnis beantwortbar. Bedenken Sie jedoch: Textzusammenfassungen oder Inhaltsangaben sind noch keine „Textbeschreibungen“: Sie müssen Ihre Ansichten ableiten: aus der Organisation des Textes, aus den verwendeten Wörtern, aus dem Zweck und der Funktion von grammatischen Konstruktionen, und unter Einbezug dessen, was man zum Thema allgemein wissen könnte oder sollte.

1.7 Sprechen

Mit dem Sprechen werden wir uns in zwei Unterkapiteln befassen. Zunächst gehen wir auf einige phonetische Probleme, also auf Ausspracheprobleme ein, dann auf das tatsächliche Sprechen in Unterhaltungen.

1.7.1 Aussprache

Zunächst ist die Frage, an welcher Aussprachenorm man sich orientiert. Für das Englische stehen hier die großen **nationalen Varietäten** zur Verfügung, also *British English, Amerian English, Irish English, Australian English* usw. Die genannten nationalen Varietäten selbst haben wiederum ihre Standardvarietäten, also etwa die *Received Pronunciation (RP)* im britschen Englisch, das *General American* im amerikanischen Englisch. Diese Standards sind vernünftige Zielvarietäten, auch wenn sie nur von relativ Wenigen gesprochen werden (*RP*, so schätzt man, von ca. 2 %; die Zahl der Deutschen, die „Hochdeutsch" sprechen, liegt nicht wesentlich höher). Es handelt sich dabei um regional neutrale Varietäten: Sprecher solcher Varietäten können innerhalb des betreffenden Sprachraumes nicht „lokalisiert" werden. Viele berufsmäßige Sprecher in Rundfunk und Fernsehen verwenden diese Aussprache.

Die nächste Frage betrifft die **Qualität der Aussprache**, die man sich zum Ziel gesetzt hat. Soll man Perfektion anstreben, also versuchen, in der betreffenden Varietät „als Ausländer" unentdeckt zu bleiben (für einige Minuten, Stunden, Tage usw.)? Oder genügt es, erfolgreich zu kommunizieren?

Um das zu beantworten, müssen wir das Konzept „erfolgreich kommunizieren" hinterfragen. Wenn wir in Großbritannien in eine Apotheke gehen und sagen *I neet a bill for my hat* werden wir sicher ein Medikament gegen Kopfweh bekommen, möglicherweise nach einer Rückfrage wie *Have you got a headache?*, und können damit behaupten, erfolgreich kommuniziert zu haben, trotz dreier „schwerer" und sinnentstellender Aussprachefehler. Warum sollte man sich hier noch weiter bemühen?

Wenn wir trotz Fehler verstanden werden, bedeutet das, dass der Hörer unsere Äußerungen reparieren kann, das heißt, er spekuliert und interpretiert: Der Kunde meint wohl *need ... pill ... head*. Damit verlangen wir unserem Hörer einen erhöhten Dekodierungsaufwand ab. Ob dieser immer eingesetzt werden kann, ist nicht gewiss. Es gibt durchaus Menschen, die fremdsprachlich im Bewältigen von sogenannten Akzenten so unerfahren sind, dass sie das nicht verstehen, was ein anderer mit mehr Erfahrung und mit mehr gutem Willen ohne weiteres versteht.

Jede Abweichung vom Erwarteten und Üblichen ist für den Hörer ein intellektuelles Problem, das sofort gelöst werden muss, wenn er verstehen will. Und je mehr Probleme es laufend gibt, desto mühsamer wird die Kommunikation. Es ist schlicht ermüdend und frustrierend, wenn man einen Ausländer dauernd mental korrigieren muss, und nach einiger Zeit versucht man, sich abzusetzen.

Solange das Produzierte fehlerhaft ist, sind, wie gesagt, die optimalen Voraussetzungen für Kommunikation nicht gegeben. Ob und wie repariert werden kann, ist von der individuellen Konstellation in einer Situation abhängig. Eine Mindestqualität ist nicht definierbar. Einfach gesagt: Alles, was perfekt ist, ist bestens. Alles, was darunter liegt, ist in einem nichtspezifierbaren Sinne schlechter.

Vom Lauterwerb in der Muttersprache weiß man einiges. Wenige Wochen nach der Geburt fangen die Kinder an zu trainieren und gurgeln vor sich hin. Sie lernen, Vokallaute von Konsonantenlauten zu unterscheiden, innerhalb der Vokale etc. zu unterscheiden, bis sie z. B. über *ema* zu *mena* zu *Messer* kommen. Als Input dient das, was die Umgebung sagt (und wie sie reagiert), Die einzelnen Laute werden in einer bestimmten Reihenfolge erworben: am Anfang, bei den Konsonanten, [m, b, d] ..., zum Schluss engl. [θ, r]. Es ist dabei aber kein Konsonant zu schwierig, als dass er nicht mit etwa vier Jahren gelernt werden könnte: wenn deutschsprachige Kinder mit fünf Jahren noch [jo:t] statt [ro:t] sagen, liegt irgendeine Art von Defekt vor. Vielleicht kann man daraus ableiten, dass einige Laute der Zielsprache mehr Artikulationsschwierigkeiten bereiten als andere. Aber leider gilt auch: Mancher deutsche Lerner bewältigt selbst die Aussprache von „frühen“ Konsonanten nicht, wie etwa dem *p* in frz. *poulet*.

Im Verlauf des Muttersprachen-Erwerbs ändern sich unsere Hörgewohnheiten. Wir beginnen mit der Zeit, eine Art von Hörfilter einzusetzen, einen Filter, den uns die Muttersprache (bzw. die Sprache der unmittelbaren Umgebung) aufdrängt. Ein fremdsprachenunerfahrener Deutscher, der das engl. *mat* [æ] hört, wird den Vokal als *e*-Laut (eine Art offenes *e* wie in *nett*) identifizieren und das *mat* so nachsprechen, dass es sich auf *nett* reimt. Er klassifiziert, sozusagen, das [æ] als [e]. Bei dieser Klassifikation kann es durchaus sein, dass er die Unterschiede zwar im Prinzip hören kann, aber als nicht relevant erachtet, als ein bisschen seltsam.

Ein sechsjähriges Kind hat, so könnte man sagen, nahezu sechs Jahre Sprechtraining hinter sich. Nun darf man nicht vergessen, wie die einzelnen Laute zustande kommen: durch Verformungen des Mundraumes (die Vokale) und durch Bewegungen vor allem der Zunge und der Lippen. Verformungen und Bewegungen sind Folgen von Muskelbewegungen in und mit den Artikulationsorganen – die Zunge ist ein sehr komplexer und beweglicher Muskel. Daher ist anzunehmen, dass mehrjähriges Training „in einer Sprache“ die üblichen Bewegungen einschleift und aufgrund der „Übung“ andere als die üblichen Abläufe erschwert: man stelle sich vor, man müsste Schnürsenkel schnüren und dabei das, was man mit der linken Hand zu tun gewohnt ist, mit der rechten tun, und umgekehrt.

Es ist aber keinesfalls (!) so, dass die eingeschleiften Hör- und Sprechgewohnheiten der Muttersprache unsere Artikulationswerkzeuge oder Ohren physisch verändern würden. Die Pubertät ist nicht (!) das Ende der Sprachlernfähigkeit. Mit etwas Wissen und, wieder einmal, viel Übung, ist es auch einem Erwachsenen möglich, eine Fremdsprache akzentfrei zu sprechen (man denke an die Dolmetscher und Übersetzer, die mit 20 Jahren beginnen, eine Fremdsprache neu zu lernen).

Allerdings: wer Englisch mit Akzent spricht, muss dafür nicht unbedingt selbst verantwortlich sein. In jeder Art von Unterricht richtet man sich nach dem Vorbild des Lehrers, und bei weitem nicht jede Lehrkraft liefert ein akzentfreies Vorbild. Erwirbt man in den ersten Jahren des Lernens ein solcherart mäßiges Englisch, dann ist mit einer Verfestigung zu rechnen, zumal deshalb, weil ein systematischer Ausspracheunterricht ohnehin nicht stattfindet. Nicht zu vergessen ist auch, dass viele Eltern, Geschwister, andere Verwandte, Nachhilfekräfte, als fachliche Dilettanten das Lernen begleiten und nicht immer nur günstig beeinflussen.

Nun zu einigen Einzelheiten und zu Konkretem. Gelegentlich stößt man in der Literatur zur Phonetik auf den Terminus „Artikulationsbasis“ bzw. *articulatory setting*. Darunter versteht man Folgendes: Es sieht so aus (oder hört sich so an), als würden sich einzelne Sprachen bzw. Dialekte nicht nur durch verschiedene Laute und Lautkombinationen unterscheiden. Unterschiede bestehen auch in der grundsätzlichen Art, wie die Laute, oder einige davon gebildet werden: Das heißt, dass die Unterschiede den gesamten Einsatz des Artikulationsraumes betreffen und nicht nur bestimmte, lokale Punkte im Mund etc. Allgemein wird angenommen, dass im Englischen die Lippen relativ neutral gehalten werden. Dies betrifft vor allem die i-Vokale (nicht so gespreizt wie im Deutschen), die u-Vokale (nicht so rund) und das [ɜ:] wie in *bird* (nicht gerundet). *Schuh* und *shoe* unterscheiden sich, indem im Deutschen sowohl das [ʃ] als auch das [u:] stark gerundet ist.

Bei den Konsonanten [t, d, n] liegt die Zungenspitze nicht hinter den Oberzähnen, sondern etwas höher, am Zahnansatz, also dort, wo die Zähne aus dem Kiefer kommen.

Die Konsonanten [p, t, k] sind am Wortanfang vor Vokalen, sehr stark behaucht, wie in *pin, tin, kind*. Nach Vokalen sind sie etwa so behaucht wie im Deutschen, z.B. wie in *supper, cater, licking*), am Wortende wie in *lip, mat, look*) nicht behaucht.

Die Reibelaute [v, ð, z, ʒ] haben jeweils unterschiedliche Grade von **Stimmhaftigkeit**, je nach Position. Am Beispiel des [v]: voll stimmhaft wie in *navy,* ähnlich deutsch *Malve,* ohne Stimmhaftigkeit, sozusagen wie ein schwaches *f*, am Ende, wie in *knave*. Und stimmlos am Wortanfang, wie in *veil.* (Stimmhafte Laute wie [v, z, ð] usw. kann man singen, nicht aber die stimmlosen [f, s, θ] usw.)

Wann immer im Englischen nach einem Vokal ein **Konsonant** aus der Reihe [b, d, g, v, z, ð, ʒ, dʒ] folgt, wird dieser Vokal gelängt. Der Vokal in *bid* ist länger als der in *bit*, der in *need* ist länger als der in *neat* (ähnlich wie deutsch *rode – rote).* Vgl auch *eyes* mit langem und *ice* mit kurzem Diphthong.

I should have known wird nicht mit [aɪ ʃʊd hæv] ausgesprochen, sondern mit den „**Schwachtonformen**" wie [aɪ ʃʊdəv] oder gar [aɪʃtəv]. Diese Schwachtonformen werden systematisch für die Hilfsverben, für Pronomina, Präpositionen und einige Konjunktionen verwendet: [bətaɪ] *but I,* [ɪzɪ] *is he?*, [bredə bʌtə] *bread or butter*, [ðətɪməskʌm] *that he must come*.

Unbetonte Silben werden, vor allem im britischen Englisch, mit **reduzierten Vokalen** ausgesprochen. Die übliche Aussprache von *lavatory* ist ['lævətərɪ], nicht [lævætɒrɪ]. Dieses Phänomen ist vor allem bei Wörtern lateinischen oder griechischen Ursprungs zu beobachten (vgl. aber auch *milkman* [-mən], *graceful* [-fl]); *cemetery* ['semətrɪ], *photographer* [fə'tɒgrəfə], *actually* ['ækʃwəli], *graphically* ['græfɪklɪ].

Häufig werden auch Wörter miteinander **verschmolzen** oder auf sonstige Weise geändert, vor allem in der schnelleren gesprochenen Sprache, vgl. *is she?* [ɪʃɪ] , *as you know* [æʒʊnəʊ], *Great Britain* [greibrɪtn], und *he asked me* [hɪa:stmɪ].

Diese Assimilationen, wie auch die Schwachformen und die Vokalreduktion, sind im Englischen nicht Elemente einer schlampigen Umgangssprache, sondern Erscheinungen, die auch bei gepflegtem oder langsamerem Sprechen üblich sind.

Die Laute im Prinzip richtig auszusprechen, ist eine Sache. Eine andere ist es, bei einem gegebenem Wort auch den korrekten Laut einzusetzen, also z. B. in *orchard* ein [tʃ] zu verwenden und in *orchid* ein [k]. Das ist eine Sache des Nachschlagens und sollte nicht der Intuition überlassen bleiben. Es empfiehlt sich auch, gesprochene Texte herunterzuladen, nachzusprechen (oder in Rhythmus und Melodie nachzuäffen), schlicht, zu üben, denn auch ein einfacher Satz wie *What'll you want it for?* kann zum Zungenbrecher werden. Und bedenken Sie: jedes eliminierte Ausspracheproblem ist schon wieder ein Problem weniger beim Hörverstehen.

1.7.2 Konversation

Bei näherem Hinsehen entpuppt sich die alltägliche Konversation – welche ja häufig als wesentliches Ziel des Fremdsprachenunterrichts angesehen wird – als eine recht komplizierte Interaktion. Als eine Interaktion, die mehr ist als einfach nur plaudern – Grundkenntnisse in Wortschatz und Grammatik vorausgesetzt.
Ein Teil der Gesamtkapazität wird schon durch das Hörverstehen aufgebraucht, da man sich dessen, was die anderen sagen, völlig sicher sein muss, um sinnvoll und rasch zu reagieren. Normalerweise ist die Sprechproduktion der Partner auch sehr schnell. Nur selten kann man hoffen, speziell vorbereitet zu sein. Die Themen sind frei, nicht vorhersehbar, und sie können wechseln. Ganz plötzlich wird man angesprochen, ganz plötzlich muss man reagieren, wenn man mitmischen will.

Ruhezeiten gibt es dabei nicht; auch wenn man nur zuhört, ist man sprachlich gefordert, denn vom Hörer erwartet der Sprecher stets *feedback*, wie *Oh I see, Really? Is that so? How right you are! Yes, it is, isn't it?*, und ein schweigender Hörer ist kein Gesprächspartner, zumindest kein guter.

Wenn die Themen unvorhersehbar sind und wechseln, stehen auch geübte Sprecher vor

Wortschatzproblemen. Ganz auf einmal könnte man beitragen, dass man einen Dachs gesehen hat, die Lichtmaschine kaputt war, jemand Scharlach hatte. In einer solchen Situation kann man natürlich auch still bleiben oder *fox* statt *badger* sagen, aber im Schweigen oder Schummeln liegt ja nicht der Sinn der Konversation. Man tut gut daran, sich, um Dinge usw. zu erklären, mit einer Portion von Hyperonymen (Oberbegriffen) zu versorgen, die man dann in Formeln einsetzt und erweitert. Für Substantive empfiehlt sich die Formel *An x is (a kind of) y which ...*, unter Einsatz z.B. von *a mammal, a vertebrate, a singing bird, a bird of prey*. Für Verben kann man verwenden *If you x, you ...* oder *If you x a y, you ...* oder *If an x is y-ed, it is ...* und Ähnliches. Dazu ein Beispiel:

>> BEISPIEL

Nehmen wir das Wort dt. *Pass*, engl. *passport*. Mit der Kenntnis von *passport* kann man wenig anfangen. Die Gelegenheiten, bei denen man *passport*, und sonst nichts, sagen kann, sind schon sehr begrenzt. Denn: von der Sache her wird ein Pass kontrolliert, beantragt, ausgestellt, eingezogen, ungültig gemacht, verlängert, gefälscht, zurückbehalten. Und aus diesem Grund muss es, wenn man darüber reden will, einen Pfad geben von *passport* zu *check, apply for, issue, invalidate, extended, faked*. Wohlgemerkt, nicht von *passport* zum deutschen *verlängern*, denn *verlängern* spaltet sich in Richtung Englisch auf in *extend, prolong, lengthen* usw. Und welche von diesen letzteren richtig sind, kann man nicht oder kaum entscheiden, man muss es wissen. Beherrscht man hingegen die Kollokation *withhold a passport*, dann braucht man sozusagen nur noch einige Variablen zu berücksichtigen, wie z.B. Person, Tempus, Aussagesatz – Fragesatz, ein Adverbiale anhängen usw.

Was aber nun, wenn der *passport* aus obigem Beispiel „einbehalten" wird? Und wenn kein Pfad zum englischen Wort vorhanden ist? Dann merkt man doch gleich, dass der Pfad eben nicht da ist. Was man nun nicht tun darf, ist zu versuchen, den deutschen Pfad zu gehen und „einbehalten" zu übersetzen. Was man vielmehr tun muss, ist, eine **Paraphrase** zu entwickeln:

- *If a passport is x-ed, the authorities do not return it to you.*
- *If a passport is x-ed, the officer keeps it.*
- *If a passport is x-ed, the officer holds it back.*
- *If a passport is x-ed, the officer does not give it back to you.*

Das ist doch kein Kunststück. Es ist aber genau das, was viele nicht tun oder viele nicht können. Man muss in der Fremdsprache eine Subkompetenz entwickeln, nämlich, die Kompetenz, wie man mit der eigenen Inkompetenz umgeht. Weil das so wichtig ist, noch ein Beispiel.

>> BEISPIEL

In einer Unterhaltung zwischen einer Amerikanerin und vier deutschen Studentinnen glaubte die Amerikanerin zunächst, ihre Partnerin habe sich eine Kamera gekauft, wurde dann aber unsicher und fragte nach:

A: You mean you haven't bought a camera yet?

Die Antwort hierauf:

D: No, but I'm on the -- on the -- on the.

Und dann erfolgt der Abbruch. Man kann leicht nachvollziehnen, was hier passiert ist. D möchte sagen, was man deutsch formuliert „ich bin auf der Suche nach einer", bekommt dann bei der Übersetzung ihre Bedenken (*on the lookout*?), kann aber nicht paraphrasieren, versucht es erneut – und gibt schließlich bei diesem Mini-Problem auf. Warum nicht in den vorhandenen Kenntnissen suchen und *I'm still looking for one* bringen? Gesetzt, Sie wollen sagen „Wenn du dir die Schlagzeilen mal näher anschaust" und es ist Ihnen nicht ganz wohl mit *näher – nearer*, gibt es denn wirklich keine Möglichkeit, das etwas zu modellieren?

Mit spontanen Übersetzungen konstruiert man sich mehr Selbstfallen als Selbsthilfen.

In der im Beispiel erwähnten Unterhaltung findet sich das folgende Stück:

A: And what were you doing yesterday?

D: Oh, we went to the cinema and so.

Nach dieser Antwort kommt es zu einer Pause, sozusagen zu einem kleinen Zusammenbruch der Kommunikation. Warum? Mit dem *und so* signalisiert man im Deutschen: das Wesentliche ist gesagt, die Kleinigkeiten spare ich mir hier,

Ende meines Beitrags. Mit *and so* aber formuliert man *und deshalb*, das heißt, man kündigt etwas Folgendes an und erwartet, dass die anderen zuhören und das Weiterreden nicht behindern. Und daher kommt es nach dem *and so* zu einer Pause. Als Hörer kann man im Deutschen das Zuhören signalisieren mit *jaja*. Im Englischen signalisiert jedoch *yesyes* Ungeduld des Hörers.
Und, sozusagen umgekehrt: wenn Amerikaner das Zuhören mit *uhuh* anzeigen, klingt das für Deutsche oft wie *na und? Mehr hast du nicht zu sagen?* Bei solchen Gelegenheiten knirscht es im Getriebe.

Nach diesen Überlegungen ist nicht verwunderlich, wenn – wieder einmal – auf vorgefertigte *chunks* und Kollokationen verwiesen wird, also auf Ausdrucksabsichten, deren Konstruktion schon geleistet ist und die nur noch abgespult zu werden brauchen (*What'll we have for dinner? I've no idea at all*). Hier nun eine kleine Liste, ausgewählt aus Hunderten (!), die sich speziell auf die Techniken der Unterhaltung beziehen.

USEFUL VOCABULARY

- May I just add another point
- Also,
- Moreover,
- In addition
- I really don't know what to say
- I've never thought of that
- Sorry I can't help you there
- That's really all I can say
- I wouldn't think so
- From what others tell me
- I've had quite a similar experience
- I've just read a book on ...
- People keep telling me
- Are you joking?
- You really mean I should ...
- I'm not quite convinced
- What would you say
- Just let me think

Damit kann man kleinere taktische Züge realisieren, wie z. B. die Bitte um etwas Zeit, das vorsichtige Widersprechen, die Abgabe der Sprecherrolle, eine Nachfrage, das Abstreiten der Verantwortung (*from what others tell me*). Man ermittelt sie, indem man die eine oder andere Unterhaltung „analysierend begleitet" oder sich mit Unterhaltungen auf DVDs näher beschäftigt.

Zu den unangenehmen Begleiterfahrungen bei fremdsprachlicher Konversation gehört, dass man sich oft nicht sicher ist, ob man tatsächlich das gesagt hat, was man auch sagen wollte. Diese fehlende oder unvollständige Selbstkontrolle vermittelt ein Gefühl der Unsicherheit. Je öfter man daher auf sicher Gewusstes zurückgreifen kann, desto besser.

Bedenken Sie, dass insbesondere bei Prüfungsgesprächen auf Reaktionsvermögen und „Flüssigkeit" Wert gelegt wird. Bevor Sie lange überlegen, sagen Sie doch erst einmal *Well, this is a difficult question. And opinions differ. Some say ... (Others say ...).* Damit sind Sie zunächst auf sicherem Boden und gewinnen Zeit zum Nachdenken, Und wenn Sie schon Pausen machen müssen, dann füllen Sie diese mit *you know* oder *you see* oder *isn't it,* notfalls auch mit [ɜː] oder [ɜːm], aber nicht mit *äh*.

1.8 Übersetzen

Hier sei mit einer kurzen (und trivialen) Überlegung zum Zweck des Übersetzens begonnen. Der Zweck des Übersetzens besteht darin, dass man einen Text A (der Ausgangssprache) in einen Text Z (der Zielsprache) verändert, um solche Leser, die den Text A mangels Sprachkenntnissen nicht verstehen können, über eben diesen Text zu informieren. Mit „Informieren" ist das Folgende gemeint: Würden wir eine lateinische Urkunde übersetzen, mit der ein mittelalterlicher Ort zur Stadt erhoben wird bzw. wurde, dann wäre die Übersetzung natürlich keine Stadterhebungsurkunde – sie ist „nur" eine Information über die ursprüngliche Urkunde. Würden wir die Unabhängigkeitserklärung der Vereinigten Staaten übersetzen, dann wäre die Übersetzung nicht die Unabhängigkeitserklärung – die nämlich entstand 1776 als englischsprachiger Text –, sondern ein Text, der Deutschsprachige über diese Erklärung informiert. Genau besehen, ist der Text Z also ein Text „über" den Text A, ein **Metatext**. Der Text Z ersetzt den Text A nicht, sondern kommt hinzu.

Als Übersetzer liest man daher einen Text A, ermittelt dessen Ausdrucksabsicht, und setzt eben diese Ausdrucksabsicht für einen neuen Text Z. Das heißt, man muss Text A verstehen können wie ein Muttersprachler der Sprache A, schreiben können wie ein Muttersprachler der Sprache Z und von der Sache so viel verstehen wie der ursprüngliche Autor. Wenn Sie nun an den Text zur Müllvergasung (→ Seite 19) denken: Haben Sie den Text auch in Einzelheiten wirklich umfassend verstanden? Verfügen Sie über die chemischen Kenntnisse, zumindest so ungefähr? Können Sie schreiben wie ein deutscher Journalist? Dreimal nein. Nehmen Sie also während der nächsten Jahre für nichts und niemanden Übersetzungsaufträge an. Wenn Sie für sich selbst übersetzen müssen, machen Sie ausgiebigen Gebrauch von Nachschlagewerken.

Die (wirklich winzige) Auswahl in der Tabelle auf der nächsten Seite soll einige der jeweils möglichen Entsprechungen zeigen, die entstehen, wenn man Übersetzung als „textbedingten Ausdrucksabsichts-Transfer" versteht. Natürlich gibt es zu diesen Übersetzungsvorschlägen diskutierenswerte Alternativen. Aber die meisten der üblicherweise vorgebrachten sind schlicht falsch: *gaze* ist eben nicht *starren*, für amerikanische Leser muss man *Rheinland-Pfalz* kommentieren usw. Hier ist als Minimum eine jahrelange Arbeit zu investieren, in die Ausgangssprache und in die Zielsprache auch.

Tipps für die Übersetzung

Dennoch, hier einige Hinweise für das Übersetzen in Prüfungssituationen. Als Übersetzer schreiben Sie für ein anderes Publikum, ein Publikum, dessen Weltkenntnis wahrscheinlich anders ist als das ursprüngliche.

- Versuchen Sie, mit der verwendeten Sprache in der Textsorte zu bleiben. Schreiben Sie „briefmäßig", wenn Sie einen Brief übersetzen, pressemäßig, wenn es sich um einen Zeitungsartikel handelt, zwanglos, wenn Alltagssprache gefragt ist, fachlich-neutral in Fachtexten usw.
- Wenn möglich, informieren Sie sich über die Sache, von der die Rede ist.
- Machen Sie beim „normalen" Wortschatz ausführlichen Gebrauch von den Lernerwörterbüchern (vgl. Kap. 2), raten Sie nicht.
- Schieben Sie logische Merkwürdigkeiten nicht auf den Originalautor, suchen Sie eher solche Schwächen bei sich selbst.
- Grübeln Sie nicht endlos über einen Satz: Je öfter Sie das Original lesen, umso mehr fallen Sie in Formulierungen der Ausgangssprache. Lesen Sie vielmehr einen Satz zweimal, schließen Sie die Augen und versuchen Sie das zu sagen, was Sie verstanden haben. Notieren Sie sich diese Zwischenversion und prüfen Sie, ob „alles da" ist.
- Versuchen Sie, Ihren Text objektiv zu lesen: Würde man wirklich schreiben, was Sie gerade geschrieben haben?
- Führt in Ihrer Übersetzung wirklich ein Satz zum anderen?
- Üben Sie anhand intuitiv als leicht empfundener Texte, nicht an den raffinierten Elaboraten von *Time* oder *Newsweek*.

Ausgangssprache A	Quelle, Funktion	Zielsprache Z
The donkey Eeyore	Kinderbuch, Name	der Esel I-A
Best wishes	Ende des Briefes	Mit freundlichen Grüßen
Dear Sir or Madam	Anfang Geschäftsbrief	Sehr geehrte Damen und Herren
The German lower house	Presse	Der deutsche Bundestag
The Italian Prime Minster	Presse	Der italienische Ministerpräsident
Why don't you come and see me?	Gesprochen, Alltag	Besuch mich doch mal
By contrast	Absatzanfang, Presse	Im Gegensatz dazu
The dog's disappeared	Gesprochen, Alltag	Der Hund ist weg
technology		Die Technik
Not so Susan	Gesprochen, Alltag	Susan aber nicht
Ich hab mich für das rote entschieden	Gesprochen, Alltag	I've chosen the red one
Rheinland-Pfalz	Presse	Rhineland-Palatinate, one of the sixteen federal states
Rhineland-Palatinate, one of the sixteen federal states	Presse	Rheinland-Pfalz
Mr Chirac	Presse	Chirac
I looked the place over	Roman	Ich sah mich gründlich um
With oil-prices high	Presse	Bei hohen Ölpreisen
Two gallons	Alltag, US	Gut sieben Liter
Two gallons	Alltag, GB	Gut neun Liter
What a lovely place!	Alltag, gesprochen	Schön ist es hier!
Geh doch spazieren!	Alltag gesprochen	Why don't you go for a walk?
FCKW	Chemie	CFC (chlorofluorocarbonate)
Kohlehydrate	Chemie	carbohydrates
desktop	Computer	Arbeitsplatz
Alles markierern	Computer	Select all
He would have none of it	Alltagssprache, gesprochen	Er wollte damit nichts zu tun haben
capital gains tax	Finanzwirtschaft	Spekulationssteuer
He was gazing sadly at the ground	Kinderbuch	Er blickte lange und traurig zu Boden

2_Linguistik

2.1 Wortschatz und Grammatik

Viele Menschen denken, dass eine Sprache im Wesentlichen aus zwei Komponenten besteht: Wortschatz und Grammatik. Wörter werden dann sozusagen als die Bausteine gesehen, aus denen man größere Einheiten, nämlich die Sätze, zusammensetzt. Und da man Wörter nicht beliebig aneinander reihen kann, muss es bestimmte Regeln geben, die die Grammatik der Sprache ausmachen. So ganz falsch ist das natürlich auch nicht. **Grammatiken** beschreiben die allgemeinen Regeln einer Sprache (oder was man dafür hält) und **Wörterbücher** die spezifischen Eigenschaften der Wörter, also alles, was nicht verallgemeinert werden kann.

Allerdings sind die Sprachwissenschaftler mehr und mehr der Auffassung, dass kein grundsätzlicher Unterschied zwischen Wortschatz und Grammatik besteht. Zwar gibt es in der Tat Bereiche, in denen man mehr oder weniger allgemein gültige Regeln finden kann, etwa

- zur Verwendung des *past tense* oder des *present perfect* im Englischen;
- zum Gebrauch der *simple* und *progressive form;*
- die Tatsache, dass alle Substantive im Englischen einen Relativsatz nach sich ziehen können;
- wie im Englischen Fragesätze und Aussagesätze unterschieden werden;
- wie man bestimmte Elemente eines Satzes besonders hervorheben kann.

Andererseits aber wird die Struktur von Sätzen auch stark von Eigenschaften einzelner Wörter bestimmt. So hängt es zum Beispiel in den folgenden Sätzen von den Verben ab, ob eine *-ing*-Konstruktion oder eine *to*-Infinitiv-Konstruktion verwendet wird:

1 *You might enjoy **doing** something like that.*[1]

2 *Do you want **to come** over for dinner sometime?*[1]

Ähnlich haben manche Substantive keine eigene Pluralform und können nur mit einem Verb im Singular verwendet werden wie:

3 *The spaghetti **is**/~~are~~ nice.*

Andere Substantive haben keine ersichtliche eigene Pluralform wie *police*, werden aber dennoch mit dem Verbplural konstruiert:

4 *The well-worn cliché that **the police are** only a reflection of the society they serve, can be seen in a different light.*[1]

Substantive wie *committee* können im Singular ein Verb im Singular oder im Plural haben:

5 ***The nobel prize** committee is expected to give a boost to the drive for political freedom in east Europe when it announces the winners of the Peace Prize in Oslo today.*[1]

3 *The committee are asked to support this initiative.*[1]

Man muss also unterscheiden zwischen

- relativ gut verallgemeinerbaren sprachlichen Erscheinungen, die in Grammatiken in der Form von sogenannten **Regeln** beschrieben werden und
- an einzelne Wörter gebundenen grammatischen **Vorkommnisse**, die im Wörterbuch beschrieben sind.

Tipp

Was Sie für das Schreiben englischer Texte zur Grammatik wissen müssen, steht nicht nur in Grammatiken, sondern auch (und manchmal auch schneller auffindbar) in Wörterbüchern.

Die Fußnoten in diesem Kapitel beziehen sich auf folgende Quellen- und Literaturangaben für Zitate und Beispiele:

1 British National Corpus (große Sammlung authentischer Texte)
2 Della Summers: Longman Dictionary of Contemporary English. 4. Auflage. Longman, Harlow, 2003/2005
3 Sally Wehmeier: Oxford Advanced Learner's Dictionary. 7. Auflage. Oxford University Press, Oxford/New York, 2005
4 John Sinclair: Collins Cobuild Advanced Learner's English Dictionary. 5. Auflage. Harper Collins, Glasgow, 2006
5 Thomas Herbst, David Heath, Ian Roe and Dieter Götz: Valency Dictionary of English. Mouton de Gruyter, Berlin/New York, 2003

2.2 Umgang mit Grammatiken

2.2.1 Was steht in der Grammatik?

Wenn Kinder ihre Muttersprache lernen, scheinen sie auf der Basis dessen, was sie hören oder lesen, gewisse Abstraktionen zu bilden. Aus den Gemeinsamkeiten der Verwendungen des *present perfect*, denen beispielsweise ein Brite während des Spracherwerbs ausgesetzt ist, ergibt sich offensichtlich die Fähigkeit, diese Form selbst angemessen zu verwenden. Ob es dabei tatsächlich zur Bildung von Regeln der Art kommt, wie sie in Grammatiken stehen, weiß man nicht genau. Bewusst sind den meisten Sprechern die „Regeln" ihrer Muttersprache jedenfalls nicht; deshalb fällt es ihnen auch oft schwer, anderen zu erklären, wann man eine bestimmte Form verwendet.

Ein wesentlicher Unterschied zwischen dem **Erwerb** der Muttersprache und dem **Lernen** der Fremdsprache in der Schule besteht nun allerdings darin, dass man der eigenen Muttersprache in einem ungleich stärkeren Maße ausgesetzt ist, nämlich dauernd und von Geburt an, als der Fremdsprache in vergleichsweise wenigen Unterrichtsstunden (→ Kapitel 1.2). Aus diesem Grund ist es schwer, selbst zu solchen Abstraktionen zu gelangen.

Es ist also durchaus sinnvoll, dass Grammatiken versuchen, **allgemeine Regeln** für den Gebrauch von Formen wie dem *present perfect* oder die Bildung von Relativsätzen zu geben. Allerdings ist es schwer, solche Regeln zu formulieren. Und oft kann man sie nur wirklich genau verstehen, wenn man schon weiß, was gemeint ist.

Tipp

Regeln in Grammatiken sind Abstraktionen von Beispielen. Sie können meist auch nur zusammen mit den angegebenen Beispielen zusammen verstanden werden.

Für die Verbesserung der eigenen fremdsprachlichen Leistungen ist es durchaus sinnvoll, mit einer Schulgrammatik zu arbeiten. Das sollte aber immer verbunden sein mit

- der Arbeit an Texten
- einer Analyse der eigenen Defizite beim Schreiben.

Wenn Sie – aufgrund der Korrekturen in Ihren eigenen Textproduktionen – wissen, dass Sie viele Fehler im Bereich von sogenannten **Valenzkonstruktionen** machen (also *enjoy* ~~*to do*~~ statt *enjoy doing* oder *manage* ~~*doing*~~ statt *manage to do* schreiben), dann ist das der Typ Grammatikfehler, der zum Wortschatzlernen gehört und bei dem ein **Wörterbuch** weiterhilft. Wenn Sie aber feststellen, dass Sie *present perfect* und *past tense* oft verwechseln, Fehler im Bereich von *going to*, *will* oder *present progressive* zum Ausdruck der Zukünftigkeit machen, dann sollten Sie das entsprechende Grammatikkapitel gründlich durcharbeiten.

2.2.2 Arbeit mit einer Grammatik

Viele Schülerinnen und Schüler mögen Grammatiken nicht besonders – vor allem dann, wenn sie nicht Latein gelernt haben. Der Grund dafür ist nicht, dass das Lateinische eine besonderes gute, klare oder schöne Grammatik hat und das Englische nicht. Aber manche Grammatiken verwenden zur Beschreibung des Englischen eine Terminologie, die am Lateinischen entwickelt wurde und demnach auf das Lateinische passt, aber eben nicht immer auf das Englische. Das macht sie schwer verständlich. (Manche Grammatikregeln sind schwerer als die Grammatik an sich.)

Bei der **Auswahl der Grammatik**, nach der man lernt, kann man das berücksichtigen und möglichst eine wählen, die nicht vor solchen Termini wie *Gerund* oder *Futur* strotzt, die für das Englische eher verwirrend als nützlich sind. Wenn man aber eine solche Grammatik schon hat, muss man sich beim Lernen vor allem fragen, was man eigentlich lernen will.

Wenn es Ihnen in erster Linie um die Verbesserung der sprachpraktischen Fähigkeiten geht, sollten Sie bei der Arbeit mit der Grammatik manches einfach überlesen:

- Sollte die Grammatik zwischen einem *present participle* (wie *talking*) und einem *gerund* (auch *talking*) unterscheiden, so können

Sie das ignorieren: Wissenschaftliche Grammatiken machen diesen Unterschied ebenfalls nicht.

- Sollte die Grammatik zwischen einem *will*-Futur *(He will come.)* und einem modalen Gebrauch von *will (Will you sit down?)* trennen, so muss Ihnen bewusst sein, dass es sich dabei nicht um verschiedene sprachliche Formen handelt. Vielmehr werden damit zwei unterschiedliche Verwendungsweisen von *will* beschrieben, die in sehr vielen Fällen nicht scharf zu trennen sind *(Will you come to my party?)*.

Natürlich ist grammatische **Terminologie** in vielen Fällen durchaus notwendig und auch für das Lernen sinnvoll. Wenn man einen solchen Satztyp wie den Relativsatz mit einem Namen benennt, lässt sich leichter darüber reden.

Aber wichtig ist vor allem, dass Sie verstehen, was mit welchen Formen – in den obigen Beispielen also Verb + *-ing* (z.B. *talking*, was man Partizip nennen kann) und *will* + Verb *(will come)* – ausgedrückt wird bzw. wann diese Formen verwendet werden.

Um die in den Grammatiken angegebenen Regeln zu verstehen und zu lernen, sollten Sie immer auch die **Beispiele** in der Grammatik ansehen. Unter Umständen ist es sogar besser, zuerst die Beispiele zu lesen und selbst zu überlegen, was die Verwendungen einer bestimmten Form gemeinsam haben.

2.2.3 Grammatik an Texten

Der nächste Schritt muss sein, mit Texten zu arbeiten. Es kann in Bezug auf die Beherrschung grammatischer Strukturen von großem Nutzen sein, wenn Sie sich in Texten, die Sie lesen, beispielsweise alle Formen des *past tense* und des *present perfect* anstreichen und dann noch einmal genau überlegen, warum an der einen Stelle die eine Form und an der anderen Stelle die andere gebraucht wird. Gegebenenfalls kann man sich auch aus dem Internet englische Texte – aber nur solche, bei denen klar ist, dass sie auch von Muttersprachlern geschrieben sind – herunterladen und mit der Suchfunktion nach diesen Formen suchen (was bei *has/have* für das *present perfect* oder bei *will* natürlich leichter geht als bei Formen, die auf *-ing* oder *-ed* enden).

Tipp

Verbinden Sie das Durcharbeiten eines Grammatikkapitels immer mit dem Studium von Beispielen aus der Grammatik und mit der gezielten Analyse anderer englischer Texte. Schreiben Sie sich Sätze, in denen bestimmte grammatische Erscheinungen vorkommen *(going to, past tense – present perfect)* auf Karteikarten und sehen Sie sie immer wieder durch.

Die **Wortschatzkartei** kann im Bereich der Grammatik als **Konstruktionskartei** weitergeführt werden. Nachdem manches darauf hindeutet, dass kein großer Unterschied zwischen der Speicherung von Wörtern im Gehirn und der Speicherung von grammatischen Konstruktionen zu bestehen scheint, ist es bestimmt hilfreich, die Wortschatzkartei um grammatische Konstruktionen zu erweitern (vielleicht auf Kärtchen mit einer anderen Farbe).

Das gilt besonders für solche grammatischen Erscheinungen, die mit der Gestaltung von Texten zusammenhängen, also insbesondere **Gliederungssignale** oder **Hervorhebungen**. Stößt man in einem Text auf Sätze wie die folgenden, so kann man sie in eine solche **Konstruktionskartei** aufnehmen:

- ***It was in Berlin that*** *he first read Morelli's work.*[1]
- ***... and it was Schiller who*** *argued that music, the visual arts and poetry "always become ... similar in their action on the mind".*[1]
- ***What she really wants is*** *a puppy.*[1]
- ***What she wanted was*** *a baby.*[1]
- ***What he proposes is*** *to change „ideas into things".*[1]

Zum Bereich der Textstruktur gehören auch Wörter, die als **Gliederungssignale** oder **Verbindungen von Sätzen** eingesetzt werden:

- ***In addition***, *Vogtlander argued, CO_2 emissions are a "global problem" and they should be tackled globally to be effective.*[1]

- ***Also,*** *the history of sculpture includes some account of the abortive plans for sculpture, just as the history of architecture is incomplete as a history of ideas without a knowledge of rejected proposals.*

Ein weiterer Bereich, der in diesem Zusammenhang ganz wichtig ist, ist die **Valenz** von Verben, Substantiven und Adjektiven; also die Konstruktionen und Präpositionen, die mit ihnen verwendet werden. Lesen Sie Texte gezielt daraufhin durch, ob Sie bei Verben, Adjektiven und Substantiven die Konstruktionen verwendet hätten, die im Text vorkommen; falls nein, lohnt es sich, den Satz auf eine Karteikarte aufzuschreiben und das entsprechende Wort hervorzuheben:

- *And she did not* ***want him to go.***[1]
- *Both parties* ***wanted the government to hold parliamentary elections first.***[1]
- *I was always* ***keen on dressing up and going out to meet my friends.***[1]
- *The West German Government honoured him for his notable work in promoting* ***friendship between the two countries.***[1]

Wenn Sie sich nicht sicher sind, ob es sich bei der Verwendung eines Wortes im Text um eine typische oder häufige Konstruktion handelt, lohnt es sich natürlich, das im einsprachigen Wörterbuch zu überprüfen, bevor man den Satz in die Konstruktionskartei aufnimmt.

Wie man an diesen Beispielen sehr gut sieht, ist der Übergang von Grammatik und Wortschatz fließend, und daher lohnt es sich, häufige Verwendungen von Wörtern, die einem bei der Lektüre auffallen, in diese Konstruktionskartei aufzunehmen – also auch Fälle wie

- *In addition, where necessary there will be notification of horses „out of the handicap", and who are therefore* ***at a disadvantage.***

Tipp

Über weite Strecken besteht das Produzieren von Texten aus dem Zusammensetzen von Versatzstücken. Solche Versatzstücke können Sie sich auf Karteikarten notieren, hervorheben und immer wieder einprägen. Damit wird Ihre englische Sprachproduktion flüssiger und natürlicher, also idiomatischer.

>> BEISPIEL: Anlegen einer Kartei

Ein Satz wie

- *Furthermore, it is argued, the needs and wants of a less developed country are so far in advance of that country's productive capacity that it is useless to waste resources focusing on them.*

könnte gleich in verschiedener Hinsicht markiert werden:

- die Verwendung von *furthermore* als Gliederungssignal am Wortanfang,
- die eingeschobene Phrase „*it is argued*", die sehr typisch für Texte dieser Art ist,
- die Konstruktion *it is* + *useless* + *to-Infinitiv*
- die Konstruktion *focus* + *on*.

USEFUL PHRASES

- It was in xx that he ...
- ... and it was xx who argued that ...
- What she really wants is a ...
- What she wanted was a ...
- And she did not want him to go.
- ... wanted xx to hold xx ...
- to be keen on ...
- ... honoured him for his ...
- Furthermore, -
- It is argued, ...
- the needs and wants ...
- is/are so far in advance of ...
- focusing on ...

2.3 Umgang mit Wörterbüchern

2.3.1 Wozu brauchen wir Wörterbücher?

Wörterbücher muss man erst lieben lernen. Selbst in der Schule sind Wörterbücher nicht sonderlich beliebt: bei Schülerinnen und Schülern nicht, weil Nachschlagen im Wörterbuch langweilig ist und Zeit kostet; bei vielen Lehrerinnen und Lehrern aber auch nicht, weil sie denken, es wäre besser, die Schüler könnten so gut Englisch, dass sie gar nicht erst nachschlagen müssten.

Dennoch muss man Wörterbücher lieben lernen, denn sie sind unersetzlich, und zwar aus folgenden Gründen:

Niemand kann eine Sprache und schon gar nicht eine Fremdsprache so gut beherrschen, dass er oder sie ganz ohne Wörterbuch auskommen könnte. Man kann sehr gut Englisch können, ohne zu wissen, was das englische Wort für *Trottellumme, Duckdalbe* oder *Stundenzeiger* ist. Da das so ist, ist die Fähigkeit, Wörterbücher zu benutzen, ein wesentlicher Bestandteil der Fähigkeit, in einer Fremdsprache zu kommunizieren. Es ist nichts Schlechtes dabei, etwas im Wörterbuch nachzuschlagen, wenn man etwas in der Fremdsprache nicht weiß – viel schlechter wäre, nicht nachzuschlagen (oder im Wörterbuch die gesuchte Information nicht zu finden)!

Wörterbücher bieten – wie Grammatiken – gefilterte und strukturierte Information. Gute Wörterbücher – und die einsprachigen englischen Lernerwörterbücher vieler Verlage sind in dieser Richtung bahnbrechend – basieren auf gründlichen Untersuchungen enormer Datenmengen zum aktuellen Sprachgebrauch (sogenannter Korpora) sowie auf Erkenntnissen der Fremdsprachenforschung und der Wörterbuchbenutzungsforschung.

Tipp

Nicht alles, was man in einem Text liest, ist typischer Sprachgebrauch! Nicht jeder englische Text im Internet ist von Muttersprachlern verfasst! Und nicht alles, was im Internet unter manchen Quellen als Wortgleichung angegeben wird, ist richtig, ausreichend oder nützlich. Informationen im Internet sind nicht notwendigerweise von Experten mit jahrelanger Erfahrung überprüft, also keineswegs immer sehr zuverlässig!
Deshalb sind gute Wörterbücher (gedruckte oder elektronische) von renommierten Verlagen zur Verbesserung der eigenen Englischkenntnisse unersetzlich!

2.3.2 Gute und schlechte Wörterbücher?

Natürlich sind nicht alle Wörterbücher (nicht einmal alle von renommierten Verlagen herausgegebenen) gleich gut und nicht jedes gute Wörterbuch ist für alle Benutzer oder für alle möglichen Benutzungssituationen gleich gut geeignet.

Beim **Kauf eines Wörterbuchs** sollten Sie also genau überlegen, wozu Sie es verwenden wollen und dementsprechend auf folgende Dinge achten:

- Ist das Wörterbuch übersichtlich aufgebaut? Findet man die Informationen schnell?
- Sind die Informationen verständlich formuliert?
- Werden genügend Beispiele gegeben? Sind die Beispiele verständlich?
- Enthält das Wörterbuch (verständliche) Angaben zur Verwendung von Wörtern, also Informationen zu Valenzkonstruktionen (bei *want* etwa: + to-INF oder *want to do*; + N to-INF oder *want someone to do*)?
- Gibt das Wörterbuch viele Kollokationen *(guilty conscience)* an und werden diese im Druck auch hervorgehoben?
- Basiert das Wörterbuch auf einem **Korpus**, also einer großen Sammlung von Texten, wie dem *British National Corpus* oder der *Bank of English*?

Tipp

Vor dem Kauf eines Wörterbuchs sollten Sie sich einige sprachliche Probleme überlegen, die Sie vielleicht nachschlagen würden.
Zum Beispiel:

- Was ist die Bedeutung von *insignificant* oder *insinuate*?
- Wie sagt man auf Englisch *Bedenken erheben* (wenn man nur *objections* kennt und das dazugehörige Verb nicht weiß) oder *Tee mit Milch*?
- Werden bei *open* Verwendungen wie *open to the public* und *open to criticism* klar markiert?
- Wird bei *try* deutlich, dass *try* mit einer *to*-Infinitiv- und einer *-ing*-Konstruktion verwendet werden kann und wo der Unterschied zwischen beiden liegt?

Sehen Sie sich dann verschiedene Wörterbücher unter solchen Gesichtspunkten genau an, bevor Sie sich für eines entscheiden!

Natürlich braucht man mindestens zwei Wörterbücher – ein einsprachiges und ein zweisprachiges. Beide Wörterbuchtypen sind nämlich für unterschiedliche Nachschlagebedürfnisse geeignet und ergänzen sich entsprechend.

2.3.3 Sinnvoller Umgang mit dem Wörterbuch

Wörterbücher sind eine weitgehend ungenutzte Datenbank. Es ist nachgewiesen worden, dass etwa 40 % der Fehler, die Schülerinnen und Schüler beim Verfassen englischer Texte machen, mithilfe eines Wörterbuchs vermieden werden könnten.

Um sinnvoll mit Wörterbüchern zu arbeiten, müssen Sie drei Dinge beachten:

Dass

Sie müssen erkennen, **dass** Sie etwas im Wörterbuch nachschlagen müssen! Viele schlagen nicht nach, weil sie nicht erkennen, dass sie etwas nicht wissen. Wenn eine Schülerin oder ein Schüler ein Wort wie ~~*pattern pupil*~~ verwendet, dann wahrscheinlich, weil sie oder er glaubt, dass es existiere. Sie sollten also ein Gespür für die Grenzen Ihrer eigenen Kompetenz in der Fremdsprache entwickeln, um überhaupt zu wissen, was Sie sicherheitshalber nachschlagen sollten.

Was

Sie müssen wissen, **was** im Wörterbuch steht. Viele verwenden Wörterbücher nur, wenn sie beim Verfassen englischer Texte ein bestimmtes Wort suchen oder wenn sie beim Lesen englischer Texte nicht wissen, was ein Wort „bedeutet". Wörterbücher bieten aber wesentlich mehr Information. Insbesondere die modernen englischen Lernerwörterbücher sind auch als Schreibwörterbücher konzipiert, d.h. als Hilfen bei der Produktion von Texten. Nutzen Sie diese Informationen.

Wie

Sie müssen wissen, **wie** etwas im Wörterbuch steht, in welcher Form also die gesuchte Information gegeben wird. Das heißt, Sie müssen mit den Konventionen der Wörterbücher, die Sie benutzen, vertraut sein. Wenn man nachschlagen will, ob *manage* mit einem *to*-Infinitiv oder mit einer *-ing*-Konstruktion verwendet wird, sollte man wissen, ob solche Informationen im eigenen Wörterbuch im Eintrag selbst oder in einer eigenen Spalte am Rand gegeben werden, ob sie durch Fettdruck hervorgehoben sind oder in eckigen Klammern stehen, ob Codes wie *to-INF* verwendet werden oder ob da einfach steht *manage to do sth*. Je besser Sie mit den Abkürzungen und der Struktur des Wörterbuchs vertraut sind, desto schneller werden Sie Informationen finden und desto mehr werden Sie es benutzen können, um Fehler zu vermeiden.

Tipp

Nutzen Sie das Wörterbuch nicht nur zum Verstehen englischer Texte, sondern auch zum Schreiben in der Fremdsprache.
Wörterbuchbenutzung = Fehlervermeidung!

2.4 Einsprachige Wörterbücher

Man kann ohne Übertreibung sagen, dass die einsprachigen Lernerwörterbücher, die die großen britischen Verlage in den letzten Jahren entwickelt haben (wie zum Beispiel das *Longman Dictionary of Contemporary English*, das *Oxford Advanced Learner's Dictionary* oder das *Collins Cobuild Dictionary for Advanced Learners*), in vielerlei Hinsicht ganz ausgezeichnet sind. Man muss sich Folgendes klar machen: Ein zwanzig Jahre altes englisches Wörterbuch ist genauso veraltet wie ein zwanzig Jahre alter Computer oder ein fünfzig Jahre altes Auto!

Neben der sehr produktiven Konkurrenz der verschiedenen Verlage liegt das auch an dem enormen Fortschritt, den die Linguistik in den letzten zwei bis drei Jahrzehnten gemacht hat. Die Möglichkeit der computergestützten Auswertung enorm großer Textsammlungen – das *British National Corpus* umfasst über 100 Millionen Wörter, die *Bank of English* sogar über 400 Millionen – hat zu einem riesigen Erkenntnisgewinn geführt. Wir können heute sehr viel zuverlässiger als früher sagen, wie häufig ein Wort in der Sprache verwendet wird, von welcher Altersgruppe es bevorzugt gebraucht wird, in welcher Bedeutung und in welchen Konstruktionen es am häufigsten vorkommt.

Vor allem hat die **Korpuslinguistik** auch gezeigt, dass Wörter oft mit statistisch signifikanter Häufigkeit zusammen mit anderen Wörtern auftreten. Genau deshalb raten wir beim Wortschatzlernen zum Lernen von Versatzstücken und genau deshalb ist es auch so wichtig, dass die entsprechenden Verbindungen im Wörterbuch stehen und dass Sie diese Informationen nutzen.

Wörterbuchartikel in einem einsprachigen Wörterbuch umfassen in der Regel folgende Komponenten – nicht unbedingt in der hier aufgeführten Reihenfolge:

2.4.1 Angaben zur Form des Wortes

Wörterbücher machen Angaben zur Form eines Wortes. Im Einzelnen werden dabei aufgeführt:

- die **Schreibung** (einschließlich Silbentrennung), gegebenenfalls mit britischen oder amerikanischen Schreibvarianten
- **unregelmäßige Pluralformen** von Substantiven (Singular: *corpus*, Plural: *corpuses* oder *corpora*)
- **unregelmäßige *past tense*- und *past participle*-Formen** (*go – went – gone*) von Verben oder
- bei Adjektiven **Formen der unregelmäßigen Steigerung** (*good – better – best*)
- die **Wortklasse** (*n* oder *noun* für Substantiv etc.)

2.4.2 Ausspracheangaben

Ausspracheangaben werden in **Lautschrift** gemacht, wobei die speziellen Symbole im Vorwort erklärt werden. Wichtig sind dabei vor allem folgende Symbole:

[s]	stimmloser s-Laut wie in *sing, seal* oder *rice* (deutsch *Haus*)
[z]	stimmhafter s-Laut wie in *his, zeal* oder *rise* (hochdeutsch *See;* in Süddeutschland kommt stimmhaftes [z] nicht vor)
[θ]	stimmloses (lautes) *th* wie in *thing* oder *thin*
[ð]	stimmhaftes (leiseres) *th* wie in *the* oder *whether*
[v]	stimmhafter Reibelaut wie in *vase* (Schreibung mit „v") (ähnlich dem Laut von deutsch *Vase* oder *Wetter*)
[w]	Halbvokal wie in *weather*
[æ]	Vokal von *man* (offener als das deutsche *e* in *nett;* ähnlicher dem deutschen [a] in *Mann*)

Zu vielen englischen Lernerwörterbüchern gibt es eine CD, auf der man durch Anklicken eines Symbols die Aussprache des Wortes (und von Beispielsätzen, die das Wort enthalten) hören kann. Bei den Ausspracheangaben wird neben der britischen auch die amerikanische Variante angegeben.

2.4.3 „Bedeutungen"

Die meisten Benutzer von Wörterbüchern schlagen darin nach, weil sie wissen wollen, was ein Wort bedeutet. Allerdings haben wir oben ja schon gesagt, dass man über ein einzelnes Wort relativ wenig sagen kann, weil Wörter meist zusammen mit anderen Wörtern verwendet werden und erst mit ihnen zusammen Bedeutung haben.

Welche Bedeutung haben zum Beispiel *guilty* oder *clear* in der Verwendung mit *conscience*? Oder haben eigentlich nur *guilty conscience* und *clear conscience* eine Bedeutung? Genauso kann man fragen, welche Bedeutung *physical* in *physical assault* oder *physical proximity* oder *full* in *full enquiry* haben, weil sie eigentlich nur eine Bedeutung, die im Substantiv ohnehin vorhanden ist, wiederholen oder bestenfalls verstärken.
Welche „Bedeutung" wir einem Wort zuschreiben, hängt oft sehr stark davon ab, mit welchen anderen Wörtern es in einem Satz vorkommt.

>> BEISPIEL: „Argument"

So würde man *argument* in dem Satz
1 *Afterwards somehow an argument started.*[1]
mit *Streit* oder *Auseinandersetzung* übersetzen, in
2 *This argument just doesn't hold water.*[1]
aber durchaus mit *Argument*.
Es kann aber auch davon abhängen, in welcher Konstruktion ein Wort vorkommt: *argument + that-clause* (als Apposition) wie in
3 *The argument that a ban will drive ivory trading underground is plainly absurd ...*[1]
wäre wohl immer *Argument*,
argument + about wie in
4 *I think that this argument about objectivity is nonsense.*[1]
jedoch immer *Auseinandersetzung, Streit*.

In vielen Fällen kann man auch darüber streiten, ob es sich um dieselbe Bedeutung eines Wortes handelt oder um verschiedene Bedeutungen. Deshalb ist es besser zu sagen, dass Wörterbücher nicht die Bedeutungen von Wörtern angeben, sondern versuchen zu beschreiben, in welchen **Situationen** ein Wort verwendet werden kann. So unterscheidet zum Beispiel das *Longman Dictionary of Contemporary English* mehrere Verwendungen von *meet*, von denen die ersten drei folgendermaßen beschrieben werden:

>> BEISPIEL: „meet"

1 to go to a place where someone will be at a particular time, according to an arrangement, so that you can talk or do something together[2]
→ *We arranged to meet outside the theatre.*[2]
2 to see someone by chance and talk to them[2]
→ *You'll never guess who I met in town.*[2]
3 to see and talk to someone for the first time, or be introduced to them[2]
→ *We first met in Florence.*[2]

Was in obigem Beispiel beschrieben wird, sind nicht unbedingt unterschiedliche **Bedeutungen** von *meet*. Vielmehr aber sind es unterschiedliche **Situationen**, die man im Englischen mit dem Verb *meet* beschreiben kann.

Diese unterschiedlichen Situationen würden im Deutschen nicht notwendigerweise alle mit dem Verb *treffen* beschrieben werden – im Falle von 3 könnte man durchaus auch *kennenlernen* verwenden. Aus diesem Grund ist es wichtig, **alle Definitionen zu lesen**, um das ganze Spektrum der Verwendungen eines Wortes zu überblicken. Deshalb geben viele Lernerwörterbücher vor der eigentlichen Definition – oft farbig hervorgehoben – ein Stichwort, das die entsprechende Verwendung kennzeichnet.

Tipp

Lesen Sie in einem längeren Wörterbucheintrag nicht nur die erste Definition. Überfliegen Sie – mithilfe der angegebenen Stichwörter – welche anderen Definitionen im vorliegenden Fall auch zutreffen könnten.

Die Definitionen sind in den meisten englischen Lernerwörterbüchern in verständlicher Sprache abgefasst. Das *Collins Cobuild Advanced Learner's English Dictionary*[4] verwendet immer ganze Sätze, was den Vorteil hat, dass die Definition selbst noch einmal eine Art Verwendungsbeispiel darstellt. Das *Longman Dictionary of Contemporary English*[2] und die neueren Auflagen des *Oxford Advanced Learner's Dictionary*[3] benutzen ein begrenztes Definitionsvokabular, das heißt, sie bemühen sich, alle Definitionen im Rahmen eines sehr gebräuchlichen Wortschatzes von wenigen Tausend Wörtern abzufassen. Zwar geht das nicht immer, und deshalb kommen auch andere Wörter in den Definitionen vor. Trotzdem lohnt es sich, den angegebenen **Definitionswortschatz** zu lernen.

Tipp

Suchen Sie in Ihrem einsprachigen Wörterbuch nach einer Liste mit einem Definitionsvokabular *(defining vocabulary)*. Gehen Sie diese Liste daraufhin durch, ob Ihnen alle Wörter bekannt sind.
Falls nicht, lernen Sie sie. Dann verstehen Sie die meisten Definitionen dieses Wörterbuchs wesentlich schneller und besser.

2.4.4 Informationen zur Grammatik

Wenn Sie ein englisches Wort beim Schreiben richtig verwenden wollen und sich nicht absolut sicher sind, in welchen Konstruktionen es gebraucht wird, dann benutzen Sie ein gutes einsprachiges Wörterbuch. Das betrifft folgende Bereiche:

Valenzkonstruktionen

Angaben zu Valenzkonstruktionen informieren darüber, ob nach einem Verb z.B. eine Infinitivkonstruktion oder eine bestimmte Präposition steht. Einsprachige englische Lernerwörterbücher machen dazu oft Angaben durch Codes, die für eine syntaktische Konstruktion stehen: So gibt das *Oxford Advanced Learner's Dictionary*[3] vor den entsprechenden Beispielen Codes wie [v **to** inf], [v (**that**)] oder fettgedruckte Präpositionen an; das *Collins Cobuild Advanced Learner's English Dictionary* führt ganz ähnliche Codes in einer eigenen Spalte neben den Beispielen auf. Das *Longman Dictionary of Contemporary English*[2] macht vor den jeweiligen Beispielen fettgedruckte Angaben zu den Patterns der folgenden Art: *decide to do sth, decide (that), decide who/what/whether* etc. oder *decide between sth.* Vorsicht: Manche Wörterbücher führen etwa *decide on/upon* als eigenes *phrasal verb* in einem eigenen Untereintrag auf (was nicht eben zur Einfachheit beiträgt)

transitiv – intransitiv

Manche Wörterbücher markieren Verben als intransitiv oder transitiv – oft mit Abkürzungen oder Symbolen wie [I] oder [T]. Intransitiv soll dabei heißen, dass ein Verb nur mit dem Subjekt vorkommen kann *(She sleeps.)*, während ein transitives Verb außerdem noch ein Objekt benötigt *(She met him.)*.

count* und *uncount nouns

Bei Substantiven ist die Unterscheidung zwischen sogenannten *count nouns* und *uncount nouns* – oft markiert als [C] und [U] – von Wichtigkeit: *Count nouns* haben eine Singular- und eine Pluralform; *uncount nouns* kommen nur im Singular vor. Außerdem unterscheiden sie sich in Bezug auf die Verwendung von Artikeln usw.: ... *the children reached school age* ...[1]

Tipp

Machen Sie sich damit vertraut, welche Informationen zur syntaktischen Verwendung Ihr einsprachiges Wörterbuch in welcher Form bietet. Nutzen Sie diese Informationen beim Schreiben von Texten.

2.4.5 Informationen zu Kollokationen und Idiomatik

Für die Produktion von Texten sehr wichtig ist allerdings nicht nur, in welchen grammatischen Konstruktionen ein Wort verwendet werden kann, sondern auch, mit welchen anderen Wörtern es vorkommen kann oder häufig vorkommt. Moderne Wörterbücher legen entsprechend viel Wert auf diese sogenannten Kollokationen und heben sie in den Einträgen daher deutlich hervor. Das kann auf unterschiedliche Weisen geschehen:

In der Definition

- „*If you say that no-one can* ***argue with*** *a particular fact or opinion, you are emphasi-*

zing that it is obviously true and so everyone must accept it." [4]

- *"If you* ***meet*** *something such as a problem or challenge, you deal with it satisfactorily or do what is required."* [4]

Durch Fettdruck in einem Beispiel

- *"She* ***protested her innocence*** *(= said repeatedly that she was innocent)."* (Eintrag unter: *innocence*[3])
- *"I may be* ***stating the obvious*** *but without more money the project cannot survive"* (Eintrag unter: obvious[3])
- *"Have you been* ***taking*** *your* ***medicine****?"* (Eintrag unter: medicine[2])

Unter einer eigenen Definitionsnummer im Eintrag

- 3 *the/an obvious choice ...*
  4 *the obvious thing (to do) ...*
  5 *state the obvious ..."*
  (Eintrag unter: *obvious*[2])

In einer eigenen Rubrik (für Idiome oder *Phrases*)

- *„IDM: do yourself/sb an injustice"* [3]

In einem hervorgehobenen Kasten

- *a complete/total lack of sth*
  an apparent lack of sth
  for lack of sth (= because something is not present or does not exist)
  a distinct/marked lack of sth
  no lack of sth (= plenty of sth)
  a relative/comparative lack of sth
  no lack of sth (= plenty of something)
  (Eintrag unter: *lack*[2])
- *apply for a post*
  offer sb a post
  appoint sb to a post
  take up a post (= start a new job)
  hold a post (= have a job)
  fill a post
  resign (from) a post/leave a post
  senior/junior post
  teaching/administrative/government post
  (Eintrag unter: *post*[2])

Diese Informationen sind eine ganz wesentliche Hilfe beim Schreiben. Es lohnt sich also auch, unter einem Wort nachzuschauen, das Sie bereits kennen, wenn Sie herausfinden wollen, wie es üblicherweise verwendet wird.

Tipp

Nutzen Sie die Kollokationsangaben in Ihrem Wörterbuch. Suchen Sie gezielt danach, ob Informationen besonders hervorgehoben werden – durch Fettdruck, in Farbe unterlegt oder in eigenen Kästen –, die Ihnen beim Schreiben von Nutzen sein könnten. Ihr Englisch wird dadurch wesentlich natürlicher klingen!

Natürlich lohnt es sich auch, beim Lesen von Texten im Wörterbuch nach hervorgehobenen Kollokationen zu suchen, weil die speziellen Verwendungen oft eigenes erklärt werden (wie die Beispiele oben zeigen). Das gilt natürlich besonders für **Idiome**, also Verbindungen aus mehreren Wörtern, die eine sehr spezielle Bedeutung haben wie *cross that bridge when you come to it* or *get on like a house on fire*. Da solche Idiome übrigens nicht sehr häufig verwendet werden, sollte Sie sie im aktiven Sprachgebrauch nur einsetzen, wenn Sie sich über ihren Gebrauch ganz sicher sind!

2.4.6 Weitere Information

Darüber hinaus enthalten Wörterbücher noch eine Menge weiterer Informationen. Oft finden sich Querverweise zu Wörtern mit einer sehr ähnlichen Bedeutung (die man **Synonyme** nennen kann) oder einer entgegengesetzten Bedeutung (**Antonyme**). Englische Lernerwörterbücher geben in der Regel bei spezifisch britischen oder spezifisch amerikanischen Ausdrücken auch an, wie der entsprechende Ausdruck in der jeweils anderen Varietät lautet.

Außerdem finden sich natürlich Angaben zur Stilebene, die für ein Wort typisch ist; in korpusbasierten Wörterbüchern auch zu ihrer Frequenz im Korpus.

2.5 Zweisprachige Wörterbücher

2.5.1 Übersetzungsäquivalente

Wenn man als deutscher Muttersprachler ein englisches Wort sucht, dann ist das zweisprachige Wörterbuch (in den meisten Fällen) der beste Ausgangspunkt. Dass das englische Wort für den Vogel, der mit dem deutschen Wort *Trottellumme* bezeichnet wird, *foolish guillemot* ist, lässt sich mit einem zweisprachigen Wörterbuch mühelos feststellen – auch dass *Autofähre* im Englischen *car ferry* entspricht. In solchen Fällen können zweisprachige Wörterbücher tatsächlich Übersetzungsäquivalente angeben, das heißt Wörter, die dieselbe Sache oder Person bezeichnen und in vergleichbaren Kontexten vorkommen. Allerdings sind die Angaben in einem zweisprachigen Wörterbuch selten so einfach.

Eigentlich versuchen zweisprachige Wörterbücher, Wörter einer Sprache durch Wörter einer anderen Sprache zu erklären. Da sich die Verwendungen von Wörtern in den seltensten Fällen wirklich decken, entsteht ein ziemliches Kuddelmuddel, wie das folgende Beispiel zeigen soll:

>> BEISPIEL: „TREFFEN"

Das deutsche Verb *treffen* kann in einem Satz wie

1 *Sie hat ihn in der Stadt getroffen.*

natürlich mit *meet* übersetzt werden.
In einem Satz wie

2 *Sie hat ihn mit dem Ball getroffen.*

geht das aber nicht, sondern hier würde wohl *hit* verwendet werden (es sei denn, Satz 2 beschreibt eine Situation, in der jemand einen Ball dabei hat).

Andererseits können aber die Verwendungen von *meet* in Fällen wie

3 *... parallel lines will never meet ...*[5]

4 *A car and a chauffeur met his train at Kings Cross.*[5]

5 *He had worked heroically to meet the deadline.*[5]

kaum mit *treffen* gut wiedergegeben werden.

Deshalb müssen zweisprachige Wörterbücher nach verschiedenen Verwendungen des Wortes in der Ausgangssprache, also der Sprache, für die das Stichwort beschrieben wird, unterscheiden. Meist geben sie dabei nach der Ziffer oder dem Buchstaben, in dem eine bestimmte Verwendung beschrieben wird, ein kurzes Stichwort, um zu verdeutlichen, um welche Verwendung es sich handelt.

Tipp

Beachten Sie diese Hinweise! Nur wenn Sie im richtigen Abschnitt eines Wörterbuches nachschlagen, werden Sie auch die richtigen Übersetzungsäquivalente finden.

2.5.2 Mut zur eigenen Formulierung

In Fällen, in denen keine 1:1-Entsprechungen vom Typ *Fensterrahmen – window frame* vorliegen, bieten zweisprachige Wörterbücher oft mehrere Wörter in der Zielsprache an. Wichtig ist, dass Sie verstehen, dass für die Übersetzung eines vorliegenden Textes nicht notwendigerweise alle diese Möglichkeiten gleich gut sind. Vielmehr handelt es sich bei diesen „Übersetzungsäquivalenten" um die Angabe von Wörtern, die in vielen vergleichbaren Kontexten etwa für eine bestimmte Verwendung eines englischen Wortes gebraucht werden könnten. Es ist aber durchaus denkbar, dass ein Wort, das im Wörterbuch an dieser Stelle nicht aufgeführt ist, viel besser passt.

Insofern dienen (im englisch-deutschen Teil) die angegebenen deutschen Wörter eigentlich dazu, den Verwendungsbereich des englischen Wortes abzustecken, damit Sie für den vorliegenden Fall das passende deutsche Wort aus diesem Verwendungsbereich finden können.

Tipp

Für die Übersetzung in die Muttersprache bietet das zweisprachige Wörterbuch eine Hilfe zum Verstehen des englischen Textes. Verwenden Sie bei einer Übersetzung ins Deutsche aber durchaus auch Wörter, die im Wörterbuch nicht angegeben sind.

2.5.3 Rückgriff auf das einsprachige Wörterbuch

Für die Formulierung in der Fremdsprache gilt natürlich dasselbe, wenn im zweisprachigen Wörterbuch mehrere englische Wörter angegeben sind. Nur wird Ihr Sprachgefühl im Englischen selten so ausgeprägt sein, dass Sie beurteilen können, welches die beste Lösung darstellt. In solchen Fällen lohnt es sich dann, die im deutsch-englischen Teil angegeben englischen Wörter für ein bestimmtes deutsches Wort noch einmal in einem einsprachigen Wörterbuch zu überprüfen.

Tipp

Für das Verfassen englischer Texte sollten Sie zweisprachige und einsprachige Wörterbücher zusammen verwenden. Mit den elektronischen Fassungen der englischen Lernerwörterbücher und der größeren zweisprachigen Wörterbücher geht das auch sehr schnell.

2.5.4 Kulturspezifika

Wörter wie *public school*, *college* oder *pub* bezeichnen zum Beispiel Elemente einer Kultur, für die es in der anderen Kultur nicht immer ein passendes Wort gibt.

In Großbritannien bezeichnet man mit dem Wort *public school* zwar einen bestimmten Typ von Privatschulen – dennoch ist *Privatschule* kein erschöpfendes Äquivalent, auch weil *Privatschule* und *public school* zum Teil unterschiedliche Assoziationen in beiden Kulturen hervorrufen. Eigentlich muss man eben wissen, was eine *public school* ist, um in einem deutschen Text ein entsprechendes Wort oder eine entsprechende Beschreibung zu finden. Oft kann man in deutschen Texten dann auch das englische Wort *public school* verwenden, aber das hängt sehr von der Art des Textes ab. Im zweisprachigen Wörterbuch kann man in solchen Fällen schlecht ein Übersetzungsäquivalent angeben. Oft wird eher eine Art Umschreibung gegeben, die versucht, den entsprechenden Gegenstand zu beschreiben, etwa wenn *Strandkorb* als *„wicker beach chair with a hood“* erklärt wird. Solche **Paraphrasen** sind aber keine Übersetzungsäquivalente und können nicht 1:1 in einen deutschen Text übernommen werden.

Tipp

Neuere zweisprachige Wörterbücher geben oft auch ausführliche Erläuterungen und Hintergrundinformationen zu kulturspezifischen Wörtern dieser Art. Lesen Sie diese Informationen und suchen Sie dann nach einem geeigneten Ausdruck im Deutschen, der auf den vorliegenden Text passt.

2.6 Was findet man wo?

Zusammenfassend lässt sich sagen, dass Wörterbücher eine unschätzbare Quelle für Informationen für das **Verstehen** und für das **Produzieren** von Texten bilden. Man wird immer, wenn man mit Fremdsprachen zu tun hat, auch mit Wörterbüchern umgehen müssen. Deshalb sollte man gute und aktuelle Wörterbücher zur Verfügung haben, und wissen, wie man mit ihnen umgeht. Das heißt vor allem auch, dass man wissen muss, was man von ihnen erwarten kann und was nicht. Und dass man wissen muss, in welchem Wörterbuch man was nachschlägt.

Tipp

Beachten Sie bei der Benutzung von Wörterbüchern, dass einzelne Wörter nur in wenigen Fällen *(Lumme – guillemot)* weiterhelfen. Achten Sie immer auf die Angaben zur Verwendung der Wörter in größeren Einheiten: grammatische Konstruktionen, Gruppen von Wörtern etc.

2

1. Bei der Lektüre englischer Texte oder beim Übersetzen ins Deutsche wollen Sie wissen ...	
... welchen Gegenstand oder Sachverhalt ein englisches Wort wie *double glazing* oder *guillemot* bezeichnet	→ zweisprachiges Wörterbuch (englisch-deutscher Teil) oder einsprachiges Wörterbuch
... welche Bedeutung ein englisches Wort in einer bestimmten Textstelle hat	→ einsprachiges Wörterbuch (unter Umständen alle Bedeutungen) oder auch zweisprachiges Wörterbuch
... was kulturspezifische Wörter wie *pub* oder *public school* bezeichnen	→ einsprachiges Wörterbuch oder zweisprachiges Wörterbuch (eventuell auf ausführliche Erläuterungen in Kästen etc. achten)

2. Beim Verfassen englischer Texte suchen Sie ein englisches Wort ...	
... weil Sie eine bestimmte Bedeutung ausdrücken wollen	→ zweisprachiges Wörterbuch (deutsch-englischer Teil) mit Überprüfung im einsprachigen Wörterbuch
... das in einem sachlichen Zusammenhang mit anderen Wörtern steht (also *Küchengeräte* oder einen Vogelnamen)	→ zweisprachiges Wörterbuch oder im einsprachigen Wörterbuch Illustrationen (zu Feldern wie *Kitchen, Birds* usw.)
... das Sie zusammen mit einem englischen Wort verwenden können, das Sie kennen (also: Wie drückt man „Bedenken erheben" aus, wenn man weiß, dass „Bedenken" *„objections"* heißt? Was heißt „schwacher Tee" oder „Tee mit Milch?")	→ einsprachiges Wörterbuch: hervorgehobene Kollokationsangaben (bei *objection* oder *tea*) bei den entsprechenden Bedeutungen der Wörter oder in eigenen Kästen
... das einem anderen englischen Wort in der Bedeutung sehr ähnlich oder entgegengesetzt ist (Synonyme/Antonyme)	→ einsprachiges Wörterbuch: Querverweis
... das einem britisches Wort im amerikanischen Englisch entspricht oder umgekehrt.	→ einsprachiges Wörterbuch: Querverweis

3. Beim Verfassen englischer Texte wollen Sie ein englisches Wort verwenden und ...	
... suchen Sie Konstruktionen zur Valenz (mit *to*-Infinitiv, mit *that-clause* oder bestimmten Präpositionen)	→ einsprachiges Wörterbuch: Codes + Beispielsatz oder fettgedruckte Konstruktionsangabe + Beispiele
... suchen Sie Phrasen oder Kollokationen	→ einsprachiges Wörterbuch

3_Internet & Co: Fakten und Meinungen finden und auswerten; Selbstkorrektur

3.1 Die gute alte Allgemeinbildung

Gute Allgemeinbildung ist die Voraussetzung dafür, allmählich die Welt, oder zumindest Teile derselben, zu verstehen und Zusammenhänge zu sehen. Je mehr man weiß, umso leichter lässt sich jeweils Neues an das Bekannte anfügen und behalten. Fundament dieser Allgemeinbildung ist das Wissen, das der Unterricht bietet, ergänzt durch Lektüre von Zeitungen und Nachschlagen in Lexika.

3.2 Mitschriften

Was Sie im Unterricht hören, sollten Sie nicht vorbeirauschen lassen, sondern verwerten, das heißt, mitschreiben. Von einer vernünftigen **Mitschreibe-Technik** können Sie ein Leben lang profitieren.

- Schreiben Sie in Stichworten,
- verwenden Sie Abkürzungen und Kürzel bzw. Symbole.
- Schreiben Sie in kleineren Absätzen,
- geben Sie diesen Absätzen zusammenfassende Überschriften.
- Führen Sie eine Kopfzeile mit einer allgemeinen Angabe ein,
- nummerieren Sie die Seiten.
- Lassen Sie Ränder für spätere Ergänzungen, lassen Sie, für den gleichen Zweck, die Rückseite frei.
- Lesen und ergänzen Sie die Notizen in kürzeren Abständen,
- bereiten Sie sie optisch mit Farben auf, um überfliegend lesen zu können.
- Legen Sie einige (aber nicht Dutzende) Ordner an, schön beschriftet.

Tipp

Ordnung des Wissens und Zugang dazu sind fast so wichtig wie das Wissen selbst – aber bedenken Sie: Ein Selbstzweck ist dieses Organisieren nicht. Wenn Sie nur noch am Schreiben und Umstecken von Karteikarten sind, sind Sie auf keinem guten Wege.

Während der Kollegstufe, aber auch sonst im richtigen Leben, ist es jedoch manchmal nötig, sich Spezialwissen anzueignen, oft in kurzer Zeit. Es kann sein, dass man solches Wissen für eine Besprechung im Unterricht braucht, für Kurzreferate, Essays, für die Facharbeit, für mündliche Prüfungen, für erwartete Fragen in der schriftlichen Prüfung.

Die Techniken für den Erwerb solchen Wissens haben sich in den letzten zehn, fünfzehn Jahren radikal verändert. Internet, Suchmaschinen und komplexe Datenträger sind die Hilfsmittel, die man beherrschen muss.

3.3 Internet

Das Internet ist eine elektronisch zugängliche Sammlung von Texten, die eben das enthält, was ins Netz gestellt wurde. Eine Qualitätskontrolle, in dem Sinne, dass ein Gremium von Fachleuten prüft, was dort aufgenommen wird, besteht nicht. Die Suche in einer Suchmaschine (hier stellvertretend für andere „Google") nach z. B. „compound nouns" – ein mögliches Thema für eine Facharbeit – bringt ca. 763 000 Treffer. Natürlich kann man diese Treffer nicht der Reihe nach durchsehen, auch wenn man dabei manches ausscheiden könnte, etwa Ausführungen zu Komposita im Schwedischen. Die naheliegende Prozedur, die ersten zwanzig oder dreißig Belege als die „wichtigsten" anzusehen, ist allerdings nicht sinnvoll. Die Reihenfolge bei Google wird nämlich durch ein spezielles Verfahren bestimmt: entscheidend ist die Häufigkeit, mit der die URL (sozusagen die Adresse), die den Suchbegriff anbietet, angefahren wird. Damit aber rückt eine Quelle, die „compound nouns" in einem Nebensatz erwähnt und als Teil der URL „bham.ac.uk" (Universität Birmingham) enthält, an eine vordere Stelle, weil diese Adresse natürlich von einer Vielzahl von Benutzern angegangen wird.

Mithin ist es nicht entscheidend, wieviele Treffer man erhält, sondern wieviele Volltreffer (also relativ wenige) man erzielt. Beim Thema 'compound nouns' kann man davon ausgehen, dass sich auch deutschsprachige Veröffentlichungen damit befassen, und bei der Beschränkung auf „**Seiten aus Deutschland**" sind es „nur noch" 26100 Treffer.

Wenn wir den Suchbegriff "compound nouns" (mit den " " erweitern um "English", erhalten wir noch 465 Treffer. Diese Treffer können Sie nun weiter engrenzen mit der Funktionen „**In den Ergebnissen suchen**", auf der ersten Seite der 465 Treffer, unten. Wenn Sie dort nach "uni" suchen, werden die Treffer gezeigt, die bei deutschen Unis im Netz stehen.

Die meisten deutschen Universitäten haben, unter den betreffenden Fächern, Sammlungen von Hilfsmitteln und Bibliographien für die Studenten im Netz. (jeweils **www.uni-ort.de**, z.B. *www.uni-muenchen.de*). Die Universitätsbibliotheken bieten differenzierte Kataloge an.

Doch wieder zurück zu Google (wohlgemerkt, Google wird stellvertretend für weitere Suchmöglichkeiten verwendet. Hier hat sicher jeder Nutzer seine Präferenzen. Um bestimmte Möglichkeiten aber konkret erläutern zu können, wird hier immer wieder auf diese vielgenutzte Suchmaschine zurückgegriffen).

Richten Sie sich beim Suchen auch nach den einstellbaren Sprachen/„Einstellungen"). Beachten Sie die Funktion „**Erweiterte Suche**". Sie können die einzelnen Suchwörter mit verschiedener Verbindlichkeit versehen. Sie können Wörter angeben, die nicht in der Umgebung Ihres Suchbegriffs auftreten: wer nach "Kohl" sucht (Helmut Kohl) kann durch Angabe von "Essen, Soße, Gemüse" irrelevante Treffer ausscheiden.

Sie können unter Funktion „Mehr" Ihre Suche auf Fachgebiete von vorneherein spezialisieren, etwa auf

- „uk" in der URL (nur Quellen aus Großbritannien),
- „ac" in der Adresse (Universitäten in GB),
- „edu" in der Adresse (Universitäten in den USA).

Sie können auch anders vorgehen. „Compound nouns" ist ein Teilgebiet der Wortbildung (*word formation*):

- Wortbildung (Web) 325000
- Word formation (Web) 28500000
- Word formation (Seiten aus Deutschland) 520000

Dort als dritter Eintrag:
Amazon.de: **Word-Formation** in English: English Books: Ingo Plag by Ingo Plag.
www.amazon.de/**Word-Formation**-English-Ingo-Plag/dp/0521525632 - 62k -

Käufliche Handbücher lassen sich auch gleich bei *amazon.com* finden (und stehen, wegen *amazon*, auch weit vorne).

Sie können sich weiterhin auf wissenschaftliche Publikationen oder auf Zeitungsartikel konzentrieren, z.B. erfahren, was derzeit in der Presse im Bereich „No smoking" oder „Smoking ban" läuft. Man kann diese Techniken üben, sie sind so wichtig wie das ABC, wenn man in einem Wörterbuch nachschlagen will. Versuchen Sie einmal, eine höchstwahrscheinlich seriöse Information über Babypflege zu bekommen oder über Hilfemaßnahmen bei einem plötzlichen Asthma-Anfall.

In vielen Fällen stößt man bei der Suche im Internet auf „**Wikipedia**" als ersten Treffer. Die „Wikipedia" ist ein enzyklopädisches Nachschlagewerk, zu dem im Prinzip jeder seine Kenntniss in Form eines Artikels beisteuern darf. Es ist nicht ganz ersichtlich, wie die Qualitätskontrolle bei den einzelnen Artikeln abläuft, aber offensichtlich wird stetig verbessert, und es kann sich derzeit durchaus um seriöse und aktuelle Information handeln (auch mit bibliographischen Hinweisen). Man kann solche Artikel als Ausgangspunkt nehmen, muss aber dann natürlich die Quelle zitieren.

Die **Encyclopedia Britannica** bietet kostenlosen online-Zugang für Kurzabfragen unter

- *www.britannica.com*,

ebenso die Online-Enzyklopädie „Encarta" von Microsoft

- *www.encarta.com*.

Die großen **Tageszeitungen** und **politischen Magazine** haben mittlerweile Archive angelegt, die seriöse Information enthalten, diese Archive sind zu erreichen über (Google-Suche bei)

- The Guardian/The Observer, ab Jahrgang 1998;
- New York Times, ab Jahrgang 1998;
- The Times/The Sunday Times, ab Jahrgang 1998;
- The Independent, ab Jahrgang 1998;
- The Economist.

Sie können auch auf die **Netzversionen dieser Zeitungen** etc. zugreifen, z.B.

- The Economist: www.economist.com;
- The Guardian On-Line: *www.guardian.co.uk*;
- The New York Times: *www.nytimes.com*;
- The Times On-Line: *www.the-times.co.uk*;
- The Electronic Telegraph: *www.telegraph.co.uk*.

Die Rundfunkanstalt **BBC** (www.bbc.co.uk) hat ebenfalls aktuelle Information und eine spezielle Sektion mit Hinweisen für Englischlernende.

In diesem Zusammenhang sind auch die Seiten einzelner Regierungen zu nennen, etwa

- *www.number.10.gov.uk* oder
- *www.whitehouse.gov* und, vor allem,
- *europa.eu.int*, also die Seite der EU.

Tipp

Bei schriftlichen Arbeiten ist zu beachten: auch Zitate aus dem Internet müssen mit einer Quellenangabe versehen werden (URL und Datum). Unerlaubtes Abschreiben ist in der Regel ebenso leicht ermittelbar, wie dies das Auffinden des „verwendeten Materials" war.

Es bleibt oft dem gesunden Menschenverstand überlassen einzuschätzen, welcher Information man vertrauen kann. Wenn man auf Quellen stößt wie "Royal Society for ...", "Deutsche Gesellschaft für ...", auf bekannte Kliniken, Universitäten ist eine hohe Verlässlichkeit sicher gegeben.

Etwas Phantasie und Übung vorausgesetzt, kann die Suche nach Literatur sogar ganz anregend sein. Wenn Sie bei Google nach "A-Level books" suchen und auf "uk" begrenzen, erhalten Sie Hinweise darauf, was britischen „Abiturienten" empfohlen wird. Das ist eine wirklich sprudelnde Quelle an sinnvoller und gut verwertbarer Information.

Vergessen Sie aber auch das Nächstliegende nicht: Schulbibliothek, Stadtbibliothek, amazon, den Computer bei den örtlichen Buchhändlern, insbesondere dann, wenn Sie etablierte Handbücher suchen. Zum Umgang mit solcher Sekundärliteratur siehe die hier anschließenden Hinweise.

3.4 Sekundärliteratur

Handbücher enthalten grundlegendes Faktenwissen. Darüber hinaus gibt es eine selbst für Experten nur mühsam überschaubare Masse von „Sekundär"-Literatur, in der (oft eng begrenzte) literarische, sozialgeschichtliche, politische oder historische Themen unter verschiedenen Gesichtspunkten „wissenschaftlich" analysiert werden. Teilweise ist diese Literatur auch in den Handbüchern verzeichnet.

Im Schulunterricht wird Sekundärliteratur normalerweise eine untergeordnete Rolle spielen; am ehesten ist sie vielleicht noch im Zusammenhang mit der Lektüre fremdsprachiger Literatur von Bedeutung, oder im Hinblick auf die Facharbeit.

Die folgenden Hinweise versuchen, dieser Situation Rechnung zu tragen: Sie sind sparsam gehalten und beziehen sich ausschließlich auf Sekundärliteratur zu literarischen Texten. Abgesehen von den in Schullektüren enthaltenen „Einführungen" oder erläuternden Kommentaren empfehlen sich hier vor allem

- die Vor- oder Nachworte in den Textausgaben bekannter Verlage (beispielsweise in der fremdsprachigen Reihe des Reclam-Verlags oder in den PENGUIN CLASSICS).
- Monographien, die bei bekannten Verlagen oder in Reihen wie ROWOHLTS MONOGRAPHIEN, bei UTB oder in PENGUIN CRITICAL STUDIES erschienen sind. Wenn Sie im Zweifel sind, welche anderen Verlage oder Rei-

hen in Frage kommen könnten, so fragen Sie Ihre Lehrerin oder Ihren Lehrer.

- Interpretationssammlungen, die es in großer Zahl zu allen Literaturgattungen gibt.

In den hier genannten Werken finden sich oft – manchmal sogar kommentierte – Hinweise zu weiterer Literatur, denen man bei Bedarf nachgehen kann.

Tipp

Grundsätzlich gilt für den Umgang mit Sekundärliteratur, insbesondere für Interpretationen literarischer Werke: Betrachten Sie solche Analysevorschläge immer nur als Anregung für Ihre eigenen Gedanken, nicht als unkritisch zu übernehmende Vorlage!

Lassen Sie sich auch nicht abschrecken von den oft „hochgestochenen" Wendungen und Aussagen. Sie sind (noch) kein Literaturprofessor. Versuchen Sie vielmehr, sich einfach auszudrücken und dabei das zu Papier zu bringen, was Ihnen wichtig erscheint, und vor allem mit Ihren Worten. Binden Sie Fachausdrücke in Ihren Wortschatz ein. Begründen Sie vor allem Ihre Meinung. Belegen Sie am Text, was Sie meinen, und warum Sie so empfinden und nicht anders. Einer schlüssigen Argumentation kann sich niemand entziehen, und das wird auch entsprechend gewürdigt. Oft genügen auch schon Anregungen und Sie schreiben dazu Ihre Version.

3.5 Selbstkorrektur

In den vorhergehenden → Kapiteln 1 und 2 ist bereits erwähnt worden, wie Einzelheiten der englischen Grammatik im Internet zu finden sind, und auch, welche Information die CD-ROMs der Lernerwörterbücher – zusätzlich zu deren Buchausgaben – enthalten. Diese Möglichkeiten sollten unbedingt genutzt werden. Das Informationsangebot ist so groß, dass man von einer Revolution im Lernen sprechen könnte: Zum ersten Mal, im Englischunterricht, kann man als Fortgeschrittener so arbeiten, dass man unabhängig von einem Lehrer ist. Alle Fragen vom Typ „Kann ich sagen ...?" – fast alle – sind mit Hilfe der genannten Quellen beantwortbar.

Dazu können Sie die Adresse *view.byu.edu* konsultieren. Sie erhalten dort Zugang zu einer Textsammlung von 100 Millionen Wörtern, dem **British National Corpus**. Diese Sammlung können Sie nach Wörtern und Konstruktionen abfragen.

>> BEISPIEL: Arbeiten mit dem Korpus

Angenommen, Sie wollten sagen „Er war überaus freundlich" und liebäugeln mit „overly friendly".
Dann lassen Sie sich aus den 100 Millionen Wörtern alle Vorkommnisse von „overly" geben und ermitteln, ob „friendly" (oder andere Adjektive mit positiver Wertung) dabei sind, und entscheiden sich dementsprechend.

Wenn Sie ausdrücken wollen „loyal gegenüber der Gruppe" und dabei sind „loyal against" zu schreiben, erfahren Sie, dass in dieser Sammlung „loyal against" kein einzige Mal auftritt, aber 419 mal „loyal to".

Sie erfahren auch, ob ein bestimmtes Wort eher zum Amerikanischen als zum Britischen Englisch gehört, eher in der Presse auftaucht als in Unterhaltungen oder Romanen usw. Bevor Sie „miserably neglected" (statt „sadly neglected") schreiben, vergewissern Sie sich lieber. Software-Freaks können die erhaltenen Listen durch Spezialprogramme weiter behandeln (etwa Googles „concordance program").

Da Sie im Internet prinzipiell nach allem suchen können, können Sie auch feststellen, ob es bestimmte Wörter gibt oder nicht. Offensichtlich kann man guten Gewissens „cellar floor" für „Kellerboden" riskieren, aber mit „money theory" für „Geldtheorie" muss man wohl vorsichtig sein. Bei dieser Suche ist wichtig: auf uk-Quellen beschränken, „Suchmaschinen" sondern die Millionen Englisch-Fehler im Netz ja nicht aus, die von nicht muttersprachlichen Englisch-Schreibern gemacht werden.

4_Kurze Literaturgeschichte: Großbritannien und USA

Literatur entsteht stets aus einem Kontext heraus. Bei der Lektüre hilft deswegen eine solide Kenntnis derjenigen Umstände, welche die Autoren bei der Schreibarbeit umgeben haben. Zum **literarischen Kontext** gehören ganz unterschiedliche Bereiche: Sprache, Kultur, Genre-Traditionen, Buchmarkt, politisches Klima, ethnische Zugehörigkeit, Religion oder Geschlechterrollen. All diese Bereiche unterliegen einem historischen Wandel, der sowohl das einzelne Werk betrifft als auch, unter Umständen, von diesem selbst aktiv beeinflusst werden kann. So hat sicherlich für die Frauenrechts- oder Bürgerrechtsbewegung die entsprechende Literatur mit dazu beigetragen, ein Bewusstsein in der Bevölkerung zu schaffen, das den jeweiligen Reformbewegungen zusätzliche Dynamik verlieh. Auch für die Gegenwart gilt, dass die Bereiche Literatur und Realität keineswegs getrennt voneinander existieren. So zeigt sich beispielsweise in der literarischen Beschäftigung mit der politischen Vergangenheit Deutschlands, dem kolonialen Erbe Englands oder der Rassenpolitik in den USA, dass der historische und der literarische Prozess sich gegenseitig bedingen. Im Einzelfall kann von literarischen Texten sogar ein Impuls für gesellschaftlichen Wandel ausgehen: So hat Upton Sinclair mit *The Jungle* (1906) zur Veränderung der Lebensverhältnisse der Bevölkerung von Chicago direkt beigetragen. Während die sprachlichen und landeskundlichen Gegebenheiten der Britischen Inseln und der Vereinigten Staaten auf den Seiten 97 bis 139 behandelt werden, soll dieser Teil in die literarischen Traditionen einführen. Kapitel 5 liefert darauf aufbauend einige grundsätzliche Hilfestellungen zur Kunst der literarischen Interpretation. Den Anfang macht jedoch hier ein knapper Überblick über die Entwicklung der englischen Literatur im Laufe der letzten 1400 Jahre.

4.1 Alt- und Mittelenglisch

Nach dem Abzug der Römer um das Jahr 400 n. Chr. können sich die keltisch sprechenden Einwohner der britischen Inseln nur kurz ihrer politischen (und linguistischen) Freiheit erfreuen. Schon sehr bald, um 450, müssen sie sich mit den verstärkt anlandenden Angeln, Sachsen und Jüten auseinandersetzen. Deren Zuwanderung bringt germanische Dialekte in das spätere England; bis ins 11. Jahrhundert bleiben die Angelsachsen linguistisch betrachtet die vorherrschende Volksgruppe. Ihre Sprache bezeichnet man als **Altenglisch** (Old English). Einer der wichtigsten überlieferten Texte aus dieser Zeit ist das Heldenepos *Beowulf*, das zwischen dem 6. und 8. Jahrhundert entsteht. Ursprünglich wohl mündlich überliefert, findet das Werk um das Jahr 1000 eine schriftliche Form.

Die in Dänemark angesiedelte Erzählung vom heldenhaften Kampf Beowulfs gegen das Monster Grendel und seine schreckliche Mutter ist in damals typischen Stabreimen verfasst, die den Vortragenden mit Alliteration, Assonanz und strengen Betonungsmustern Erinnerungshilfen liefern. Das Epos beginnt mit der Anrufung der Helden und zeigt schon in den ersten Versen seinen kriegerischen Charakter, → Beispiel unten.

Man mag in „hwæt" das „what" aus dem modernen schottischen Englisch erkennen oder auch in „dagum" die Verwandtschaft zum Deutschen „Tag(en)" sehen: Das Altenglische erschließt sich dennoch erst nach intensivem Studium.

>> BEISPIEL: BEOWULF

Hwæt wē Gār-Dena in geār-dagum Þēod-cyning Þrym gefrūnon, hū đa æÞelingas ellen fremedon.	Hear the ancient tale that we are told of the great deeds of Danish kings, and of their lordly lives of valor.

Michael Alexander: Beowulf. 2. Auflage . Penguin, London, 1995
Bernard F. Huppé: Beowulf: A New Translation. 33. Auflage. Pegasus, Binghampton, 1987

Das sprachliche Umfeld der „Engländer" ändert sich grundlegend mit der Ankunft des Normannenkönigs Wilhelm (William the Conqueror), der aus Nordfrankreich kommend ab 1066 England zu einem **französisch sprechend**en Herrschaftsgebiet macht. Da Englisch für offizielle Anlässe keine Verwendung mehr findet, sondern „nur" noch von der allgemeinen Bevölkerung gesprochen wird, verwandelt es sich in relativ kurzer Zeit in sehr starker Weise: Ist das Altenglische noch eine typische germanische Sprache, mit all den dazugehörigen Flexionsformen, Höflichkeitspronomina und Syntaxvorgaben, so entsteht nun eine neue Sprachform, die man **Mittelenglisch** (Middle English) nennt. Sie zeichnet sich außer durch die stark vereinfachten Endungen auch durch einen hohen Zuwachs an französischen Lehnwörtern aus. Diese Bereitschaft, fremde Wörter in die eigene Sprache aufzunehmen, trägt noch heute dazu bei, dass das Englische einen sehr großen Wortschatz hat.

Trotz der historischen Distanz lässt sich die mittelenglische Literatur relativ gut lesen. Einer der berühmtesten Texte aus dieser Zeit, die sonst vor allem Rittererzählungen hervorbringt, ist *The Canterbury Tales* (ca. 1386). Der Autor, Geoffrey Chaucer, schreibt bis zu seinem Tod im Jahre 1400 an dem Werk, das sich aus einem Prolog und 24 Erzählungen der unterschiedlichen Pilger zusammensetzt, die auf dem Weg zur Wallfahrtsstätte Canterbury sind. Der Prolog der *Canterbury Tales* steht im Beispielkasten unten.

Trotz der nach wie vor fremd klingenden Ausdrücke lässt sich dieser Text bereits viel einfacher aus dem modernen Englisch entschlüsseln, wobei auch Deutschkenntnisse durchaus hilfreich sind. So erschließen sich Deutschsprachigen das Verb „wenden" (Z. 16) und die Adjektive „ferne" (Z. 14) und (mit Nachdenken) „sote" („süße", Z. 1), die den meisten Englisch-Muttersprachlern wohl Schwierigkeiten bereiten, ebenso einfach wie die konjugierte Verbform „slepen" (Z. 10) oder der Infinitiv „goon" (Z. 12).

Andere Änderungen sind etwa die ähnlich dem Deutschen von der Anwesenheit eines vorausgehenden Artikels abhängig stark oder schwach deklinierten und ebenfalls als eigene

>> BEISPIEL: CANTERBURY TALES

Whan that Aprille with his shoures sote	When in April the sweet showers fall
The droghte of Marche hath perced to the rote,	And pierce the drought of March to the root, and all
And bathed every veyne in swich licour,	The veins are bathed in liquor of such power
Of which vertu engendred is the flour;	As brings about the engendering of the flower,
Whan Zephirus eek with his swete breeth	When also Zephyrus with his sweet breath
Inspired hath in every holt and heeth	Exhales an air in every grove and heath
The tendre croppes, and the yonge sonne	Upon the tender shoots, and the young sun
Hath in the Ram his halfe cours y-ronne,	His half-course in the sign of the *Ram* has run,
And smale fowles maken melodye,	And the small fowl are making melody
That slepen al the night with open yë,	That sleep away the night with open eye
(So priketh hem nature in hir corages):	(So nature pricks them and their heart engages)
Than longen folk to goon on pilgrimages	Then people long to go on pilgrimages
(And palmers for to seken straunge strondes)	And palmers long to seek the stranger strands
To ferne halwes, couthe in sondry londes;	Of far-off saints, hallowed in sundry lands,
And specially, from every shires ende	And specially, from shire's end
Of Engelond, to Caunterbury they wende,	Of England, down to Canterbury they wend
The holy blisful martir for to seke,	To seek the holy blissful martyr, quick
That hem hath holpen, whan that they were seke.	To give his help to them when they were sick.

Geoffrey Chaucer: The Canterbury Tales. Wordsworth Ware , 1995, Seite 1
Geoffrey Chaucer: The Canterbury Tales. trans. Nevill Coghill. Penguin, London, 1977, Seite 19

Silbe ausgesprochenen Adjektivendungen („the yong-e sonne", Z. 7). Die Personalpronomen unterscheiden in der zweiten Person Singular zwischen einerseits dem höflichen „ye" und „you" (Nominativ und Akkusativ von „Sie") und andererseits den formlosen „thou/thee" („du"). Die meisten Verben folgen im Singular dem Konjugationsschema -e, -est, -eth, erinnern also an das Deutsche („lebe, lebst, lebt"). Vergangenheitspartizipien verfügen meist über das Präfix „y" („y-ronne, Z. 8), in dem man das deutsche „ge-" erkennen mag. So klingt in „y-storve" das deutsche „gestorben" an, wenn auch hier wieder ein Englisch-Muttersprachler kaum das moderne „died" erkennen mag.

Der seit dem Altenglischen neu in die Sprache aufgenommene französische Sprachanteil fällt ebenfalls sofort auf. Worte wie „perced" (Z. 2), „licour" (Z. 3) oder „engendered" (Z. 4) zeigen, wie hoch der Prozentsatz der altfranzösischen Lehnwörter ist. Ohne auf die zahlreichen anderen Veränderungen seit dem Mittelenglischen einzugehen, wird hier bereits deutlich, dass die politische Entwicklung seit der Phase des Altenglischen deutliche Spuren in der Sprache hinterlassen hat Neben der sprachlichen Veränderung zeichnet sich das späte Mittelalter jedoch auch durch andere Entwicklungen aus, die letztlich zu neuen literarischen Formen führen. Beispielsweise werden die kirchlichen Messen durch dramatische Einlagen dem Volk verständlich gemacht.
Aus dieser Tradition entwickelt sich das **Mysterienspiel**, das die wundersamen Begebenheiten des biblischen Texts theatralisch umsetzt. Bald entwickeln sich auch Stücke, **Moralitäten** genannt, die sich nicht auf Erzählungen der beiden Testamente berufen, sondern sich allgemeine moralische Fragestellungen setzen. Ihre Autoren sind, wie die der Mysterien, weitgehend unbekannt. Das kurze Stück *Everyman* schildert, wie „**Jedermann**" am Ende seines Lebens Rechenschaft über seine Taten ablegen muss. Das Stück mit seinen allegorischen Figuren ist seit dem späten 15. Jahrhundert auf den europäischen Bühnen zu Hause. Es hält die Tradition der Moralitäten bis heute lebendig: In Salzburg gehört eine moderne Variante des Stücks zum festen Theaterprogramm.

4.2 Renaissance und 16. Jahrhundert

Der Epochenbegriff der Renaissance, die das lange „dunkle" Mittelalter (Dark Age) ablöst, bezeichnet die Wiedergeburt oder Rückbesinnung auf die griechisch-römische Antike. Die technischen Entwicklungen in der europäischen Waffen- und Navigationstechnik, die „Entdeckung" Amerikas ab dem Jahre 1492 sowie die revolutionäre Erfindung des Buchdrucks durch Gutenberg, der die Technik 1448 in Mainz demonstriert, und dessen Verbreitung in England (1476/77) durch William Caxton verändern die Lebensumständen in ganz Europa grundsätzlich. Martin Luthers Reformation, seine Bibelübersetzung und die sich daran anschließenden verheerenden Konfessionskriege tun ein Übriges.

Es ändern sich jedoch auch die Kunstformen, oft ebenfalls in Anlehnung an klassische Vorbilder: eine Entwicklung, die auch auf die neue Verbreitung des Altgriechischen zurückgeht. Die antike Bildung und Gelehrsamkeit betonen und verbreiten in der Renaissance die Humanisten. Ihr wichtigster früher Vertreter in England ist Thomas Morus. Er begründet mit *Utopia* (1516), das er in wahrer humanistischer Manier auf Latein verfasst, die literarische Gattung der Utopie, die alternative Gesellschaftsmodelle entwirft. Generell gerät der Humanismus in England allerdings erst später als im restlichen Europa zur Blüte: Francis Bacon legt dann aber mit *The Advancement of Learning* (1605) den Grundstein für die modernen Naturwissenschaften.

Eine bedeutende lyrische Form der Renaissance ist das Sonett, das von Petrarca im 14. Jahrhundert in Italien etabliert wird und bald in ganz Europa begeisterte Nachahmer findet. Das englische Sonett unterscheidet sich in seinem Reimschema und der Stropheneinteilung von der italienischen Vorgabe. Beide vereint die Liebesthematik. Neben William Shakespeare ist Henry Howard, der Earl of Surrey, der wichtigste Vertreter dieser Versform. Der Einfluss antiker Literatur zeigt sich dagegen in der pastoralen Lyrik von Philip Sidney oder in Edmund

Spensers *The Shepheardes Calendar* (1579) und *The Faerie Queen* (1590), das in vielen allegorischen Gesängen die Erziehung eines Prinzen zum *Gentleman* am Hofe der Märchenprinzessin besingt.
Die höfische Thematik kennzeichnet auch John Lylys *Euphues, or, The Anatomy of Wit* (1578), dessen komplexe Liebesgeschichte lediglich den Vorwand für ausführliche Diskussionen zu Themen wie Religion und Erziehung darstellt. Der Untertitel verweist mit „wit" auf einen wichtigen Begriff der Zeit hin. Er kann mit Gewitztheit und Intelligenz nur annähernd übersetzt werden.

In England verhilft die Unterstützung von Königin Elisabeth I (1558–1603), der letzten Monarchin der Tudor-Dynastie, dem **Theater** zu einer neuen Blüte, die den Namen Elisabethanisches Drama zu recht trägt. Andere erfolgreiche Bühnenautoren neben Shakespeare sind Christopher Marlowe, dessen *Doctor Faustus* (1589) eine alte deutsche Legende aufgreift, und Ben Johnson, der mit *Volpone* (1605) den wachsenden Materialismus seiner Zeitgenossen anprangert.
Der bedeutendste Autor dieser Zeit ist jedoch **William Shakespeare**, dessen Werk wie kaum ein anderes die englische Literatur dominiert. Viele seiner knapp 40 Dramen stehen noch heute in den wichtigsten Theatern der Welt regelmäßig auf dem Programm: *Macbeth*, *Hamlet*, *Othello*, *The Tempest*, *Romeo and Juliet*, *Julius Caesar*, *A Midsummer Night's Dream*. Die Spanne reicht von Historien über Tragödien zu Komödien und Romanzen, in denen übernatürliche Kräfte walten. Gerade in den Tragödien zeigt sich die Zeitlosigkeit von Shakespeare, dessen Protagonisten stets mit ihren Leidenschaften ringen, sei es die Eifersucht in *Othello* oder der Ehrgeiz in *Macbeth*. Zu Shakespeares Genialität gehört neben seiner Sicherheit in der Figurenentwicklung und sprachlichen Ausführung auch die Bereitschaft, bereits bestehende Stoffe, wie in *Hamlet* oder *Romeo and Juliet*, neu zu interpretieren. Diese Tradition setzt sich nach Shakespeare fort. Auch im 21. Jahrhundert entstehen regelmäßig Verfilmungen sowie Neufassungen von Shakespeares Dramen, sei es in Romanform oder als Musical.

Die Aufführungen des Elisabethanischen Theaters finden unter Tageslicht auf Freiluftbühnen statt. Auf Kulissen und Bühnenbilder wird weitgehend verzichtet, was die Vorstellungskraft der Zuhörer zusätzlich fordert. Das Publikum steht zu einem großen Teil direkt vor der Bühne, die nicht wie heute in das Bühnenhaus zurückversetzt, sondern vielmehr auf drei Seiten offen ist. Die günstigen Kartenpreise ermöglichen es jedoch fast allen Bevölkerungsschichten, Theateraufführungen zu genießen. Shakespeare gehört damit zweifelsohne zum Bereich der Popkultur seiner Zeit. Einige seiner Stücke, wie *The Tempest*, werden jedoch auch bei Hofe aufgeführt, haben somit damals schon den Charakter von Hochkultur.

Die Atmosphäre einer Elisabethanischen Theateraufführung kann man heute wieder erleben: Das „New Globe" in London ist einem Theater aus der Zeit Shakespeares nachempfunden.

4.3 Das 17. Jahrhundert

Die politische Entwicklung des 17. Jahrhunderts hat weitläufige Konsequenzen für das literarische Schaffen der Zeit. Während das Theater unter Elisabeth eine Hochzeit erlebt, muss es unter den Puritanern, die nach der Hinrichtung von Karl I (1625–1649) unter Oliver Cromwell eine Militärherrschaft einführen, erst einmal vollständig im Untergrund verschwinden. Nach einem Parlamentsbeschluss werden 1642 alle Theateraufführungen verboten, da sie den religiös konservativen Puritanern als frivol gelten. Erst 1660 kommt es mit der Restauration, der Wiedereinsetzung der Monarchie, auch zu einer Wiedereröffnung der Theater, zuerst allerdings nur auf zwei Londoner Bühnen. Der frisch gekrönte Karl II (1660–1685) hatte in seinem französischen Exil neue Theatertraditionen zu schätzen gelernt, was nun auch zu veränderten Räumlichkeiten führt: nämlich zur Verbreitung der Guckkastenbühne, die abgesehen von dem noch eher bescheidenen Bühnenhaus schon an die heutigen Theatergebäude erinnert. Die Kulissen und Beleuchtung versuchen, die Wirklichkeit durch Illusion nachzubilden. Das Publikum muss nun weniger eigene Vorstellungsarbeit aufbringen.

Diese Tendenz hin zu einer weniger anspruchsvollen Bühnenkunst zeigt sich auch darin, dass als wichtigste Untergattung die Komödie große Bedeutung gewinnt. Stücke wie William Wycherlys *The Country-Wife* (1675) oder George Ethereges *The Man of Mode* (1676) erfreuen sich noch heute großer Beliebtheit.
Mit Aphra Behn weist die Restaurationszeit auch die erste weibliche Literatin auf, die das Schreiben zu ihrem Beruf macht: Neben Dramen wie *The Rover* (1677) schrieb sie mit *Oroonoko* (1688) auch einen frühen Roman.
Viele der Dramen-Charaktere dieser Zeit stellen eher Typen als Individuen dar: den Einfaltspinsel, den unmoralischen Schurken oder den Heiratsschwindler. Sie greifen damit auch mittelalterliche Traditionen auf, die sich oft allegorischer Figuren bedienten. Ihre Aktualität können die Stücke aufgrund dieser zeitlosen und allgemeinmenschlichen Ansprüche gut erhalten. Anders als die damals ebenfalls populären klassizistischen Heldendramen wie John Drydens *All for Love* (1678) oder die eher seltenen Tragödien wie Thomas Otways *Venice Preserved* (1682) überlebt die Restaurationskomödie ihre Zeit. Allerdings wird gegen die oft freizügigen Stücke schon im späten 17. Jahrhundert der Vorwurf der Amoralität vorgebracht. Die Tatsache, dass nun erstmals auch weibliche Schauspielerinnen auf der Bühne zu sehen sind, tut ihr Übriges, dem Theater einen moralisch zwielichtigen Ruf zu verschaffen. Die bald öffentlich geführte Debatte über den moralischen Anspruch des Theaters leitet den zwischenzeitlichen Niedergang der englischen Theatertradition ein: Zwischen dem frühen 18. Jahrhundert und dem späten 19. Jahrhundert entwickelt sich die Dramentradition in Großbritannien dann auch kaum weiter. Zwar bleiben die Schauspielhäuser gut gefüllt, jedoch stehen auf dem Programm vornehmlich leichte Melodramen und Musikstücke, die vor allem ein Massenpublikum zu unterhalten suchen. Sowohl der ästhetische als auch der politische Anspruch der meisten dieser Stücke reicht nicht an ihre Vorgänger oder Nachfolger heran.

Die lyrische Tradition weist im 17. Jahrhundert ebenfalls neue Tendenzen auf. Am Hofe kommt es zu Anfang des Jahrhunderts zu einer Glanzphase der Poesie, die sich etwa in den Werken der *metaphysical poets* ausdrückt. Ihre komplexe, bildreiche Sprache bedient sich oft ausgedehnter Metaphern, dann auch *conceit* genannt, die den Werken teilweise eine hohe Komplexität und Dichte verleihen. In den Liebesgedichten von John Donne kommt es zur Blüte der **metaphysischen Lyrik**. Eine gegenläufige Tendenz, die sich weniger okkult und elitär gibt, wird als cavalier poetry bezeichnet, also als **höfische Dichtung**. Unter dem Einfluss von Ben Johnson schreiben diese Dichter stärker von klassischen Formen geprägte Werke, die jedoch in ganz weltlicher Manier eine nahezu hedonistische Lebensauffassung vertreten. John Milton dichtet in *Paradise Lost* (1667) den biblischen Sündenfall und die darauf folgende Heilsgeschichte in epischer Breite nach: Das Werk zählt zu den literarischen Höhepunkten des Jahrhunderts. Das eloquente Rededuell zwischen Gott und Satan bringt Milton jedoch den Vorwurf ein, den Teufel zu positiv dargestellt zu haben. Insgesamt nimmt Milton jedoch zur Frage der Theodizee, die Gottes Güte im Angesicht der Schlechtheit und oft Grausamkeit der Welt rechtfertigt, positiv Stellung.

Ebenfalls eine religiöse Thematik kennzeichnet *The Pilgrim's Progress* (1678), eine lange Prosa-Allegorie, in der John Bunyan eine Anleitung für Christen liefert, wie sie das Himmelreich erlangen können. Sein Werk gilt zugleich als ein wichtiger Meilenstein in der Entwicklung des Romans, der im nächsten Jahrhundert zur Reife gelangt. Dass nicht alle Erzählwerke dieser Epoche sich so komplexen Themen widmen, zeigt einer der größten Bucherfolge aller Zeiten: Izaak Waltons *The Compleat Angler* (1653), der als philosophische Anleitung zum Angeln verstanden werden kann und seit über 350 Jahren beständig Leser findet.

Obwohl durch die Landung der Puritaner mit der Mayflower 1620 die Besiedelung von Nordamerika neuen Aufschwung erfährt, läuft das literarische Schaffen in der Kolonie noch sehr zögerlich an. Bedeutsame Texte aus dem 17. Jahrhundert beschäftigen sich oft mit religiösen und politischen Themen, die aus dem Prozess der geographischen und später nationalen Selbstfindung entstehen.

4.4 Das 18. Jahrhundert

Das 18. Jahrhundert liefert gerade englischen Literaturhistorikern in verschiedenen Bereichen spannende Entwicklungen: In den Anfang des Jahrhunderts fällt die Entstehung des englischen Romans; am Ende des Jahrhunderts entwickelt sich mit der Romantik ein grundsätzlich neues Kunstverständnis. In den seit 1776 unabhängigen Vereinigten Staaten entsteht zudem eine eigene literarische Tradition, die mit dazu beiträgt, dem neu geborenen Staat eine eigene Identität zu verschaffen.

4.4.1 Roman

Mit zunehmender Alphabetisierung der Bevölkerung und wachsendem Wohlstand der aufstrebenden Mittelklasse, die in ihrem Freizeitverhalten auch die Kunstgepflogenheiten der Oberschicht nachzuahmen sucht, ist ein Umfeld geschaffen, das für die Lektüre von längeren Erzähltexten ideal geeignet ist. Das gesteigerte Bedürfnis nach realistischen Darstellungen der Welt befriedigt sich an einer veränderten Darstellungsform: Der Roman ist geboren.

Bis zum 17. Jahrhundert sind die beliebtesten Prosatexte vor allem fantastische Romanzen (*romances*), in denen ritterliche Männer im Kampf mit Fabelwesen die Herzen reiner Damen für sich gewinnen. Diese höfische Liebe wird in platonisch reiner Distanz genossen und eben nicht ausgelebt. Aphra Behns bereits erwähnter Proto-Roman *Oroonoko* (1688) liefert dafür ein gutes Beispiel; der Erfolg von Elizabeth Haywoods *Love in Excess* (1719) zeigt dagegen, dass es durchaus auch ein Lesepublikum für Geschichten gibt, die es mit der vorherrschenden Sexualmoral weniger ernst nehmen. Rein formal liefert dann ein neu aufkommender Texttyp (das englische Wort für **Roman**, „novel", bedeutet Neuheit) den Lesern andere Muster. Daniel Defoe stellt mit *Robinson Crusoe* (1719) eine Vorlage bereit, die zugleich als die Geburtsstunde des englischen Romans gilt. Sein Held ist kein Königssohn, seine Erlebnisse sind alle vorstellbar und die erzählte Geschichte ist nicht mehr dem altbekannten Fundus der mythischen Erzählungen entnommen. Zudem lehnt sich die Sprache stark an das tatsächlich gesprochene Englisch an; der Protagonist tritt als Individuum hervor. Das bürgerliche Interesse an realistischen Themen aus dem eigenen Lebensumfeld findet auch in Samuel Richardsons Briefroman *Pamela, or Virtue Rewarded* (1741) sowie in dem Bildungsroman *Joseph Andrews* (1742) von Henry Fielding Erfüllung. Jonathan Swift schreibt mit *Gulliver's Travels* (1726) einen Klassiker, der nicht allein als Abenteuerroman für jugendliche Leser zu verstehen ist, sondern zugleich eine satirische Kritik an der Gesellschaft darstellt. Mit dem höchst experimentellen *Tristram Shandy* (1760–1767) zeigt wenig später Laurence Sterne, dass die gerade erst erfundene Gattung Roman sich selbst bereits ironisieren kann. Das eigentliche Thema seines Werkes ist das Schreiben, womit sein Roman zu einem der wichtigsten metafiktionalen Werke avanciert.

4.4.2 Romantik

Ähnlich wie der Roman mit den tradierten Erzählformen bricht, ändert sich auch der Ton der Lyrik. Hatte im 17. Jahrhundert der Klassizismus noch eine an antike Muster angelehnte formale Strenge propagiert, so bereiten die satirischen Lyriker des 18. Jahrhunderts, etwa Alexander Pope mit *The Rape of the Lock* (1712, 1714), eine neue Einstellung zur Lyrik vor. Mit James Thomsons *Seasons* (1726–1730) wird die Natur als Inspiration ins Zentrum des lyrischen Prozesses gestellt.

In der zweiten Hälfte des Jahrhunderts entwickelt sich mit dem empfindenden, genial-schaffenden Dichter der Romantiker ein neuer Typus des Künstlers. Hatte sich diese Entwicklung bei William Blake erst angedeutet, so wird schließlich mit der Veröffentlichung des von William Wordsworth und Samuel Coleridge gemeinsam verfassten Gedichtbandes *Lyrical Ballads* (1798) eine neue Epoche in England eingeläutet. Inspiriert von Entwicklungen in Deutschland und Frankreich vertreten die beiden Autoren eine neue lyrische Form. Sie schreiben Gedichte, die sich in oft alltäglicher Sprache mit dem englischen Leben und der englischen Natur befassen. In einem Einleitungstext zu *Lyrical*

Ballads, der bald Manifestcharakter für den neuen Schreibstil annimmt, nennt Wordsworth die Gedichte „experiments" und betont, dass die Werke sich auch sprachlich von der klassischen Tradition des hohen Stils abheben. Vielmehr gehe es nun darum, ein anderes Medium für dichterische Sprache zu entdecken: „the language of conversation in the middle and lower classes." Dabei geben die neuen Gedichte die traditionelle Beschränkung lyrischer Texte auf strenge Metrik oft auf. Der Bruch mit lyrischen Traditionen könnte fast nicht größer sein. In dem Gedicht *Lines Written a Few Miles above Tintern Abbey* wird klar, welche Bedeutung Wordsworth der produktiven Kraft der Erinnerung beimisst.

4.4.3 Amerika

Die kontinentalen Entwicklungen haben im 18. Jahrhundert auch direkte Auswirkungen auf die literarische Situation in Nordamerika, vor allem bis zu dessen Abspaltung vom Mutterland am 4. Juli 1776, der als Unabhängigkeitstag bis heute begangen wird. In dieser Phase kommt auch die amerikanische Literatur zu einer ersten Blüte. Werke wie Thomas Paines *Common Sense* (1776) liefern ein philosophisches Fundament für die sich entwickelnden Unabhängigkeitsbestrebungen des jungen Landes. Benjamin Franklins *Autobiography* (1791) gehört ebenso zu den wichtigen Texten, die ein amerikanisches Bewusstsein formen, wie die umfassenden Berichte von J. Hector St Jean de Crèvecœur über das ländliche Leben in der neuen Welt, veröffentlicht als *Letters from an American Farmer* (1782). Als erster amerikanischer Roman gilt William Hill Browns *The Power of Sympathy* (1789): Er erzählt in Briefform die tragische Geschichte einer versuchten Verführung und endet mit dem Tod der beiden Beteiligten, nachdem sie erfahren, dass sie eigentlich Halbgeschwister sind. Wie in Europa muss sich der Roman als Gattung allerdings erst allmählich selbst finden.

Die europäische Strömung der Romantik produziert in Nordamerika als Transzendentalismus ähnliche Tendenzen, allerdings zeitlich verschoben erst ab dem frühen 19. Jahrhundert.

4.5 Das 19. Jahrhundert

4.5.1 Spätromantik und Schauerroman

Die Romantik wirkt in das neue Jahrhundert noch mit hinein. Allerdings versterben einige ihrer wichtigsten Vertreter, die Lyriker Lord Byron, Percy Bysshe Shelley und John Keats, obwohl sie zu den jüngeren Romantikern gehören, schon in jungen Jahren. Keats fragt in *Ode on a Grecian Urn* danach, ob die höhere Realität der Kunst dem Menschen als Ausweg aus der Sterblichkeit zugänglich ist. Byron wird mit dem Langgedicht *Childe Harold's Pilgrimage* (1812), das mit seinem durch Europa reisenden jugendlichen Helden den melancholischen „Byronic hero" erfindet, über Nacht zum bedeutendsten Literaten seiner Zeit. Shelley vertritt in seinem programmatischen Text *A Defence of Poetry* (1821) die Auffassung, dass der Dichter der wahre Interpret der Wirklichkeit und damit auch allen Erklärungsversuchen der Wissenschaft überlegen sei. Der geniale Geist des Künstlers verstünde die Welt besser und könne damit auch wertend urteilen. Von seinen Gedichten finden vor allem *Ode to the West Wind* und *The Cloud* auch heute noch Bewunderer.

Überzeugt von der Bedeutung des geistig wachen Menschen wagt sich Shelley in *Prometheus Unbound* (1820) an den alten Mythos von Prometheus, dessen Aufbegehren gegen die Götter auch einen Text von Shelleys Frau inspirierte. Mary Shelleys Roman *Frankenstein* (1818) stellt zugleich einen Höhepunkt des **Schauerromans** (gothic novel) dar, der als Genre mit Horace Walpoles *The Castle of Otranto* (1764) begründet wurde.

Als Gegentendenz zu der alles rational auflösenden **Aufklärung**, der zunehmenden Wissenschaftlichkeit und Entmystifizierung der Welt (der Charles Darwin mit *The Origin of Species* im Jahre 1859 und Sigmund Freud mit seiner *Traumdeutung* aus dem Jahre 1900 noch weiter Vorschub leisten werden), widmet sich der Schauerroman den unerklärlichen Vorgängen in Spukschlössern, den verbotenen, diabolischen Begierden der menschlichen Psyche und der streng tabuisierten Sexualität.

4.5.2 Der weibliche Roman

Die sprichwörtliche Prüderie der Viktorianer, die selbst Stuhlbeine züchtig verhüllen, geht meist mit einer scheinheiligen Doppelmoral einher, die Männern Freizügigkeiten erlaubt, die sie Frauen vorwirft. Überhaupt wird im 19. Jahrhundert die Situation der Frau zunehmend thematisiert, was auch an der wachsenden weiblichen Leserschaft liegt.

In den Romanen von Jane Austen, bei den Brontë-Schwestern und in den Werken von George Eliot wird die Situation der Frau im 19. Jahrhundert, die sich stets in Abhängigkeit von der Männerwelt befindet, durchweg kritisch dargestellt. Dabei kommen jedoch, etwa in Jane Austens *Pride and Prejudice* (1813), nach wie vor Rollenbilder der Frau zur Geltung, die vor allem in der Ehe die weibliche Lebensaufgabe erfüllt sehen.

Bei George Eliot findet sich eine wesentlich kritischere Beschäftigung mit dieser Thematik. Ihr früher Roman *The Mill on the Floss* (1860) zeigt, wie Maggie Tulliver gerade wegen ihrer Intelligenz und Ehrenhaftigkeit an den geschlechtsspezifischen Moralvorstellungen ihrer Zeit scheitert; *Middlemarch* (1871–1872) setzt mit den Eheschließungen der Protagonistinnen ein und verfolgt dann die Enttäuschungen, die diesem Schritt folgen. Auch in ihren anderen Romanen, wie in *Felix Holt* (1866), der den Demokratisierungsprozess in Großbritannien zum Thema hat, widmet sich George Eliot zeitkritischen Themen. Ihre Werke stellen den intellektuellen Höhepunkt des Romans im 19. Jahrhundert dar.

Die drei Brontë-Schwestern zeigen in ihren Werken, wie wichtig und zugleich kompliziert es ist, sich in schwierigen Situationen trotz Benachteiligung im Leben zu behaupten. Charlotte Brontës *Jane Eyre* (1847), ein früher weiblicher Bildungsroman, Emily Brontës *Wuthering Heights* (1847), ein leidenschaftliches Drama inmitten mystischer Natur, und Anne Brontës *Agnes Grey* (1847), das die Erfahrungen einer Gouvernante beschreibt, haben sich mittlerweile im englischen Kanon etabliert.

4.5.3 Realismus und Naturalismus

In der zweiten Jahrhunderthälfte entwickeln sich zwei gegenläufige Tendenzen. Auf der einen Seite propagieren Realismus und Naturalismus eine größere Nähe zur tatsächlichen Lebenswelt; auf der anderen Seite zelebriert der Ästhetizismus die Abkehr von der Welt. Der Realismus entsteht als Gegenreaktion zu der als zu idealistisch und verklärt empfundenen Romantik. In Werken wie Charles Dickens' *Oliver Twist* (1838), das die Lebensgeschichte eines Waisenjungen erzählt, oder Elizabeth Gaskells *Mary Barton* (1848), das die Klassenkonflikte der Zeit dramatisch darstellt, zeigt sich die dunkle Seite der industrialisierten Lebenswelt in bedrückender Deutlichkeit. In *New Grub Street* (1891) schildert George Gissing, wie aus Journalisten unterdrückte Lohnschreiber werden.

Die oft schrecklichen Lebensumstände des neuen Industrieproletariats verhelfen nicht nur den Ideen von Karl Marx, der mit Friedrich Engels 1848 *Das kommunistische Manifest* veröffentlicht, zu großer Bekanntheit, sie tragen auch dazu bei, dass sich die Literatur in einer neuen Welle von utopischen und dystopischen Romanen fiktive Auswege aus der Lebenskrise sucht. Mit *News from Nowhere* (1890) von William Morris und *The Time Machine* (1895) von H. G. Wells sehnen sich die Leser nach einer besseren Welt. Auch die Zuversicht, dass durch immer neue technische Errungenschaften alle zukünftigen Probleme gelöst werden können, werden von dystopischen Science-Fiction-Werken durchaus kritisch hinterfragt. Im 20. Jahrhundert führen Aldous Huxleys *Brave New World* (1932) und George Orwells *1984* (1949) die dystopische Tradition fort.

Die Abkehr von der Realität zeigt sich auch in Lewis Carrolls *Alice's Adventures in Wonderland* (1865), dessen skurrile Episoden und Aussprüche sich als Redewendungen fest in das englische kulturelle Gedächtnis eingeschrieben haben. Die Nonsense-Dichtung wird damit als britische Spezialität etabliert: Der Erfolg der Fernsehserie *Monty Python's Flying Circus* ist damit schon vorgegeben.

Die großen sozialen und weltpolitischen Veränderungen am Jahrhundertende treten dann ebenfalls in literarischen Werken zu Tage. Der Wandel der Geschlechterrollen und das Verhältnis des britischen Weltreichs zu seinen Kolonien tritt verstärkt in den Vordergrund. Thomas Hardy etwa sieht sich nach der Veröffentlichung von *Tess of the d'Urbervilles* (1891) einem Proteststurm ausgesetzt, da er die Heldin seines Romans als „a pure woman" bezeichnet, obwohl sie als junges Mädchen unverheiratet schwanger wird. Dass die Zeugung des Kindes alles andere als freiwillig verläuft, entschuldigt Tess in den Augen ihrer Leser kaum. Joseph Conrad liefert mit *Heart of Darkness* (1899) eine kritische Auseinandersetzung mit dem Kolonialismus. Sein Buch hält der vorgeblichen britischen Zivilisierungsaufgabe in Afrika einen sehr deutlichen Spiegel vor und zeigt zudem, dass die Kolonialisten die finstere Seite ihrer Psyche auf die Kolonialisierten projizieren. Letztlich erweist sich jedoch gerade das koloniale Projekt selbst als ausbeutend und brutal.

4

4.5.4 Ästhetizismus

Anders als Realisten und Utopisten suchen die Anhänger des Ästhetizismus, allen voran Oscar Wilde, in der reinen Schönheit den Sinn der Kunst. In seinem einzigen Roman, *The Picture of Dorian Gray* (1890), lässt Wilde programmatisch verlauten, dass sich alle Kunst nur nach ihrem ästhetischen Wert müsse messen lassen. Die Lyrik des Fin-de-Siècle ist während der 1880er- und 90er-Jahre von einer Endzeitstimmung bestimmt, die sich dadurch auszeichnet, dass man in dekadenten Eskapaden einen neuen Reichtum der lyrischen Erfahrung zu finden hofft. Zugleich versucht man, in Metaphern des Untergangs, Abends oder Herbstes das nahende Ende auszudrücken. Die Antwort des Ästhetizismus auf Tod und Untergang ist stets die Schönheit und das Artifizielle. Die Freude an der Künstlichkeit der Sprache drückt sich auch in Wildes Aphorismen und paradoxen Wortspielen aus.

In dieser Hinwendung zum Symbolcharakter der Sprache, die nun immer stärker als von der Wirklichkeit getrennt existierend begriffen wird, deutet sich schon die starke Auflösung des Sprachlichen während Moderne und Postmoderne an. Sowohl die philosophischen Arbeiten von Friedrich Nietzsche, der wie Oscar Wilde 1900 stirbt, als auch die linguistischen Erkenntnisse von Ferdinand de Saussure bereiten in unterschiedlichen europäischen Ländern den großen sprachlichen Wandel (linguistic turn) in den literarischen Formen des 20. Jahrhunderts vor. In *The Decan of lying*, einem ironischen Dialog über die Kunst aus der Feder von Oscar Wilde, wird die Selbstständigkeit der Sprache bereits deutlich artikuliert. Für Wilde bedeutet dies, dass das Leben die Kunst nachahme, also die sprachliche Realisation einer Aussage größere Echtheit als ihr Gegenstand besitze.

4.5.5 Amerika

In Nordamerika entwickelt der historische Roman mit Autoren wie James Fenimore Cooper eine eigene Richtung, dessen *Lederstrumpf*romane ab 1823 die Besitzname des Landes an der *frontier* auch unter Beachtung der entrechteten indianischen Bevölkerung betrachtet, die allerdings zu diesem Zeitpunkt als eine minderwertige Zivilisation angesehen wird. Der arrogante Rassismus der weißen Europäer wird erst von Harriet Beecher Stowe in *Uncle Tom's Cabin* (1852) und von Mark Twain, vor allem in *The Adventures of Huckleberry Finn* (1884), näher thematisiert.

Die Phase um die Jahrhundertmitte, von 1830–1870, gilt als die erste Hochphase der amerikanischen Literatur. Sie entwickelt sich aus der europäischen Romantik, nimmt jedoch eigene Züge an. Neben dem literarischen Vorbild aus Europa fordert auch die beeindruckende Naturlandschaft des neuen Kontinents eine ästhetische Behandlung. Die Lyrik von Walt Whitman, in *Leaves of Grass* (1855), die Prosatexte von Henry David Thoreau, vor allem *Walden* (1854), sowie die philosophischen Schriften von Ralph Waldo Emerson befassen sich mit der amerikanischen Natur. Thoreau und Emerson begründen den Transzendentalismus, der für ein individuelles und intuitives Erleben der gottgegebenen Natur eintritt. In diese Phase fällt auch der Beginn der amerikanischen

Naturbewegung, die in John Muir, dem Autor von *Mountains of California* (1894), ihren ersten großen Kämpfer findet. Die Gründung des weltweit ersten Nationalparks, des Yellowstone Parks im Jahre 1872, fällt ebenfalls in diese Zeit. Nathaniel Hawthorne führt mit *The Scarlet Letter* (1850) die puritanische Scheinheiligkeit vor. Hermann Melville gehört mit *Moby Dick* (1851), dessen tiefes Thema der Suche im Konflikt mit den Naturgewalten ein ur-amerikanischer Topos ist, zum Kreis der bedeutenden Erzähler dieser Zeit.

In den Gedichten von Emily Dickinson sowie in den psychologisierenden Romanen von Henry James deutet sich bereits die Moderne an. Die bis heute viel gelesenen Kurzgeschichten von Edgar Allan Poe, etwa in der Sammlung *Tales of the Grotesque and Arabesque* (1840), folgen der Tradition der Schauererzählung, bieten jedoch auch einen tieferen, symbolischen Bedeutungshorizont.

4.6 Das 20. Jahrhundert

Im 20. Jahrhundert lassen sich vor allem die Moderne und die Postmoderne unterscheiden. Beide sind internationale Strömungen, was eine Unterscheidung der Entwicklungsprozesse in Großbritannien und den USA wenig sinnvoll macht. Erschwerend tritt hinzu, dass die Unterscheidung zwischen Moderne und Postmoderne nicht eindeutig vollzogen werden kann. Während einige Kritiker die Postmoderne als noch intensivierte Fortsetzung der Moderne sehen, erkennen andere in der späteren Bewegung vor allem gegenläufige Tendenzen.

4.6.1 Moderne

Die Moderne (im Englischen auch als „High Modernism" bezeichnet) beginnt am Anfang des 20. Jahrhunderts und findet ihren Höhepunkt in den Jahren zwischen den beiden Weltkriegen. Zwei der wichtigsten Autoren sind James Joyce und Virginia Woolf.
Beide Autoren entwickeln den Roman durch eine stärkere Fokussierung auf die Innenwelt der Figuren weiter. Bewusstseinsstrom und innerer Monolog verschaffen die Möglichkeit, das meist zerrissene Innenleben der Figuren direkt darzustellen.

In *Ulysses* (1922), das der Ire Joyce aus dem selbst gewählten kontinental-europäischen Exil schreibt, wird ein Tag im Dubliner Leben von Leopold Bloom in seiner ganzen (oft sehr banalen) Breite dargestellt. Der Alltag wird damit zur beschreibenswerten Normalität erhoben. Auch bei Woolf drehen sich viele Erzählungen um alltägliche Begebenheiten, in denen sich die Komplexität der Realität in ihrer Alltäglichkeit eröffnet; das gleiche gilt für die Einzeldarstellungen der Figuren in Sherwood Andersons *Winesburg, Ohio* (1919), das den amerikanischen Alltag darstellt. Mit *Her Eyes Were Watching God* (1937) begründet Zora Neal Hurston wenig später eine feministische afro-amerikanische Erzähltradition. In Woolfs *Mrs. Dalloway* (1925) kommt die innere Spannung der Figuren im Kontext ihrer Erinnerungen, Hoffnungen und Verzweiflung zum Ausdruck. Das anhaltende Trauma des Ersten Weltkrieges kündigt hier schon den späteren Freitod von Woolf an. In Joyces zweitem Großwerk, *Finnegans Wake* (1939), deutet sich mit der weiteren Auflösung von Raum-, Zeit- und Erzählkonventionen bereits der Beginn der Postmoderne an. Flann O'Briens Meisterwerk, *At Swim-Two-Birds* (1939), zeigt mit seinen Brüchen zwischen verschiedenen Erzählrealitäten, dass die irische Literatur zu diesem Zeitpunkt eine Vorreiterrolle in Europa einnimmt.

Das englische Drama erhält durch das Werk von G. B. Shaw, der sich stark für die sozialistischen Gesellschaftsideen begeistert, ebenfalls neue Impulse und erwacht aus den Jahrzehnten seiner relativen Unbedeutsamkeit. Shaws Dramen beziehen deutlich politisch Stellung: *Mrs Warren's Profession* (1893) etwa greift das Thema der scheinheiligen Sexualmoral neu auf; *Major Barbara* (1905) thematisiert die Profitgier der Kriegstreiber. Die amerikanischen Dramatiker Tennessee Williams und Arthur Miller wenden sich um die Jahrhundertmitte den Problemen der amerikanischen Mittelschicht zu, deren soziale Situation, etwa in Millers *Death of a Salesman* (1949), symbolischen Charakter annimmt. In England sorgen wenig später die Aufführungen von Samuel Becketts *Waiting for Godot* (1955) und John Osbornes *Look Back in Anger* (1956) für eine Neuorientierung des Theaters, das sich von der Tradition der klaren Struktur des *well-made play* löst und sowohl die Sinnlosigkeit des (post-)modernen Lebens als auch die aufgestaute Frustration einer jungen Generation darstellt. Harold Pinter setzt diese Tradition mit *The Caretaker* (1960) fort.

Das Schaffen der allesamt in England aktiven Lyriker William Butler Yeats, der ursprünglich aus Irland stammt, sowie T. S. Eliot und Ezra Pound, die in den USA geboren sind, verdeutlicht auch, dass man nunmehr von einer streng englischen oder amerikanischen Entwicklung nicht mehr reden kann. Yeats' *The Second Coming* (1921) liefert mit dem Vers „Things fall apart; the centre cannot hold" ein Motto für die moderne Befindlichkeit. Eliots *The Love Song of J. Alfred Prufrock* (1915) zeigt einen alternden Liebenden, der es aus seiner sozialen und innern Unsicherheit heraus nicht wagt, seine Geliebte anzusprechen. In diesem Text, wie auch in Pounds Kurzgedicht *In a Station of the Metro* (1913), tritt die urbane Anonymität, die das moderne Großstadtleben weltweit kennzeichnet, deutlich hervor. In der Tat tritt die Moderne stärker als die meisten früheren Epochen als eine europäische wenn nicht sogar globale Erscheinung auf, die mit dem Zweiten Weltkrieg ihren Schlusspunkt erhält.

4.6.2 Postmoderne

Der englischsprachige Nachkriegsroman steht unter dem Zeichen der Postmoderne. Vor allem amerikanische Autoren lassen sich neue experimentelle Erzählformen einfallen, die oft das Erzählen selbst thematisieren. Der Verlust des Glaubens an große sinnstiftende (Lebens-)Einheiten – ein zentrales Merkmale der postmodernen Befindlichkeit – findet somit auch direkt Eingang in die Struktur der Literatur. Zugleich entdeckt die Postmoderne die Allgegenwart des Erzählens und stellt die Geschichte als ein textliches Konstrukt dar.

Die verschiedenen Erzählebenen in Doris Lessings *The Golden Notebook* (1962) drücken dies gut aus, entsteht doch durch die Multiperspektivität des Romans ein Eindruck davon, wie stark das Erleben der Wirklichkeit von erzählerischen Funktionen bedingt ist. Auch Angela Carters *Bloody Chamber* (1979), Julian Barnes' *Flaubert's Parrot* (1984), Lawrence Norfolks *Lemprière's Dictionary* (1991) oder Peter Ackroyds *The House of Doctor Dee* (1993) bezeugen das postmoderne Interesse, sich mit der (Literatur-)Geschichte neu auseinanderzusetzen. John Fowles' Roman *The French Lieutenant's Woman* (1969) übernimmt die Konventionen des viktorianischen Romans und führt sie zugleich ironisch als vom Autor/Erzähler erfundene Stilmittel vor.

Die Amerikaner John Barth, in *The Sot-Weed Factor* (1960), und Thomas Pynchon, in *Gravity's Rainbow* (1973), lösen ebenfalls traditionelle Erzählformen auf. Don DeLillos *White Noise* (1984), Douglas Couplands *Life After God* (1994) oder Philip Roths *The Human Stain* (2000) thematisieren den inneren Zerfall der (amerikanischen) postmodernen Gesellschaft.
Die beeindruckende Naturlandschaft Nordamerikas inspiriert auch im 20. Jahrhundert noch zahlreiche Autoren. Während Edward Abbey in *Desert Solitaire* (1968) den letzten Resten einer amerikanischen Wildnis inmitten der Industrielandschaft und Touristenströme nachtrauert, sucht Annie Dillards *Pilgrim at Tinker Creek* (1974) eine religiösen Präsenz im Naturerleben. Der internationale Erfolg von kanadischen Autoren wie Margaret Atwood, mit *The Handmaid's Tale* (1985), und Timothy Findley, mit *Famous Last Words* (1981), zeigen, dass man nicht allein von einer amerikanischen, sondern von einer nordamerikanischen englischen Literatur sprechen sollte.

In Dramen wie Peter Shaffers *Amadeus* (1979) kommt der Frage, wie eine historische Erinnerung entsteht, besondere Bedeutung zu. Tom Stoppards *Rosencrantz and Guildenstern Are Dead* (1966) nimmt sich zwei Nebenfiguren aus Shakespeares *Hamlet* und lässt sie über Eigen- und Fremdbestimmung spekulieren, wobei der Text sich als eine Pastiche auf das Vorgängerdrama versteht. Diese spielerisch-ironische Einstellung zu Literatur und Wirklichkeit zeichnet die Postmoderne insgesamt aus.

4.6.3 Postkoloniale Literaturen

In der Literatur der Gegenwart nehmen vor allem auch Autoren aus den ehemaligen Kolonien sowie Migranten eine zentrale Position ein. Der internationale Erfolg von Salman Rushdie, dessen Roman *Midnight's Children* (1981) im Jahre 1993 zum besten aller Booker-Prize-geehrten Bücher gekürt wird, hat gemeinsam mit dem Erfolg anderer postkolonialer Autoren, etwa Arundhati Roy, deren *The God of Small Things* (1997) ebenfalls einen Booker erhält, den Ausdruck „Das Imperium schreibt zurück" (*The Empire Writes Back*) geprägt. Damit ist die Tendenz beschrieben, dass ehemals unterworfene Kulturen nun selbst ihre literarische Stimme erheben und sich gegen den Vormachtsanspruch der ehemaligen (europäischen) Kolonialherren zur Wehr setzen. Dabei kommt es, in postmoderner Manier, auch zur Nach- und Umdichtung kanonischer Texte, etwa bei dem aus Trinidad stammenden Autor Derek Walcott, dessen Langgedicht *Omeros* (1990) eine karibische Neufassung von Homers *Odyssee* liefert.

Der Nobelpreis von Wole Soyinka hat die anglophone afrikanische Literatur in den englischen Kanon integriert, nachdem Chinua Achebe diese mit *Things Fall Apart* (1958) bereits begründet hatte. Die weißen südafrikanischen Autoren Nadine Gordimer und J. M. Coetzee zeigen, dass auch Afrikas Literatur alles andere als homogen ist. Diese Tendenz, in der Literatur die Heterogenität einer Gesellschaft auszudrücken, tritt generell stärker in den Vordergrund. Ein weiterer Nobelpreisträger, V. S. Naipaul, vertritt eine Gruppe von Autoren, die in unterschiedlichen Kulturen zu Hause sind und diese hybride Identität als etwas durchaus auch Positives zelebrieren. Aus einer indischen Familie stammend und in Trinidad aufgewachsen hat er seinen Lebensmittelpunkt nach England verlegt. Seine Romane und Reiseberichte beziehen neben diesen Kulturräumen auch noch Afrika mit ein. Aus Australien und Neuseeland haben sich unter anderem Patrick White, Alan Duff und Witi Ihimaera etabliert, dessen *The Whale Rider* (1987) erfolgreich verfilmt ist.

Innerhalb Englands haben Kazuo Ishiguro, Hanif Kureishi und Monika Ali große Bedeutung gewonnen. Ihre Texte (und die entsprechenden Verfilmungen), beispielsweise Kureishis *My Beautiful Laundrette* (1984) oder Ishiguros *The Remains of the Day* (1989), portraitieren das Großstadtleben von Menschen, die aufgrund ihrer Abstammung, Klassenzugehörigkeit oder auch sexuellen Orientierung am Rande der Gesellschaft leben (müssen). Alis Roman *Brick Lane* (2004) wird unter dem Aspekt rezipiert, dass er einen tiefen Einblick in das Leben muslimischer Briten liefert.

Eine ähnliche Funktion übernehmen in den USA die Afroamerikanerinnen Alice Walker, deren *The Color Purple* (1982) auch ein Filmerfolg war, und Toni Morrison, mit *Beloved* (1987), die asiatisch-amerikanische Schriftstellerin Maxine Hong Kingston, mit *The Woman Warrior* (1976), der kubanisch-amerikanische Autor Oscar Hijuelos, mit *The Mambo Kings Play Songs of Love* (1990), oder indianische Autoren wie Louise Erdrich, mit *Love Medicine* (1984), und Thomas King, dessen *Green Grass, Running Water* (1993) mit indianischen Erzählformen spielt und zugleich die europäische Perspektive auf die „Entdeckung" Amerikas relativiert. In diesen Werken stehen oft Fragen nach der persönlichen, ethnischen aber auch nationalen Identität im Vordergrund. Die nach wie vor nicht problemfreie Integration von Menschen mit Migrationshintergrund schlägt damit auch in der Literatur direkt zu Buche.

Mit dieser neuerlichen Betonung der Bedeutung des historisch-gesellschaftlich-politischen Hintergrundes des Literatursystems, zu dem außer den Autoren natürlich Verleger, Buchhändler und Käufer mit all ihren politischen und ideologischen Erwartungen gehören, kehrt dieser Überblick zur englisch-amerikanischen Literaturgeschichte wieder zu seinem Ausgangspunkt zurück.

5_Die Interpretation literarischer Texte

5.1 Vorbemerkung

Anders als bei Gebrauchstexten, die in den meisten Fällen fast ausschließlich der Inhaltsvermittlung dienen, haben literarische Texte eine weitere Dimension, eben die literarische. Das **Wesen des Literarischen** genau zu bestimmen, ist allerdings ein schwieriges Unterfangen. In den vielen Jahrhunderten, seit die Dichter und Philosophen der Antike sich dieser Frage zuerst gewidmet haben, wurden unterschiedliche Antworten vorgeschlagen.

Keine dieser Antworten kann für sich allein vollkommen befriedigen, sie tragen jedoch gemeinsam dazu bei, die Grundbefindlichkeit literarischer Texte besser beschreibbar zu machen. Zugleich bedingt die jeweilige Definition der Literatur, wie man diese liest und interpretiert. Je nachdem, welche Merkmale man als wesentlich für die Literatur setzt, wird man in der folgenden Interpretation zu Ergebnissen kommen, die diese Grundannahmen widerspiegeln. Die unterschiedlichen Möglichkeiten, Literatur zu definieren, gehen auch mit unterschiedlichen **literaturtheoretischen Richtungen** einher, von denen hier einige knapp vorgestellt werden.

Der Versuch, Literatur mit **Fiktionalität** gleichzusetzen, hat zwar eine lange Tradition, kann aber nicht in allen Fällen befriedigen. Im anglistischen Bereich stellt sich etwa die Frage, ob Darwins *On the Origin of Species*, das ursprünglich als eine naturwissenschaftliche Monographie erschien, literarische Qualitäten hat und damit dem Korpus der englischen Literatur zuzurechnen ist. Die gleiche Frage stellt sich bei Autobiographien, vor allem, wenn sie von literarisch gesinnten Autoren stammen. Allein die Tatsache, dass der Sachverhalt nicht fiktional ist, darf diese Texte nicht automatisch vom Bereich der Literatur ausschließen.

Ein Grund dafür ist die Art der verwendeten Sprache. Die Literarizität als eine **Verfremdung der Alltagssprache** zu definieren, war ein zentrales Interesse der russischen **Formalisten** zu Beginn des 20. Jahrhunderts. Während diese Kritiker an lyrischen Texten gut zeigen konnten, dass die Dichte der bildhaften Ausdrücke in der Tat auffallend hoch ist, stellt sich in realistischen Romanen, beispielsweise von George Eliot, die Frage, ob das sprachliche Material wirklich verfremdet wird. Auch viele moderne Dramen verwenden bewusst eine natürliche Sprache: John Osbornes *Look Back in Anger* ist dafür ebenso ein gutes Beispiel wie das Werk von Harold Pinter.

Die literaturtheoretischen Entwicklungen der zweiten Hälfte des 20. Jahrhunderts haben den Begriff des Literarischen noch weiterführend thematisiert. Die **Rezeptionsästhetik** räumt vor allem dem Leser eine zentrale Funktion bei der Erschaffung literarischer Texte ein. Erst der Akt des Lesens erschaffe den literarischen Text, was auch zur Konsequenz hat, dass es vom Verhalten und der Einstellung der Leser abhängt, was als literarisch verstanden werden kann. Nach dieser Auffassung kann letztlich jeder Text literarisch gelesen werden.

Aus den psychoanalytischen Schriften von Sigmund Freud entwickelte sich bald auch eine entsprechende literaturwissenschaftliche Richtung. Kritiker aus dieser Schule zeigen, welche **psychischen Prozesse** in literarischen Werken aktiv beteiligt sind, wie das Unterbewusstsein von Autoren, Charakteren oder Lesern steuernd eingreift oder wie sich unterdrückte Bereiche unseres Trieblebens mit Metaphern indirekt ausdrücken.

Die **Strukturalisten** suchen in literarischen Texten nach einem Muster, das sich in allen Werken einer Gattung oder eines Typs wiederholt. Ein solcher Ansatz liegt der **traditionellen Erzähltheorie** zugrunde, die aus der Vielzahl von Romanen eine überschaubare Anzahl an Möglichkeiten des Erzählens herausgefiltert hat. Das strukturalistische Programm kritisch zu hinterfragen ist das Anliegen der **Poststrukturalisten** und **Dekonstruktivisten**. Sie glauben nicht mehr daran, dass „Tiefenstrukturen“

existieren und konzentrieren sich deshalb eher darauf, in einem Text Widersprüche aufzuweisen. Die postmoderne Kulturwissenschaft geht noch einen Schritt weiter und löst den Unterschied zwischen hoher Kunst und Populärkunst auf: Für sie ist letztlich jeder Text vor allem ein Text, dessen Bedeutung sich aus **ideologischen Machtbeziehungen** zusammensetzt, die es beim Lesen aufzuweisen gilt. Dabei werden ethnische, geschlechtliche oder soziale Unterschiede an den Ausgangspunkt für die interpretatorische Arbeit gestellt.

Die Vielzahl der Möglichkeiten, das Wesen der Literatur zu bestimmen und Literatur zu lesen, führt auch dazu, dass man jeden einzelnen Text auf viele unterschiedliche Arten lesen kann. Dieser **Methodenpluralismus** soll jedoch nicht den Eindruck vermitteln, als wäre jede beliebige Aussage über einen Text von einer Theorie gedeckt. Nach wie vor ist für gutes Interpretieren neben einem methodisch informierten Vorgehen vor allem wichtig, dass man die Behauptungen und Thesen, die man über einen Text aufstellt, auch direkt an konkreten Textstellen belegen kann. Das **sinnvolle und sorgfältige Zitieren** gehört damit zu den wichtigsten Fähigkeiten der literarischen Interpretation.

Die Aufteilung der Literatur in drei **Großgattungen** – Lyrik, Drama und Erzähltexte – vermittelt in doppelter Hinsicht einen falschen Eindruck. Zum einen suggeriert eine solche Gliederung, dass es nur drei Möglichkeiten gibt, sich literarisch zu äußern. Formen wie etwa der Essay kommen in einer solchen Aufteilung meist zu kurz. Man müsste also eigentlich eine weit größere Anzahl an Schreibarten beachten. Zum anderen kann der Eindruck entstehen, als ob die jeweilige Definition der drei Gattungen problemfrei sei. Die Frage, was überhaupt eine Gattung ausmacht, wird sehr unterschiedlich beantwortet. Einen großen Anteil an der Festlegung der Zugehörigkeit eines Textes zu einer bestimmten Gattung hat sicherlich der Leser.

Aus pragmatischen Gründen bietet es sich jedoch an, die Behandlung der Arbeitstechniken der literarischen Interpretation in drei Abschnitte aufzuteilen, die sich mit den jeweiligen Großgattungen beschäftigen. Die unterschiedlichen Kriterien, die man auf die literarische Analyse der jeweiligen Genres anwendet, gibt dabei eine Orientierung dafür, was die Eigenheiten der Gattungen sind.

Anwendung

Jeder der folgenden Unterabschnitte zu den drei Gattungen Lyrik, Drama und Prosa endet mit Modellanalysen in englischer Sprache. Sie sollen als Beispiele für die Verbindung der unterschiedlichen Aspekte gattungsspezifischer Textanalyse dienen und zugleich eine Hilfestellung für die englischsprachige Interpretationsarbeit liefern. Die Interpretationen zeigen auch, dass nicht jeder Beispieltext einer Gattung aller in der jeweiligen Sektion beschriebener Analysemethoden bedarf. Nicht jedes Gedicht bedient sich stark bildhafter Sprache; nicht jedes Drama verwendet unterschiedliche metrische Strukturen für die Charakterisierung der Figuren; nicht jeder Roman bedient sich aller Möglichkeiten der Bewusstseinsdarstellung. Wichtig für eine knappe literarische Interpretation ist deswegen die Konzentration auf entscheidende Aspekte eines Textes. Dafür sollen die folgenden Kategorien und Begriffe eine erste Anleitung geben.

Tipp: Literaturwissenschaft

Wie jede wissenschaftliche Disziplin hat auch die englische Literaturwissenschaft ihre eigenen Traditionen und Begrifflichkeiten entwickelt. Unterschiede zwischen deutschen und angelsächsischen Literaturbetrachtungen schlagen sich nicht nur in jeweils eigenen Fachtermini nieder (etwa der Verwendung von Genre als Synonym für Gattung), auch was überhaupt zum Bereich Kunst hinzu zu rechnen ist, folgt eigenen Konventionen. Von einem Nordamerikaner verwendet ist der Begriff culture nicht notwendigerweise identisch mit dem deutschen Wort Kultur.

5.2 Lyrik

5.2.1 Entwicklung der Lyrik

Lyrische Texte haben eine lange Tradition. Der Name leitet sich vom griechischen Wort für die Leier *(lyra)* ab und deutet darauf hin, dass es sich bei lyrischen Texten ursprünglich um mit musikalischer Begleitung vorgetragene Lieder handelte. In der Tat ist die Sangbarkeit der Lyrik eines ihrer zentralen Merkmale, das sich auch in der rhythmischen Struktur der Sprache zeigt.

Viele der frühen Gedichte wurden vor ihrer schriftlichen Fixierung mündlich überliefert. Die strenge Ordnung der lautlichen Struktur lyrischer Texte deutet somit ebenfalls das Alter dieses Genre an: Die Aufteilung eines Gedichts in Strophen, Verse und Versfüße sowie die Gliederung durch Reimschemata unterstützen das Auswendiglernen lyrischer Texte.

Es dauert schließlich bis zum Anfang des 20. Jahrhunderts, ehe sich die Lyrik fast vollkommen von Traditionen wie Reim oder Metrum befreit. Die Moderne Lyrik ist auf den ersten Blick oft nur noch daran zu erkennen, wie der Text auf der Seite arrangiert ist. Neben den kurzen Zeilen fallen dann jedoch meist auch die starke Bildhaftigkeit und die nach wie vor feststellbare lautliche Struktur von Gedichten auf.

Neben ihrer starken Strukturiertheit fällt bei der lyrischen Sprache auf, dass sie meist von der Alltagssprache abweicht. Die Tendenz zum sorgfältig gewählten Ausdruck und zum hohen Stil ist jedoch ebenfalls keine absolute Notwendigkeit. Spätestens seit der Romantik findet auch ein stärker alltäglich gefärbter Sprachduktus Eingang in die Lyrik. Viele Dichter des 20. Jahrhunderts verzichteten vollends darauf, in ihrer Sprache an den hohen Stil traditioneller Lyrik anzuschließen. Sogar bewusst umgangssprachliche Dichtung behauptet heute ihren Platz neben traditionelleren Formen.

5.2.2 Lyrische Formen

Ein wichtiges Merkmal lyrischer Texte ist die relative Kürze von Gedichten. Während japanische Haikus oder der in Großbritannien beliebte Limerick mit wenigen Versen auskommen, gibt es daneben allerdings auch Langformen. Lyrische Texte lassen sich somit außer nach Thema und Struktur auch nach ihrer Länge in unterschiedliche Gruppen einteilen. Die folgenden Beispiele führen nur einen Ausschnitt der großen Bandbreite lyrischer Formen vor.

Epische Gedichte, wie etwa John Miltons *Paradise Lost*, können durchaus die Länge von Romanen erreichen. Sie lassen sich als Loblied auf das Leben und die Taten eines Helden beschreiben. Der Musenanruf zu Beginn, der meist feierliche Ton und hohe Stil des **Epos** sowie die übernatürlichen Fähigkeiten des Helden gehören zum Inventar dieser lyrischen Form. Epen gehen oft auf mündlich überlieferte Schilderungen von Ereignissen zurückgeht, die sich zumindest ansatzweise auf eine tatsächliche Begebenheit beziehen.

Die **Ballade**, als mündlich überlieferter Text oder schriftliche Nachahmung der traditionellen Form, ist ebenfalls eine längere lyrische Form. Typisch für die Ballade ist eine stark narrative Struktur, womit sie sich deutlich von anderen Gedichttypen unterscheidet. Balladen ähneln somit Epen, sind aber zumeist deutlich kürzer.

Der **Limerick** zählt sicherlich zu den beliebtesten lyrischen Formen. Er hat als Nonsensedichtung seinen festen Platz in der englischen literarischen Tradition. Die Form wird von einem anapästischen Metrum bestimmt, das im ersten, zweiten und fünften Vers dreihebig, im dritten und vierten Vers zweihebig ist. Viele Limericks beginnen mit den Worten „There once was a man/woman ..." und verwenden Reime, die ihre komische Note aus Doppeldeutigkeiten und Betonungsverschiebungen beziehen.

>> BEISPIELE: LIMERICK

There was a young lady from Niger
Who smiled as she rode on the tiger.
They came back from the ride
With the lady inside,
And the smile on the face of the tiger.

There once was a man from Nantucket
Who kept all his cash in a bucket;
But his daughter named Nan
Ran away with a man,
And as for the bucket, Nantucket.

Margaret Ferguson et al. (Hrsg.): The Norton Anthology of Poetry: Shorter Fourth Edition. Norton, New York, 1977, Seite 1118

Der zweite Limerick spielt mit der Lautung von „Nan took it" und zeigt dabei die Freude des Limerick am Wortwitz.

Nach dem Vorbild von Texten Petrarcas entsteht im 14. Jahrhundert in Italien das **Sonett** als lyrische Form. Von Beginn an ist deren Hauptthema die Liebe. Ein petrarkistisches Sonett gliedert sich traditionell in zwei Quartette (= Oktett) und zwei Terzette (= Sextett), die inhaltlich These und Gegenthese liefern. Viele englische Lyriker fanden die strenge Limitierung des Originals auf nur wenige Reimlaute für ein 14-zeiliges Gedicht zu einschränkend, weswegen sich in England bald eine neue strophische Gliederung durchsetzte, die im Gegensatz zum „klassischen" Sonett den Namen **Englisches Sonett** oder auch **Shakespearean Sonnet** trägt. Es zeichnet sich durch die Aufteilung in drei Quartette und ein abschließendes *heroic couplet* aus, das die Thematik des Gedichts noch einmal prägnant zusammenführt, beziehungsweise sogar in ein neues Licht stellt.

5.2.3 Subjektivität

Eines der wichtigsten Merkmale, das lyrische Werke deutlich von den Texten der Großgattungen Dramatik und Erzähltexte unterscheidet, ist die besondere „Stimme" von Gedichten. Grundsätzlich ist entscheidend, dass man zwischen dem Autor und dem „Ich" des Gedichtes differenziert: Auch lyrische Texte drücken nicht direkt und notwendigerweise die Meinung des Autors aus. Die Stimme, die in einem Gedicht spricht, nennt man das **lyrische Ich**. Je nachdem, ob es direkt in Erscheinung tritt oder nicht, unterscheidet man zwischen einem expliziten und einem impliziten lyrischen Ich. Im folgendem Gedicht von W. H. Auden tritt das lyrische Ich explizit auf:

>> BEISPIEL

W. H. Auden Twelve Songs, IX (1936)

Stop all the clocks, cut off the telephone,
Prevent the dog from barking with a juicy bone,
Silence the pianos and with muffled drum
Bring out the coffin, let the mourners come.

Let aeroplanes circle moaning overhead
Scribbling in the sky the message He Is Dead,
Put crêpe bows round the white necks of the
public doves,
Let the traffic policemen wear black cotton gloves.

He was my North, my South, my East and West,
My working week and my Sunday rest,
My noon, my midnight, my talk, my song;
I thought that love would last for ever: I was
wrong.

The stars are not wanted now: put out every one;
Pack up the moon and dismantle the sun;
Pour away the ocean and sweep up the wood;
For nothing now can ever come to any good.

W. H. Auden: Collected Poems. Faber & Faber, London, 1976, Seite 120

Sowohl das Possessivadjektiv „my" als auch das klare „I" verdeutlichen, dass hier eine Stimme spricht. Dieses lyrische Ich empfindet und drückt eine Reihe von Gefühlen aus: Trauer, Enttäuschung, Verzweiflung. Dabei wird deutlich, dass die Umwelt nur bedingt diese Trauer teilt. Zwar nehmen andere Menschen („mourners") an der Trauerfeier statt; aber der verzweifelte Versuch, selbst Hunde, Flugzeuge und Polizisten in den persönlichen Schmerz einzubeziehen, zeigt zugleich, dass der Tod des geliebten Menschen für das lyrische Ich eine zutiefst persönliche und eigene Erfahrung ist. Gerade dieser Ausdruck des Persönlichen zeichnet die literarische Gattung der Lyrik aus: Man spricht deswegen auch von der Subjektivität als einem zentralen Merkmal lyrischer Texte.

Nicht alle Gedichte lassen ihre Subjektivität so direkt erkennen wie die Verse von Auden. Oft muss man sich das subjektive Empfinden erst erschließen, dann nämlich, wenn das lyrische Ich nur implizit vorhanden ist, wie im folgenden Beispiel:

>> BEISPIEL

William Blake, The Tyger (1794)

Tyger! Tyger! burning bright
In the forests of the night,
What immortal hand or eye
Could frame thy fearful symmetry?

In what distant deeps or skies
Burnt the fire of thine eyes?
On what wings dare he aspire?
What the hand, dare seize the fire?

And what shoulder, & what art,
Could twist the sinews of thy heart?
And when thy heart began to beat,
What dread hand? & what dread feet?

What the hammer? what the chain?
In what furnace was thy brain?
What the anvil? what dread grasp
Dare its deadly terrors clasp?

When the stars threw down their spears,
And water'd heaven with their tears,
Did he smile his work to see?
Did he who made the Lamb make thee?

Tyger! Tyger! burning bright
In the forests of the night,
What immortal hand or eye
Dare frame thy fearful symmetry?

Margaret Ferguson et al. (Hrsg.): The Norton Anthology of Poetry: Shorter Fourth Edition. Norton, New York, 1997, Seite 395

In Blakes Gedicht wird der Konflikt zwischen dem furchteinflößenden mächtigen Tiger und dem gütigen Gott der Bibel thematisiert. Die sublime Macht der Natur, zu der neben dem harmlosen Lamm auch das Raubtier Tiger gehört, tritt aus dem Empfinden des Gedichts hervor, lässt sich aber nicht an einer konkreten Stimme festmachen. Das lyrische Ich, das diese Stimmung empfindet, kann man nur dadurch bestimmen, dass das zentrale Objekt des Gedichts, der Tiger, aus einer persönlichen, subjektiven Warte beschrieben wird. Es handelt sich bei diesem Text ganz offensichtlich nicht um einen Gebrauchstext oder eine biologische Abhandlung über die Spezies Tiger, sondern um ein dichterisches Bild, das den Tiger als Anlass für weiterführende Gedanken zu Fragen des Lebens, der Religion und der Situation des Menschen in der Welt nimmt.

Jedes lyrische Ich, egal ob explizit oder implizit vorhanden, wendet sich an ein **lyrisches Du**, das ebenfalls wieder explizit oder implizit vorhanden sein kann. In Audens Gedicht ist die Beschreibung des lyrischen Du nicht ganz einfach. Der erste Vers richtet sich mit den Imperativen „Stop all the clocks, cut off the telefone" (Z. 1) an jemanden, der ungenannt bleibt. Da der Geliebte, wie man bald feststellt, nicht mehr lebt – „He Is Dead" (Z. 6) – , handelt es sich beim lyrischen Du wohl um jemand anderes. Die weite Streuung der angesprochenen Personen macht deutlich, dass weniger ein einzelner Mensch als eher ein Gruppe gemeint ist. In der Tat richtet sich das Gedicht an das Umfeld des Trauernden, an die allgemeine Gesellschaft jenseits der Trauergäste.

In Blakes Gedicht ist das lyrische Du der Tiger. Allerdings wird der Tiger eher angerufen als direkt angesprochen. Sowohl der Tiger als auch das Lamm sind durch die Großschrift zusätzlich betont. Das Wort „god" steht dagegen ohne Großbuchstaben, wodurch das lyrische Du, der Tiger in seiner Stellvertreterposition für die natürliche Energie, nicht nur als Gegensatz zur göttlichen Macht gesetzt wird, sondern sogar als dieser eventuell überlegen geschildert wird.

5.2.4 Lyrische Syntax

Die starke Künstlichkeit der lyrischen Sprache zeigt sich teilweise auch in der syntaktischen Auflösung ihrer Sätze. Aufgrund metrischer Begebenheiten kann der Satzbau eines Verses von den „normalen" Regeln der Sprache abweichen. Formen wie **Chiasmus** (*chiasmus*), die überkreuzte oder umgekehrte Anordnung von gleichen Satzelementen in unterschiedlichen Sätzen, oder **Parallelismus** (*parallelism*), die identische Abfolge von Satzgliedern in mehreren Sätzen, haben dabei ebenso wie andere von der Sprachnorm abweichende Elemente meist auch inhaltliche Bedeutung, wollen also etwa ein bestimmtes Wort betonen. Der wiederholt auftretende **Parallelismus** der Fragesätze in Blakes Gedicht *The Tyger* zeigt sich beispielsweise in den Versen „Did he smile his work to see? / Did he who made the Lamb make thee?" (Z. 19–20).

Weitere syntaktische Formen

Ellipse	(ellipsis): Auslassung eines Satzteils
Inversion	(inversion): Umkehrung des normalen Satzbaus
Asyndeton	(asyndeton): Aneinanderreihung von Satzteilen ohne Konjunktion

5.2.5 Versfuß und Metrum

Die meisten Gedichte vor der Moderne zeichnen sich durch eine sehr stark strukturierte innere Form aus. Liest man ein solches Gedicht, fällt schnell auf, dass die Abfolge der betonten und unbetonten Silben in Mustern auftritt. Man unterscheidet je nach Betonungsmuster unterschiedliche Versfüße:

- **Jambus** (*iamb*): eine unbetonte und eine betonte Silbe
  „A síght so tóuching ín its májestý"
- **Trochäus** (*trochee*): eine betonte und eine unbetonte Silbe
  „Týger! Týger! búrning bríght"
- **Spondeus** (*spondee*): zwei betonte Silben
  Wíld mén who cáught and sáng
  (nach dem Spondeus hier Jamben)
- **Daktylus** (*dactyl*): eine betonte und zwei unbetonte Silben
  „Cánada"
- **Anapäst** (*anapest*): zwei unbetonte und eine betonte Silbe
  „They came báck from the ríde"
- **Amphibrach** (*amphibrach*): eine betonte Silbe mit je einer unbetonten Silbe vorher und nachher
  „ambítious"

Um den vorherrschenden Versfuß eines Gedichts zu bestimmen, sucht man nach der kleinsten sich wiederholenden Einheit von betonten und unbetonten Silben. Liest man also „xx́xx́xx́", ist es ein jambischer Versfuß. Wiederholen sich, wie in einem Limerick, immer „xxx́xxx́xxx́", liegt ein Anapäst vor. Je nachdem, wie oft ein Versfuß pro Vers (Zeile) wiederholt wird, spricht man von einem drei-, vier- oder fünfhebigen Versmaß. Die entsprechenden griechischen Begriffe lauten Trimeter (3), Tetrameter (4), Pentameter (5), Hexameter (6) etc. In einem jambischen Pentameter findet man demnach in jedem Vers fünf Gruppen von je zwei Silben, wobei immer die zweite betont ist.

Natürlich halten sich nicht alle Gedichte immer an ihr Versmaß. Vielmehr verwenden manche Dichter Variationen, durch die sie bestimmte Textpassagen hervorheben. Im Gedicht von Auden werden die regelmäßig jambischen Verse der dritten Strophe am Ende durch eine Pause vor dem „I was wrong" unterbrochen. Dadurch bekommt diese Aussage besonderes Gewicht, und in der Tat drückt sich hier der zentrale Schmerz des lyrischen Ichs darüber aus, dass seine Liebe nicht endlos währte. Eine solche Unterbrechung oder Pause innerhalb eines Verses nennt man **Zäsur** (*caesura*). Richtig erkannte Zäsuren ermöglichen es, die Aussage eines Gedichtes besser zu verstehen. Oft hilft dabei die Interpunktion, da vor Zäsuren häufig ein Gedankenstrich, Strichpunkt oder Doppelpunkt steht. Das Gegenstück zur Zäsur ist das **Enjambement** (*enjambment*), der Zeilensprung. Dabei geht eine Sinneinheit über ein Zeilenende hinaus und in den nächsten Vers hinein. In der ersten Strophe von Audens Gedicht läuft der dritte Vers unmittelbar in den vierten weiter. Der Satz „and with muffled drum / Bring out the coffin" bereitet mit seinem Enjambement bereits auf die direkt anschließende Zäsur vor. Ein Enjambement ist in der Wirkung aufmerksamkeitsheischend; es markiert oftmals Textpassagen großer Bedeutung.

Das bisher Beschriebene soll auf keinen Fall den Eindruck erwecken, als müssten Gedichte in monotoner Abfolge von betonten und unbetonten Silben gelesen werden. Neben der metrischen Struktur sind lyrische Texte auch von der Klangfarbe der einzelnen Wörter, der Länge der jeweiligen Silbe und schließlich dem Betonungsmuster der verwendeten Wörter in der normalen Sprache bestimmt. Erst wenn diesen Aspekten beim (lauten) Lesen eines Gedichtes Rechnung getragen wird, entsteht ein Eindruck vom **Rhythmus** (*rhythm*) eines lyrischen Textes. Der Rhythmus entsteht gerade aus dem Wechselspiel von metrischer Struktur und der lautlichen Realisation des Textes.

5.2.6 Strophe und Reim

Die nächst größere Ordnungseinheit eines Gedichts nach Versfuß und Vers ist die **Strophe** (*stanza*), die man oft schon durch die Anordnung des Textes auf der Seite erkennen kann: Leerzeilen (oder andere optische Merkmale) trennen meist die Strophen. Dies dient jedoch weniger der optischen, sondern vor allem der inhaltlichen Gliederung eines Gedichts. Je nach Anzahl der in einer Strophe enthaltenen Verse unterscheidet man zwischen Terzett (3 Verse), Quartett (4), Oktett (8), etc. Die häufigsten englischen Begriffe lauten *couplet* (2), *tercet* (3), *quatrain* (4), *sestet* (6) und *octave* (8).

Die Strophe ist gleichzeitig auch die Größeneinheit eines Gedichts, innerhalb deren das Reimschema deutlich wird. Altenglische Gedichte verlegen den lautlichen Gleichklang an den Wortanfang und sind in **Stabreimen** geordnet; in der **Alliteration** (*alliteration*), also der Wiederholung des Anlautes in mehreren Wörtern, lebt diese Tradition fort. In Gedichten der Neuzeit findet sich verstärkt die Tendenz, den Gleichlaut als **Endreim** (*end-rhyme*) an das Versende zu verlegen. Dabei sollen die Laute oder Phoneme ab dem letzten betonten Vokal gleich klingen. Allerdings gibt es neben diesem **reinen Reim** (*true rhyme*) auch andere Möglichkeiten, durch Gleichklang ein Reimschema zu etablieren. Je nachdem, wie viele der Lautungen übereinstimmen, unterscheidet man zwischen verschiedenen Reimen:

- **männlicher oder stumpfer Reim** (*masculine rhyme*): Gleichklang ab dem Vokal der betonten letzten Silbe (*bet / let*)
- **weiblicher oder klingender Reim** (*feminine rhyme*): Gleichklang ab dem Vokal der betonten vorletzten Silbe (*better / letter*)
- **dreisilbiger Reim** (*triple rhyme*): Gleichklang ab dem Vokal der betonten drittletzten Silbe (*bettering / lettering*)

Neben den „echten" Reimen kann lautliche Strukturiertheit auch durch den Gleichklang nur der Vokale (*house / foul*) entstehen, dann **Assonanz** (*assonance*) genannt; oder durch den Gleichklang nur der Konsonanten (*feel / fool*), genannt **Konsonanz** (*consonance*).

Gerade bei älteren Texten sollte man sich der Tatsache bewusst sein, dass sich durch den **Sprachwandel** auch die Aussprache einzelner Wörter verändern kann. Findet man in einem Gedicht, das durchgängig gereimt ist, ein Wortpaar, das sich nach moderner Aussprache nicht reimt, sollte man prüfen, ob ein **historischer Reim** (*historical rhyme*) vorliegt.

Die lautliche Übereinstimmung zweier Versenden bildet somit einen Reim. Das Reimschema beschreibt man, indem alle reimenden Verse mit einem identischen Buchstaben markiert werden. Für die häufigsten der daraus entstehenden Gruppierungen von Endreimen existieren die folgenden Begriffe:

- **Paarreim** (*rhyming couplet*): zwei unmittelbar aufeinander folgende Verse (aa bb cc ...)
- **Kreuzreim** (*alternate rhyme*): je zwei alternierende Reime (abab cdcd efef ...)
- **umarmender Reim** (*embracing rhyme*): ein Paarreim umgeben von zwei reimenden Versen (abba cddc effe ...)
- **geschweifter Reim** (*tail rhyme*): auf wechselnde Paarreime folgt ein sich reimender weiterer Vers (aab ccb ddb ...)
- **Kettenreim** (*chain rhyme*): der von einem Reimpaar umgebene mittlere Vers wird zum Reimpaar der nächsten Dreiergruppe (aba bcb cdc ...)

Das folgende Gedicht von William Wordsworth, *Composed Upon Westminster Bridge*, zeigt, wie schon das Reimschema eine deutliche Hilfestellung für die inhaltliche Deutung eines Gedichts geben kann.

>> BEISPIEL

William Wordsworth Composed upon Westminster Bridge, September 3, 1802

Earth has not anything to show more fair:
Dull would he be of soul who could pass by
A sight so touching in its majesty:
This City now doth, like a garment, wear
The beauty of the morning; silent, bare,
Ships, towers, domes, theatres, and temples lie
Open unto the fields, and to the sky;
All bright and glittering in the smokeless air.
Never did sun more beautifully steep
In his first splendour, valley, rock, or hill;
Ne'er, saw I, never felt, a calm so deep!
The river glideth at his own sweet will:
Dear God! the very houses seem asleep;
And all that mighty heart is lying still.

William Wordsworth: The Works of William Wordsworth. Wordsworth, Ware, 1994, Seite 269

Das Reimschema tritt zuerst durch den umfassenden Reim des ersten Quartetts in Erscheinung: Die Wörter „fair" und „wear" umarmen dabei den zweiten und dritten Vers. So entsteht ein typisches „abba" Muster. Das zweite Quartett wiederholt die Reimlaute, folgt also der „abba" Struktur des ersten Quartetts. Man könnte diese erste Großeinheit auch Oktett nennen, und in der Tat bilden die ersten acht Verse eine Sinneinheit: Das lyrische Ich beschreibt, in noch relativ neutralen Tönen, den Anblick der Großstadt London. Es ist wohl noch sehr früh am morgen, da vor allem die Abwesenheit anderer Menschen und jeglicher Aktivität auffällt. Die starke Personifizierung der Stadt führt dazu, dass ein Eindruck von ihrer Schönheit als Menschenwerk entsteht. Die nächsten Verse führen neue Reime ein: Die Endlautung der Wörter „steep" und „hill" wiederholt sich in den abschließenden Versen, die im Reimschema „cdc dcd" entweder als zwei Terzette und damit als Kreuzreim, oder als Sextett mit einem alternierenden Reim geordnet werden können. Im Gegensatz zum Oktett am Anfang des Gedichts schildert das abschließende Sextett das persönliche Empfinden des lyrischen Ich, das in Vers 11 auch erstmals explizit in Erscheinung tritt.

Im Oktett wird die bereits in Vers 4 durch den Bezug auf Kleidung personifizierte Stadt nun vollends zu einem komplexen Organismus: Das abschließende Bild des „mächtigen Herzens" („mighty heart") betont die zentrale Spannung des Gedichts, die sich aus dem Gegensatz der im Morgengrauen noch schlafenden Stadt London und ihrer tatsächlichen globalen Bedeutung als Zentrum eines Imperiums nährt. Die (wie die typischerweise sublim beschriebene Natur der Romantiker) hier erhaben beschriebene Stadt vermittelt damit ein quasi-religiöses Empfinden. Die Großschreibung der beiden Wörter „City" und „God" betont dieses innere Verhältnis zwischen den beiden Bereichen. Wordsworth folgt in der Struktur seines Gedichtes, der Gliederung in ein Oktett und ein Sextett, eng der Vorlage von Petrarka. Allerdings weicht sein Sonett von der typischen Liebesthematik dieser lyrischen Form ab. Shakespeare dagegen verwendet in dem folgenden Sonett die englische Variante dieser lyrischen Untergattung:

>> BEISPIEL

William Shakespeare Sonnet 138

When my love swears that she is made of truth,
I do believe her, though I know she lies,
That she might think me some untutor'd youth,
Unlearned in the world's false subtleties.
Thus vainly thinking that she thinks me young
Although she knows my days are past the best,
Simply I credit her false-speaking tongue:
On both sides thus is simple truth suppress.
But wherefore says she not she is unjust?
And wherefore say not I that I am old?
O! love's best habit is in seeming trust,
And age in love loves not to have years told:
  Therefore I lie with her, and she with me,
  And in our faults by lies we flatter'd be.

William Shakespeare: The Complete Works of William Shakespeare. Pordes, London, 1993, Seite 1218

Das Reimschema in Shakespeares Sonett ist ebenfalls hilfreich für das Verständnis des Gedichts. Das Schema lässt sich mit abab cdcd efef gg einfach darstellen. Anders ausgedrückt: Auf drei Quartette folgt ein Paarreim. Da dieser in der Form eines jambischen Pentameters auftritt, kann man ihn auch direkt als *heroic cou-*

plet benennen. Die Sonderstellung der letzten beiden Verse beruht nicht nur auf dem neuen Reim, sondern bezieht sich auch auf die inhaltliche Seite: Wie in den meisten Sonetten, die dieser Gliederung folgen, liefert das *heroic couplet* eine Art von Synthese oder Zusammenfassung der in den Quartetten vorgestellten Thematik.

In Sonett 138 zeigt das *heroic couplet*, dass es sich bei der „Liebe" zwischen dem lyrischen Ich und der als „my love" bezeichneten Angebetenen (die hier übrigens nicht als lyrisches Du direkt angesprochen wird) bestenfalls um eine Zweckbeziehung handelt. Die Doppeldeutigkeit des Wortspiels um „lie", das sowohl „liegen" als auch „lügen" bedeuten kann, impliziert in den letzten beiden Versen, dass es sich bei der hier beschriebenen Liebe („lie with her") eben um eine Lüge handelt, wie es in den ersten beiden Versen des Gedichts bereits indirekt angesprochen wurde.

Tipp: Formale Gedichtanalyse

Bei der Analyse von formalen Aspekten eines lyrischen Textes (Versfuß, Metrum, Reimschema etc) sollte stets die inhaltliche Deutung des Gedichts im Vordergrund stehen. Die Benennung eines bestimmten Reimschemas liefert auf sich allein gestellt selten etwas Spannendes; erst die Beschreibung der Wirkung einer konkreten Gliederung liefert einen sinnvollen Kommentar.

5.2.7 Stilmittel: Bildhaftigkeit

Auf der sprachlichen Seite zeichnen sich lyrische Texte durch eine große Dichte von Stilmitteln aus, die zwar auch in der Alltagssprache (und etwa in Drama und Roman) existieren, in der Lyrik aber gedrängt zum Einsatz kommen. Gerade die Verwendung bildhafter Sprache verdeutlicht dies gut. Während ursprünglich **metaphorische Ausdrücke** wie „Tischbein" mittlerweile ihre Bildkraft verloren haben, treten neu geschaffene **Metaphern**, **Metonymien** oder **Synekdochen** in lyrischen Texten stark in den Vordergrund. Bei allen drei Stilmitteln handelt es sich um uneigentliche Wortverwendungen, die dem Vergleich ähnlich sind, aber ohne ein Vergleichspartikel (wie / *like*) auskommen.

Statt jemanden mit einem **Vergleich** (*simile*) zu beschreiben („er ist stark wie ein Löwe"), verlangt die **Metapher** (*metaphor*) von ihren Lesern eine höhere Eigenarbeit. Bei einem Ausdruck wie „er ist ein Löwe" müssen die Leser selbst erkennen, welche Eigenschaft des Tieres hier angesprochen ist. Eine Metapher überträgt ein Wort aus einem Bereich in einen sinnverwandten anderen, wobei ein bestimmter Aspekt der ursprünglichen Bedeutung erhalten bleibt, hier also die vermeintliche Stärke eines Löwen. Metaphorische Ausdrücke wie „Tina ist ein Fuchs" oder „Tim ist ein Wirbelwind" wollen ebenfalls nur einen bestimmten Aspekt (Fuchs = schlau; Wirbelwind = Chaos bringend) in ihrer Verwendung evozieren. Diesen gemeinsamen Bereich nennt man **tertium comparationis**: das dritte des Vergleichs. Das Ähnlichkeitsverhältnis zwischen dem verwendeten Wort und dem dadurch bildhaft Bezeichneten führt auch zu den Begriffen Bildspender (Fuchs / Wirbelwind) und Bildempfänger (Tina / Tim).

Eine weitere Art der bildhaften Sprachverwendung ist die **Metonymie** (*metonymy*). Sie kann ebenfalls als uneigentlicher Vergleich bezeichnet werden, unterscheidet sich jedoch im Verhältnis von Bildspender und Bildempfänger. Bei einer Metonymie verwendet man ein Wort für ein anderes, mit dem es in einem engen Sinnzusammenhang steht. Eine Frage wie „Kann ich noch eine Tasse haben?" verwendet „Tasse" metonymisch, da mit der Aussage kaum je eine Bitte um ein Stück Geschirr, sondern (meistens) um ein weiteres Getränk verbunden ist. Anders ausgedrückt ermöglicht der enge Sinnzusammenhang zwischen Tasse und Inhalt die metonymische Verwendung. In einem Ausdruck wie „Der Buckingham Palace nimmt dazu nicht Stellung" ist natürlich nicht das Gebäude gemeint, sondern die darin ansässige Monarchin: Es handelt sich also ebenfalls um eine Metonymie.

Die dritte häufig verwendete Form der bildhaften Sprache ist die **Synekdoche** (*synecdoche*). Bei ihr steht ein Teil für ein Ganzes (*pars pro toto*) oder umgekehrt das Ganze für den Teil (*totum pro parte*). Wer sich „in den Sattel schwingt" oder „gegen das Leder tritt" verwendet den Sattel als Synekdoche für das Fahrradfahren beziehungsweise die Lederhülle für das Fußballspiel.

Obwohl die bildhafte Verwendung von Sprache auch im Alltag eine große Rolle spielen kann, ist die Bedeutung dieser Stilmittel in lyrischen Texten ungleich größer, nicht zuletzt weil Dichter wesentlich bewusster mit konkreten Bildern spielen. Allen bildhaften Stilmitteln ist gemein, dass sie einen bestimmten Aspekt einer Situation verdeutlichen wollen, der durch direkte, nicht bildhafte Ausdrucksweise nicht in gleicher Weise zur Geltung käme. Damit können lyrische Texte vermeintlich vertraute Gegenstände und Situationen in einem neuen, verfremdeten Licht erscheinen lassen.

In Audens Gedicht (→ Seite 61) ist die Verwendung von „moaning" in Vers 5 eine Metapher. Da das Fluggeräusch von Flugzeugen normalerweise nicht mit diesem Verb ausgedrückt wird, stellt sich die Frage, warum Auden dieses Bild verwendet hat. Mit „moaning" beschreibt man normalerweise das jammernde Klagen von Menschen. Die Übertragung auf ein Flugzeug bezeugt den Wunsch des lyrischen Ichs, alle Welt solle an der eigenen Trauer teilhaben. Die Unmöglichkeit dieser Situation zeigt zugleich, wie stark die Trauer einen normalen Umgang mit der Umwelt unmöglich gemacht hat. Die dritte Strophe des Gedichts beginnt mit drei Versen, die fast vollkommen aus Metaphern bestehen. In der Darstellung der Bedeutung des geliebten Menschen durch Bilder, die alle Himmelsrichtungen, alle Zeiten und alle Aussagen umfassen, zeigt sich, dass für das lyrische Ich durch den Tod des Partners wahrlich alles ein Ende findet. Genau dieser Anspruch auf die Absolutheit der Liebe wird durch die Worte nach der Zäsur im letzten Vers der dritten Strophe relativiert. Die Bildhaftigkeit der Strophe wird durch die simple und direkte Äußerung „I was wrong" als unrealistisch entlarvt.

Selbstverständlich gibt es noch eine ganze Reihe anderer Stilmittel, die zum Teil ebenfalls eine bildhafte Sprachverwendung darstellen:

- Der **Euphemismus** ist die positive und beschönigende Darstellung eines negativen Sachverhalts. In Shakespeares Sonett lässt sich „my days are past the best" (Vers 6) so deuten, dass sich das lyrische Ich nicht einmal sich selbst gegenüber das eigene Alter eingestehen will: Die euphemistische Verwendung bestärkt damit die lügnerische Gesamtstimmung des Gedichts.
- Die **Hyperbel** ist eine deutliche Über- oder Untertreibung. In Audens Gedicht beinhalten die ersten drei Verse der letzten Strophe stark übertriebene Imperative: Durch diese Betonung oder Emphase wird zum Schluss des Gedichts noch einmal die Tragweite der Trauer verdeutlicht.
- Der **Hendiadyoin** ist die Verwendung zweier sehr ähnlicher Wörter, meist durch ein „und" verbunden. Bei Wordsworth bereitet der Ausdruck „bright and glittering" (Vers 8) auf den Sonnenaufgang im folgenden Vers vor. Das helle Strahlen der Sonne wird durch die Doppelung zusätzlich betont.
- Das **Oxymoron** besteht aus zwei gegensätzlichen Worten, etwa „süß-sauer".
- Das **Paradoxon** verbindet Worte oder Gedanken, die zuerst einen Widerspruch ergeben, nach kurzem Nachdenken jedoch auf einen tieferen Sinn hinweisen.

5.2.8 Stilmittel: Wortwiederholung

Die Kürze eines lyrischen Textes sollte es einem Dichter normalerweise möglich machen, aus dem riesigen Wortschatz einer Sprache unterschiedliche Wörter auszuwählen. Wenn man noch dazu bedenkt, dass die meisten Gedichte nicht so einfach eben mal aufgeschrieben werden, sondern vielmehr das Ergebnis wiederholten Umschreibens und oftmaligen, mitunter mühsamen Verbesserns sind, so wird klar, dass Wortwiederholungen wohl vom Dichter gewollt eingesetzt werden. Hat man eine solche Wiederholung entdeckt, stellt sich die Frage, welche Funktion mit dieser Betonung eines bestimmten Wortes verbunden ist. Anders ausgedrückt sollte man überlegen, welche Arbeit eine Wortwiederholung bei der Konstruktion der lyrischen Bedeutung leistet.

Je nachdem, wo im Vers und wie die Wiederholung auftritt, kann man unterschiedliche Typen unterscheiden.

Anapher	Wiederholung am Anfang von Versen oder Sätzen
Epipher	Wiederholung am Ende von Versen oder Sätzen
Epanalepse	unmittelbare oder nur durch ein bis zwei Wörter unterbrochene Wiederholung
Polyptoton	Wiederholung in verschiedenen Flexionsformen
Figura etymologica	Wiederholung in verschiedenen Wortarten

In Vers 5 von Shakespeares Sonett (→ Seite 65) fällt auf, dass das Verb „think" in unterschiedlichen Flexionsformen verwendet wird: „Thus vainly thinking that she thinks me young". Während man in einem Liebesgedicht wohl eher von Gefühlen oder Leidenschaft zu hören erwartet, betont Shakespeares Sonett mit diesem Polyptoton das Denken. Das kalte, rationalistische Kalkül wird der Liebesthematik entgegengestellt. Die Verwendung des Wortes „credit" bestätigt diesen materialistischen Eindruck.

Die dreifache Wiederholung von „And" am Anfang der Verse 10, 12 und 14 stellt eine Anapher dar. Sie betont, dass sich das lyrische Ich mit dem Beziehungs-Arrangement abgefunden hat: Es zeigt die Monotonie dieser Situation.

In Wordsworths Gedicht (→ Seite 65) betont die dreifache Wiederholung von „never", die zugleich Anapher und Epanalepse ist, die Einzigartigkeit des Erlebnisses. Erst durch die einzigartigen Umstände dieses besonderen Morgens kommt es zu dem subjektiven Empfinden, das den Anlass für das Gedicht liefert.

Noch auffälliger verwendet Auden das Possessivpronomen „my" in der dritten Strophe seines Gedichts, die mit der Feststellung „I was wrong" endet. Die Totalität des Verlusts wird dem lyrischen Ich dadurch deutlicher, dass die Absolutheit der Gegenwart des geliebten Menschen noch einmal in Erinnerung gerufen wird. Durch die Wortwiederholung wird dieser Eindruck deutlich bestärkt.

5.2.9 Beispielanalysen

>> BEISPIELANALYSE 1

Christopher Marlowe (1564–1593) **The Passionate Shepherd to His Love**

Come live with me, and be my love,
And we will all the pleasures prove
That valleys, groves, hills and fields,
Woods, or steepy mountain yields.

And we will sit upon the rocks,
Seeing the shepherds feed their flocks
By shallow rivers, to whose falls
Melodious birds sing madrigals.

And I will make thee beds of roses,
And a thousand fragrant posies,
A cap of flowers, and a kirtle,
Embroidered all with leaves of myrtle.

A gown made of the finest wool
Which from our pretty lambs we pull,
Fair lined slippers for the cold,
With buckles of the purest gold.

A belt of straw and ivy buds,
With coral clasps and amber studs,
And if these pleasures may thee move,
Come live with me, and be my love.

The shepherd swains shall dance and sing
For thy delight each May-morning.
If these delights thy mind may move,
Then live with me, and be my love.

Christopher Marlowe: The Collected Poems of Christopher Marlowe. Oxford University Press, New York, 2006, Seiten 157–158

Christopher Marlowe's poem belongs to the tradition of pastoral poetry: it presents the lives of shepherds in an idealized manner. The lyrical *I* approaches the lyrical *you* with promises of love and devotion. The natural environment appears as a bountiful source of beauty – all, it seems, in the service of the pair of lovers.

The poem follows its metre and rhyme scheme very strictly. An iambic tetrameter is observed throughout; all the quatrains consist of two rhyming couplets. When the poem, in the first verse of the third stanza, switches from the dominant masculine to a feminine rhyme, it keeps this pattern for the whole stanza. For the modern reader, the renaissance text has a few surprises in terms of word stress and also pronunciation: the first and the last couplet are examples of an historical rhyme; the word „lined" in verse 15 has two syllables. If one considers all the historical changes, the poem shows remarkable regularity and a very smooth rhythm.

The tone of the poem is light: not only do the scenes, like the sitting on a rock in verse 5 or the bird song in verse 8, exude an atmosphere of ease and relaxation, there is hardly a moment in the poem where the lyrical *I* seems ruled by passion. The love expressed in the poem in fact concentrates on an almost courtly celebration of romantic love. The second verse, with its mentioning of "pleasure", is about the only reference to sexual love. However, verse 19, which repeats "pleasures", implies that the lyrical I does not think of his beloved as a lover. While metaphorical language in love poetry is often a coded form of describing sexual love, this poem does not follow such a strategy. In fact, the ideal of pastoral love presented in this poem seems to be free of sexual desire.

Instead, the area from which imagery is drawn, namely nature, hints at a different understanding of the role of love. The conspicuous absence of passion and the focus on the detailed description of the shepherds' environment together lend weight to the notion that the poem is not in the strict sense of the word a love poem; or rather, that Marlowe's work is less in praise of passionate (physical) love but instead a celebration of a life-style that, for most of his contemporaries, has been lost. What the poem then expresses is great admiration for the natural environment, the purity of flowers, rivers, lambs, or straw. While many love poems praise the beloved by going over all of her or his beautiful attributes, this poem provides no information about the lyrical *you*: the object of love becomes almost unimportant. It would also be possible to see in this refusal to acknowledge the individuality of the beloved woman a certain unwillingness to see her as anything but "my love". Marlowe's poem thus fits in the idealistic tradition of pastoral poetry. It praises the purity and beauty of nature, while it presents love as untainted by sexual desire. As a result, it celebrates life as a sequence of leisurely amusements in a beautiful natural environment.

The absence of a critical attitude towards questions of love, work, gender identity, or social issues in general hints at the fact that Marlowe's poem was written for an audience that did not feel the need for social change, either out of complacency or out of a feeling that subordination to social inequalities was an unchangeable necessity. It is precisely such an audience that may have appreciated the kind of dreamy utopianism that is one of the trademarks of pastoral poetry.

>> BEISPIELANALYSE 2

Dylan Thomas Do not go gentle into that good night

Do not go gentle into that good night,
Old age should burn and rave at close of day;
Rage, rage against the dying of the light.

Though wise men in their end know dark is right,
Because their words had forked no lightning they
Do not go gentle into that good night.

Good men, the last wave by, crying how bright
Their frail deeds might have danced in a green bay,
Rage, rage against the dying of the light.

Wild men who caught and sang the sun in flight,
And learn, too late, they grieved it on its way,
Do not go gentle into that good night.

Grave men, near death, who see with blinding sight
Blind eyes could blaze like meteors and be gay,
Rage, rage against the dying of the light.

And you, my father, there on the sad height,
Curse, bless, me now with your fierce tears, I pray.
Do not go gentle into that good night.
Rage, rage against the dying of the light.

Dylan Thomas: Collected Poems, 1934–1953. Everyman, London, 1993, Seite 148

This poem by Dylan Thomas has a very clear structure. It consists of five tercets rhyming aba followed by one quatrain rhyming abaa. Two lines from the first tercet are repeated in other stanzas of the poem: the first line also ends the second and fourth tercet; the third line ends the third and fifth stanzas. The two lines also reappear as a rhyming couplet at the very end of the poem. Since the metre throughout the poem is an iambic pentameter, the last two verses form a heroic couplet. The repetition of two verses gives the poem the quality of a song with a recurring refrain. The reference to music is not accidental: this poem uses the structure of the villanelle, which derives from a folk song tradition.

At a few moments in the poem, the strict metre forms a contrast with the natural rhythm of the words used. In particular the first syllables of the third verse, "Rage, rage", break with the iambic pattern and instead present a spondaic opening of the line. The dual emphasis on the word "rage" is at the same time a clue to the dominant emotions in the poem: rage, anger, and powerless frustration.

While the rhyme and metre are highly regular, the poem frequently uses enjambments that add easy flow to an otherwise very regular text. Verses 5 and 6 very elegantly tie in the refrain at the end of the stanza with the syntactical structure of the previous verse. The third stanza opens with another enjambment. This frequent use of open line structures can be seen as a refusal to obey and be controlled by the format of the traditional line of a poem. Like the overall refusal to accept death as the absolute limitation of life, Dylan Thomas resorts to enjambments as a means to break up the confines of his strict format.

Since this is a poem about dying, a topic that is traditionally banned from direct discussion by taboo, it is not surprising to find figural language used frequently. The first verse uses a euphemism: the image of "going into the night" that avoids direct mention of death. The second refrain, verse three, also avoids direct reference of human death. Instead, it uses "light," with its lexical relationship to "eye light", as a synecdoche: as the light in the eyes is extinguished, the person dies.

Verse 17, the last verse before the final refrain, includes the image of "fierce tears": this personification implies that even tears, usually devoid of their own emotions, are overcome by wild passions. The anger of the *lyrical* I is projected onto the surrounding objects. They appear to be in a state of heightened emotions, replicating the inner feelings of the speaker.

The lyrical *I* in this poem only appears in the last stanza of the poem. It is also only at this point that the implicit lyrical *you*, which was addressed indirectly in the imperatives of the refrain verses, is stated directly. It now becomes clear that the poem is written by a son whose father is dying. The anger thus becomes more focused on one particular death. At the same time, the universal fact of mortality receives an individual note: each death is presented as both a universal and thereby normal experience and simultaneously an individual and thereby extremely sad moment.

The repetition of "men" at the opening of all but the first and last stanza further emphasizes the omnipresence of death. If one understands "men" as referring, gender-neutrally, to all of humanity, it becomes clear that it does not matter how one lives. "[W]ise men", "Good men", "Wild men", and "Grave men": they all rebel against approaching death; or at least that is the hope that the *lyrical I* expresses in the poem. While the dual refrain of the poem gives voice to the anger of the *lyrical I*, the poem's atmosphere also allows for a more positive reading of death. Rage may not stop death, but it at least offers a response, a verbal reaction to a fact of life that is unalterable. Seen in this way, the poem as a verbal protest becomes an act of rebellion.

5.3 Dramatik

5.3.1 Das Drama – ein Theaterstück

Entscheidend für eine sinnvolle Interpretation von Dramen ist die Einsicht, dass die meisten Dramentexte für die **Aufführung im Theater** geschrieben sind. Daneben gibt es natürlich auch Dramen, die für die private Lektüre bestimmt sind: Diese Lesedramen (*closet dramas*) waren vor allem während der Romantik und um das 19. Jahrhundert von größerer Bedeutung. Zu ihnen zählen beispielsweise Percy Bysshe Shelleys *Prometheus Unbound* (1820) und Thomas Hardys *Dynasts* (1904). In diesem Abschnitt geht es jedoch nur bedingt um das Lesedrama.

Insgesamt gilt für das Drama, dass das Medium der Aufführbarkeit die Gattung stärker als ihre anderen Merkmale charakterisiert. Ein Dramentext trägt in sich die Intention, auf der Theaterbühne aufgeführt zu werden. Allerdings geht es bei der literaturwissenschaftlichen (anders als bei der theaterwissenschaftlichen) Analyse eines Dramas nicht zwangsweise um die erklärende Deutung von Theateraufführungen. Vielmehr kommt literarischen Beschreibungskriterien eine zentrale Rolle zu: Dialog, Figurenkonstellation und die Entwicklung einer Handlung kennzeichnen somit das Drama neben seinen rein theatralischen Seiten. Diese Aspekte treten natürlich auch in Prosatexten auf, können diesen sogar eine dramatische Note verleihen. Bei älteren Dramen mit ihren streng metrisch strukturierten und oft gar gereimten Sprechtexten fällt zudem auf, dass die Sprache sich durchgängig einer lyrischen Ausdrucksart bedient. Dabei wird deutlich, wie problematisch die Unterscheidung in die drei Großgattungen ist.

Tipp: Genre

Die Unterscheidung der drei großen Gattungen hilft zwar dabei, literarische Texte in einen ersten Ordnungszusammenhang zu stellen, allerdings sollte man sich dessen bewusst sein, dass die Grenzen zwischen den einzelnen Genres nicht immer eindeutig zu ziehen sind. Die Tatsache, dass Romane dramatische oder lyrische Momente enthalten können, macht dies deutlich.
Es kann bei einer literarischen Interpretation also auch darauf ankommen, die Abweichungen von Genrekonventionen zu beschreiben.

5.3.2 Untergattungen des Dramas

Seit der Antike unterscheidet man zwei große Untergattungen des Dramas: die **Tragödie** (*tragedy*) und die **Komödie** (*comedy*). Die strenge formale Ausrichtung dieser Dramen ist in der *Poetik* von Aristoteles festgelegt. Aus diesem Text leitet man auch das Prinzip der **Drei Einheiten** (*three unities*) ab. Diese verlangen, dass Handlung, Ort und Zeit jeweils eine in sich geschlossene Einheit bilden. Im Klassizismus wurde diese Forderung, die genau betrachtet allerdings nur bedingt so bei Aristoteles auftaucht, sehr stark normativ verstanden. Dramen aus dieser Zeit beschränken sich deshalb meist auf eine einzige Handlung, die innerhalb einer kurzen Zeit (24 Stunden) an nur einem Ort spielt. Die Drei Einheiten wurden in England selten sehr strikt befolgt, wobei die Komödie immer schon größere Freiheiten genoss als die Tragödie.

Die Tragödie beschreibt den Sturz eines Helden, der meist der oberen Gesellschaftsschicht entstammt. Eingeleitet wird dieser Fall durch einen Fehltritt oder einen Irrtum, den man **Hamartia** nennt. Meist entsteht dieser Fehler aus einer Situation heraus, die der Held nicht vollkommen überblickt. Dennoch kommt es am Ende beim Publikum durch die auf die Hamartia folgende **Katharsis**, der reinigenden tragischen Auflösung, zu einem Empfinden der Erleichterung. Mit der Bestrafung des Helden für sein Verbrechen wahrt die Tragödie auch das Prinzip von *poetic justice*, also einer Gerechtigkeit, die stets das Schlechte straft und das Gute belohnt. Das Adjektiv *poetic* betont dabei, dass es sich hier um eine rein poetische oder kunstinterne Gerechtigkeit handelt, die von der Realität leider abweicht: Im wahren Leben wird nicht jede Missetat gesühnt und auch nicht jede gute Tat belohnt.

Eine für die englische Literatur wichtige Sonderform der Tragödie ist die **Rachetragödie**; das erste Drama dieser Art schrieb 1589 Thomas Kyd mit *The Spanish Tragedy*. Das Muster dieser Tragödien sieht vor, dass ein Mord zuerst ungerächt bleibt, dann seine Strafe findet, schließlich aber oft auch zum Tod des Rächers führt, der sich mit seiner Umwelt nach der Bluttat nicht mehr arrangieren kann. Shakespeares *Hamlet* folgt dieser Struktur in weiten Teilen.

Die Komödie hat weniger stark ausgeprägte formale Vorgaben. Sie setzt sich das Ziel, ihr Publikum zu unterhalten. Die Figuren der Komödie rekrutieren sich meist aus den niederen Schichten, womit sich auch die oft einfachere und schlichtere Sprache der Komödie erklärt. Die Themen entstammen in vielen Fällen ebenfalls alltäglichen Situationen: Sie geben das Leben mit all seinen Wechselfällen, Schicksalsschlägen und den so menschlichen Schwächen der Figuren wieder. Während einige Komödien die Verfehlungen von Figuren durch lächerliche Situationen dem Spott des Publikums preisgeben und dadurch die Normen der Gesellschaft implizit unterstützen, verwenden andere Komödien Gelächter, um Würdenträger oder andere wichtige Funktionäre der Gesellschaft zu verlachen. Die Komödie kann somit sowohl einen affirmativen als auch einen subversiven Ton anschlagen.

Die schwierige Frage des Umgangs mit der in einer Gesellschaft gültigen Moral muss fast jede Komödie direkt oder indirekt beantworten. Da die **Restaurationskomödie** im späten 17. Jahrhundert allzu freizügig mit sozial brisanten Themen wie Ehebruch umging, sah sie sich bald einer moralisierenden Kritik ausgesetzt. Ein zentraler Vorwurf war dabei, dass das Prinzip *poetic justice* nicht befolgt wurde: Die Schurken fanden keine Strafe, vielmehr wurden sie wiederholt zu den eigentlichen Helden. Der an die Kunst oft gestellte moralische Anspruch wurde damit nicht erfüllt.

Neben Komödie und Tragödie kann man Dramen auch noch in die Untergattungen **Melodrama**, **Tragikomödie**, **episches Drama**, **Historienspiel**, **Farce** oder **Maskenspiel** (*masque*) einteilen. Das Maskenspiel war im England des 17. Jahrhunderts von besonderer Bedeutung, denn während des Verbots von traditionellen Theateraufführungen erhielt das Maskenspiel am Königshof die theatralische Tradition als opernartiges Spektakel am Leben. Die Gesangs- und Tanzeinlagen, aufwändigen Kostüme und ausgefeilten Bühnenbilder etablierten eine extrem kostspielige Art der Unterhaltung. Sie war auch deswegen lediglich einem kleinen Publikum zugänglich, das zudem oft direkt an der Aufführung beteiligt war, etwa durch gemeinsame Tänze.

5.3.3 Auftakt und Exposition

Da anders als der Leser von Romanen oder Gedichten der Zuschauer einer Theateraufführung den Anfangsmoment des literarischen Werkes nicht selbst bestimmen kann, kommt dem Einstieg von Dramen, vor allem bei Theateraufführungen, eine besondere Bedeutung zu. Man kann dabei zwischen zwei Funktionen unterscheiden.

Zum ersten signalisiert der **Auftakt** den tatsächlichen Beginn einer Aufführung. Durch das Löschen der Saalbeleuchtung, das Öffnen des Vorhangs, durch ein Lied des Chors oder einfach durch die Präsenz von Darstellern auf der Bühne wird ein Kommunikationskanal zwischen Publikum und Schauspielern hergestellt. In Peter Shaffers *Amadeus* entwickelt sich der Auftakt aus dem Flüstern der Figuren. Die Bühnenanweisungen zum Ersten Akt beginnen mit der Dramatisierung des Auftakts:

>> BEISPIEL 1

Peter Shaffer Amadeus

Darkness.
Savage whispers fill the theatre. We can distinguish nothing at first from this snake-like hissing save the word Salieri! *repeated here, there and everywhere around the theatre.*
Also, the barely distinguishable word Assassin!

Peter Shaffer: Amadeus. In: Landmarks of Modern British Theatre: The Plays of the Seventies. Methuen, London, 1986, Seiten 219 – 327; hier: 225

5

Die Formulierung „everywhere around the theatre" legt nahe, dass die Figuren nicht nur auf der Bühne angesiedelt sind, sondern ebenfalls im Zuschauerraum flüstern. Durch die Vermengung von Publikum und Schauspielern involviert Shaffer nicht nur seine Zuschauer stark mit dem Dargestellten, er zeigt zudem, dass die Grenze zwischen tatsächlicher und dargestellter Wirklichkeit fließend ist. Diese postmoderne Tendenz seines Dramas wird so bereits im Auftakt etabliert.

Während der Auftakt einfach gesagt den Beginn einer Theateraufführung festlegt, hat die **Exposition** (*exposition*) die Funktion, eine inhaltliche Einführung in die Figurenkonstellation und Thematik zu liefern. In *Romeo and Juliet* kommt diese Funktion dem Chor zu, dessen das Drama eröffnendes Sonett eine Zusammenfassung nicht nur des Liebeskonflikts beinhaltet, sondern darüber hinaus bereits den Ausgang des Dramas vorwegnimmt. Diese Form der Exposition, auch **initiale Exposition** genannt und von der langsamer vorgehenden **sukzessiven Exposition** zu unterscheiden, ist normalerweise eher die Ausnahme. Shakespeare lässt durch diesen Beginn die Funktionen von Auftakt und Exposition verschmelzen. In *Amadeus* wird das Publikum ebenfalls frühzeitig mit dem Konflikt zwischen Salieri und Mozart vertraut gemacht. Allerdings erfährt man erst allmählich von der Tragweite dieses Verhältnisses.

5

5.3.4 Text, Medien, Bühnenraum

Bei einem Theaterbesuch wird schnell deutlich, dass ein Drama auf der Bühne durch sehr viel mehr als das gesprochene Wort seine Wirkung erzielt. Vielmehr tragen die Mimik und Gestik der Schauspieler, die unterschiedlichen Sprechweisen, die Kostüme, das Bühnenbild, Musikeinspielungen und Lichteffekte alle gemeinsam zur Aufführung bei: Die Theateraufführung ist damit, anders als das gelesene Drama, ein multimediales Ereignis. Die große Zahl der beteiligten Personen, die neben Regisseur und Schauspielern auch Maskenbildner, Tontechniker, Beleuchter oder Bühnenbildner einschließen, unterscheidet die theatralische Inszenierung eines Dramas ebenfalls deutlich von der schriftlichen Form des Textes, die vom Autor fast vollkommen allein bestimmt wird. Allerdings beinhaltet schon der Dramentext einen großen Teil des theatralischen Apparats. Deswegen können aufmerksame und fantasiebegabte Leser einen in Ansätzen vergleichbaren Effekt wie bei der Theateraufführung auch bei privater Lektüre erzielen, nämlich dann, wenn beim Lesen neben den gesprochenen Worten, auch **Haupttext** genannt, ebenfalls die Regieanweisungen, Szeneneinführungen und anderen Textmaterialien, **Nebentext** genannt, beachtet werden. Dieser Nebentext ist die Hauptinformationsquelle für den Dramaturgen bei der Umsetzung eines Textes für die Bühnenfassung.

Je nach Autor und historischem Kontext variiert die Bedeutung des Nebentextes. G. B. Shaw war zum Beispiel sehr darauf erpicht, maximale Kontrolle über jeden Aspekt der Theateraufführungen zu haben und fügte dementsprechend in seine Stücke, etwa in *Mrs Warren's Profession* (1893), nicht nur längere Vorworte sondern auch ausführliche Zwischentexte ein. Für die Lektüre von Shaws Dramen bedeutet dies, dass man sich relativ leicht eine Vorstellung von der theatralischen Wirkung eines Dramentextes machen kann.

Anders verhält es sich bei Shakespeares Dramen. Da die typische **Elisabethanische Bühne** auf Kulissen und Requisiten weitgehend verzichtete, war es auch kaum notwendig, entsprechende Anweisungen in den Nebentext aufzunehmen. Entsprechend spärlicher fällt dieser dann aus. Dafür übernimmt der Haupttext einige der Funktionen des Nebentextes. Um es den Zuschauern, die bei Tageslicht rund um die Bühne standen, leichter zu machen, sich die jeweiligen Situationen vorzustellen, verwendet Shakespeare die so genannte **Wortkulisse** (*word scenery*), also ein allein durch Sprache evoziertes Bühnenbild.

So spielt beispielsweise die 3. Szene des 5. Aktes von *Romeo and Juliet* nachts auf einem Friedhof. Dessen unheimliche, gruselige Stimmung wird unmittelbar zu Beginn dieser Szene durch den gesprochenen Dialog verbal erschaffen:

>> BEISPIEL 2

William Shakespeare
Romeo and Juliet

Act V, Scene iii.
The Same [Verona]. *A Churchyard; in it a Monument belonging to the CAPULETS.*
Enter PARIS, and his Page, bearing flowers and a torch.

PAR. Give me thy torch, boy: hence, and stand aloof;
Yet put it out, for I would not be seen.
Under yond yew-trees lay thee all along,
Holding thine ear close to the hollow ground:
So shall no foot upon the churchyard tread,
Being loose, unfirm with digging up of graves,
But thou shalt hear it: whistle then to me,
As signal that thou hear'st something approach.
Give me those flowers. Do as I bid thee; go.

William Shakespeare: The Complete Works of William Shakespeare. Pordes, London, 1993, Seite 856

Die genaue Beschreibung des Umfelds ermöglicht es hierbei sowohl dem Theaterpublikum als auch den Lesern des Dramas, sich eine genaue Vorstellung der Szene zu machen. Die Nennung von „yew-trees" und „graves" sowie die Beschreibung des Bodens als „loose, unfirm" evozieren nicht nur einen Raum sondern auch eine Stimmung.

Das Fehlen von Kulissen auf den Bühnen zu Shakespeares Zeit nimmt somit direkten Einfluss auf die sprachliche Ausführung der Dramen. Man sollte deswegen bei der Lektüre eines Textes immer auch den historischen Kontext seiner Aufführung mit in Betracht ziehen. Mag einem die detaillierte Beschreibung des Umfelds in der eben zitierten Szene gekünstelt vorkommen, so kann man aus einer Kenntnis der historischen Bühnenformen, die zusammen mit den anderen Theaterkonventionen der Schaffensperiode eines Autors jeder Aufführungen einen künstlerischen Rahmen vorgaben, erklären und verstehen, warum derlei Ausführungen notwendig waren.

Für Shakespearetexte gilt ebenfalls, dass alle Rollen bei Theateraufführungen von männlichen Schauspielern gespielt wurden. Dies wiederum erklärt, warum man oft sehr junge weibliche Figuren wie Juliet findet, da diese von Knaben gespielt wurden, deren Stimme noch nicht gebrochen war. Die oft komischen Rollen von älteren Frauenfiguren, wie der Amme in *Romeo and Juliet*, trugen allein dadurch schon zur Erheiterung bei, dass hier Männer in Frauenkleidern agierten. Allerdings gibt es auch ernste Frauenrollen, wie die der Lady Macbeth in *Macbeth*. Mit der Wiedereröffnung der Theater 1660 durften auch Frauen auf Theaterbühnen auftreten, womit das Theater nicht nur realitätsnäher wirkte, sondern auch eine andere und zumindest potentiell erotische Note bekam: Die Schauspielerinnen waren direkt den Blicken der Zuschauer ausgesetzt. Schon in den klassizistischen Tragödien der Restaurationszeit taucht eine beinahe voyeuristische Verwendung der weiblichen Figuren auf.

Die Bedeutung der Bühnenform und ihr ästhetisches Verständnis haben auch Auswirkungen auf zeitgenössische Stücke. In Peter Shaffers *Amadeus*, das 1979 uraufgeführt wurde, führt das postmoderne Verständnis der Auflösung von historischen und fiktionalen Diskursen dazu, dass das historische Stück selbst als eine Aufführung inszeniert wird. In der gedruckten Version des Dramas macht ein einleitender Text des Autors deutlich, dass die Bühne in zwei Bereiche geteilt werden soll, wobei der eine in bewusst theatralisch überhöhter Manier die Rokokovergangenheit von Mozart aufleben lässt. Der Repräsentationscharakter des Theaters wird dem Publikum dadurch beständig vorgeführt. Ein vollständiges Eintauchen in den Illusionsraum der Bühne ist nicht so einfach möglich wie in den realistischen Dramen aus der ersten Hälfte des 20. Jahrhunderts.

Der Vermittlerrolle, die Salieri als sich erinnernder Erzähler und Akteur in *Amadeus* einnimmt, betont, dass die Annährung an historische Erzählungen immer nur aus der Perspektive des Historiographen erfolgen kann. Die erste Rückblende in die Jugend Salieris geschieht entsprechend durch eine erinnernde Erzählung dieser

Figur, einen Monolog, der zugleich eine Darstellung des postmodernen Geschichtsverständnisses liefert. Geschichte wird gleichgesetzt mit subjektiver Erinnerung:

>> BEISPIEL 3

Peter Shaffer Amadeus

SALIERI. 'Signore, let me be a composer! Grant me sufficient fame to enjoy it. In return I will live with virtue. I will strive to better the lot of my fellows. And I will honour You with much music all the days of my life!' As I said Amen, I saw his eyes flare. *(As 'God')* *'Bene.* Go forth Antonio. Serve Me and Mankind — and you will be blessed!' ... *'Grazie!'* I called back. 'I am Your servant for life!'

Peter Shaffer: Amadeus. In: Landmarks of Modern British Theatre: The Plays of the Seventies. Methuen, London, 1986, Seiten 219 – 327; hier: 233

Es ist kein Zufall, dass sich dieser Ausschnitt wie eine Romanstelle liest, denn Shaffers Drama arbeitet sehr stark mit erzählenden Elementen. Allerdings ist für Shaffer das Erzählen eine problematische Annäherung an die Geschichte, denn Salieris Erinnerungsvermögen bleibt wie sein Geisteszustand zweifelhaft; seine Involviertheit in die erinnerten Ereignisse macht ihn befangen und seine Motivation fragwürdig. Wie *Amadeus* zeigt, ist die narrative Neuschaffung der Vergangenheit aus der Erinnerung heraus ein konstruktiver Akt: Es wird damit eine neue Geschichte und eine neue Vergangenheit entworfen.

Gerade diese Erkenntnis zu zeigen und zu dramatisieren ist eine der Grundthematiken von *Amadeus*. Die Aufteilung der Bühne in unterschiedliche Ebenen suggeriert die komplexe Beziehung zwischen Erinnerung und Vergangenheit in subtiler Weise für das Theaterpublikum. Somit gilt auch für *Amadeus*, dass bei der Interpretation des Dramas darauf zu achten ist, wie mit dem Raum der Bühne umgegangen wird.

Die Bedeutung des Bühnenraums als Mittel der indirekten Figurencharakterisierung ist ebenfalls nicht zu unterschätzen. Je nachdem ob Figuren in offenen oder geschlossenen, großen oder kleinen Räumen agieren, wird ihre gesellschaftliche oder auch psychische Situation räumlich dargestellt.

So tritt Julia vor allem in sehr beengenden Räumen auf: Ihr Himmelbett, die Gruft, die Zelle des Mönchs oder auch ihr Balkon zeigen alle, dass es ihr nicht möglich ist, sich frei und unbegrenzt zu bewegen. Ihre gesellschaftlich und familiär streng vorgegebenen Umstände kann sie nicht durchbrechen. Diese zentrale Thematik in *Romeo and Juliet* findet durch die räumliche Ausgestaltung des Dramas eine weitere Betonung.

5.3.5 Zeitdarstellung

Die meisten klassischen Dramen beschränken sich auf die Darstellung von Ereignissen, die sich während eines Tages abspielen. Shakespeares *Romeo and Juliet* hält sich zwar nicht an die 24-Stunden Vorgabe, es macht jedoch wiederholt die Bestrebung deutlich, sich zeitlich zu beschränken. Die Ereignisse im Drama scheinen sich fortlaufend zu überstürzen. Damit wird natürlich auch die Spannung aufrechterhalten. Gerade im abschließenden 5. Akt beschleunigt sich die Abfolge der Ereignisse noch zusätzlich. Der Tod der beiden Hauptfiguren, die ihre langen Todesmonologe jeweils schon an früherer Stelle gesprochen haben, erfolgt letztlich innerhalb weniger Minuten.

Moderne Theaterstücke gehen mit der strengen Tradition der klassischen Einheit von Zeit wesentlicher großzügiger um. Shaffers *Amadeus* stellt das gesamte Leben von Salieri dar, von seiner frühen Jugend bis zum Jahre 1823. Mozarts Leben ist eingebettet in diese Biographie, sowohl was den zeitlichen Rahmen als auch was die erzählerische Darstellung angeht. Innerhalb des Stücks vermittelt Salieri aus der Situation eines alten Mannes die früheren Geschehnisse. Die Form der Rückblende wird damit zu einem Bild für den Prozess der Geschichtsschreibung, die im Erinnern und Neuordnen Zugang zur Vergangenheit sucht und, zumindest im postmodernen Drama, zugleich deutlich macht, warum dieser Zugang eigentlich nicht zu erreichen ist. Die fortwährende Unterbrechung der Vergangenheit durch Kommentare von Salieri (der für

Zuschauer aus dem 20. oder 21. Jahrhundert selbst einer Vergangenheit angehört) stellt die Geschichte als einen Prozess der Erzählung und Vermittlung dar. Zeit wird dadurch relativiert: Die moralische Aussage des Stücks erlangt damit jedoch große Zeitlosigkeit.

5.3.6 Sprache im Drama

Anders als in den meisten Theaterstücken seit der Restauration und in modernen Dramen kommt der Sprache in klassizistischen Dramen oder in den Werken von Shakespeare eine zentrale Unterscheidungsfunktion der einzelnen Figuren zu. Je nachdem, ob sich eine Figur in metrischer oder gar gereimter Sprache ausdrückt oder in mehr oder weniger alltäglichen Wendungen spricht, lässt sich der soziale Stand des Sprechers eindeutig zuordnen. Dabei kann man bei Shakespeare mindestens drei Stufen der Sprachebene allein nach der metrischen Struktur unterscheiden. Für besondere Momente, oder um Figuren aus ihrem Umfeld abzuheben, verwendet Shakespeare gereimte und streng metrisch gefasste Verse. So beschließen oft zwei gereimte jambische Pentameter, genannt *heroic couplet*, eine Szene oder einen Akt, um dem Publikum das Ende einer inhaltlichen Einheit deutlich zu machen. Beispielsweise endet die erste Szene im ersten Akt mit je einem Vers von Romeo und Benvolio, wodurch ein *heroic couplet* entsteht: „Farewell. Thou canst not teach me to forget. / I'll pay that doctrine, or else die in debt." Sehr häufig tritt der ungereimte fünfhebige Jambus auf, auch Blankvers (*blank verse*) genannt, der sich zwischen Renaissance und Moderne größter Beliebtheit erfreute. Diese immerhin metrisch strukturierte Sprache unterscheidet sich stilistisch betrachtet nach oben hin zu gereimten Versen und nach unten hin zur ungereimten und nichtmetrischen Sprache. Diese dritte Art des Ausdrucks nennt man, nicht nur bei Shakespeare, *free verse*.

Die Verwendung von „verse" zeigt, dass zwar als Maßstab noch die hohe lyrische Form aus den Anfängen der Dramentradition gilt; die Einschränkung durch „free" löst die strenge Tradition aber schon auf.

In modernen Bühnenstücken ist diese freie, beinahe alltägliche Sprache längst Normalität. Spätestens im 19. Jahrhundert setzt sich im Theater eine natürliche und realistische Sprache durch, die sich von Reim und Metrum vollständig befreit zeigt. Allerdings markiert auch hier noch die Sprache soziale Hintergründe: In G. B. Shaws Drama *Pygmalion* (1913), das auch in der Musicalversion unter dem Titel *My Fair Lady* große Erfolge feiert, wird diese sehr englische Angewohnheit, Menschen nach ihrer Sprache zu beurteilen, ironisch thematisiert. Spätestens in den Dramen des 20. Jahrhunderts kommt der Alltagssprache, abgebrochenen Sätzen oder langen Pausen (zum Beispiel bei Harold Pinter) eine große Bedeutung zu.

Die unterschiedlichen Sprachniveaus bei Shakespeare und anderen Dramatikern haben zudem die Funktion, die jeweiligen Sprecher nach ihrem Stand oder ihrer sozialen Herkunft zu positionieren. Nachdem zu Beginn von *Romeo and Juliet* einfache Bedienstete (Gregory, Sampson und Abram) sprechen, die sich sehr umgangssprachlich und derb ausdrücken, wandelt sich die Sprache in dem Moment zu metrischer Form, als mit Benvolio ein Mitglied der oberen Schicht auftritt:

>> BEISPIEL 4

William Shakespeare
Romeo and Juliet

Gre. *[Aside to SAMPSON.]* Say ‚better'; here
comes one of my master's kinsmen.
Sam. Yes, better, sir.
Ab. You lie.
Sam. Draw, if you be men. Gregory, remember
thy swashing blow.
They fight [enter BENVOLIO].
Ben. Part, fools!
Put up your swords; you know not
what you do.

William Shakespeare: The Complete Works of William Shakespeare. Pordes, London, 1993, Seite 827

Die letzte Zeile dieses Zitats betont mit ihrem jambischen Pentameter Benvolios gehobene Stellung. Der Prinz, der kurz darauf den Streit schlichtet, spricht ebenfalls in (ungereimten) jambischen Pentametern.

Die unterschiedlichen Sprachniveaus führen auch auf der inhaltlichen Seite Kontraste vor. Während der Chor zu Beginn von der Liebe zwischen zwei Menschen spricht und große emotionale Tragik ankündigt, geht es den beiden ersten Figuren im Drama um eine sehr viel derbere und alles andere als romantische Beziehung zwischen Mann und Frau. Der Gegensatz zwischen platonisch reiner Liebe und sexuellem Begehren wird damit schon in den ersten Momenten von *Romeo and Juliet* thematisch und sprachlich eingeführt. Shakespeare greift hier auch die lyrische Tradition des „conceit" auf, indem er die romantisch-erotische erste Begegnung von Romeo und Juliet durch die Verwendung einer konsequent weitergeführten Metaphorik (Pilger, religiöse Anbetung, etc) kunstvoll verhüllt.

Sprache kann also im Drama nicht nur soziale Figurenkonstellationen verdeutlichen, sondern auch durch ihre formalen Aspekte Hinweise auf die inhaltliche und thematische Ausrichtung eines Dramas liefern.

In *Romeo and Juliet* fügt Shakespeare Formen der Liebeslyrik ein, vor allem in Form von Sonetten. So ist neben den Chorpassagen eingangs des 1. und 3. Akts auch der erste Dialog zwischen Romeo und Julia als Sonett gestaltet, womit die Liebesthematik auch in der metrisch-formalen Verwendung der Sprache Ausdruck findet:

>> BEISPIEL 5

William Shakespeare
Romeo and Juliet

Rom. If I profane with my unworthiest hand
This holy shrine, the gentle sin is this;
My lips, two blushing pilgrims, ready stand
To smooth that rough touch with a tender kiss.
Jul. Good pilgrim, you do wrong your hand too much,
Which mannerly devotion shows in this;
For saints have hands that pilgrims' hands do touch,
And palm to palm is holy palmers' kiss.
Rom. Have not saints lips, and holy palmers too?
Jul. Ay, pilgrim, lips that they must use in prayer.
Rom. O! then, dear saint, let lips do what hands do;
They pray: grant thou, lest faith turn to despair.
Jul. Saints do not move, though grant for prayers' sake.
Rom. Then move not while my prayers' effect I take.
[Kissing her.]

William Shakespeare: The Complete Works of William Shakespeare. Pordes, London, 1993, Seiten 833–834.

Der Leser eines Dramas hat es selbstverständlich einfacher als der Theaterbesucher, solche Aspekte des Textes zu würdigen. Die genaue Beachtung der sprachlichen Form wird damit jedoch zugleich zur Pflichtaufgabe beim Interpretieren von Dramen.

5.3.7 Figuren und Sprecher

Die auftretenden Personen in einem Drama nennt man Figuren. Oft findet sich in Büchern vor dem eigentlichen Dramentext eine Aufstellung der Figuren, *dramatis personae* (des Dramas Figuren) genannt, die durch ihre Anordnung bereits Schlussfolgerungen auf die Thematik des Stücks zulassen. In *Romeo and Juliet* zeigt sich die Bedeutung der hierarchischen Gesellschaftsstruktur, der Familienzusammenhalt und die Dominanz der Vaterfiguren bereits in der Liste der Figuren. Die Erwartung der Leser wird durch diese Information am Beginn eines Dramas bereits gesteuert.

Auf der Bühne agieren die Figuren in Gruppen oder alleine. Je nachdem, wer zu wem spricht, unterscheidet man zwischen Dialogen und Monologen. Wie das Beiseitesprechen hat der

Monolog vor allem die Funktion, Einblicke in die innere Verfassung einer Figur zu liefern. Das Fehlen eines Erzählers wie im Roman, der meistens Informationen über das Innenleben von zumindest einer Figur liefern kann, sowie einer direkten Subjektivität wie in lyrischen Texten, führt dazu, dass das Drama seine eigenen Techniken entwickelt hat, wie dem Leser oder dem Publikum die innere, psychische Entwicklung der Figuren, ihr Hadern in moralisch schwierigen Situationen oder auch ihre Hinterlist und Heimtücke offenbart werden können. Während in Dialogen nicht unbedingt alle Figuren ihre tatsächliche Meinung an den Tag legen, liefert der Monolog die Möglichkeit, das eigentliche Befinden einer Figur deutlich zu machen. Oft befindet sich eine Figur für ihren Monolog allein auf der Bühne, führt also ein Selbstgespräch. Im Englischen nennt man einen solchen Monolog *soliloquy*. Eine implizite **Dramenkonvention** führt dazu, dass diese Figur ihre Gedanken laut ausspricht. Daneben gibt es natürlich auch längere Reden, die sich direkt an andere Figuren richten. Diese Solorede (*monologue*) tritt meist an einer zentralen Stelle des Dramas auf. Sie verdeutlicht eine wichtige innere Entwicklung einer der Hauptfiguren. So führt der lange Todesmonolog von Juliet (IV, iii, 20 – 59) deren Unsicherheit und innere Zerrissenheit noch einmal deutlich vor.

Die Figuren eines Dramas lassen sich auch nach ihrer jeweiligen Bedeutung für die Kernhandlung des Stückes unterscheiden. Während die Bedeutung der Hauptfiguren unschwer erkannt werden kann, ist die Funktion der Nebenfiguren nicht immer auf den ersten Blick erkenntlich. In *Romeo and Juliet* etwa trägt die Amme mindestens auf zwei Ebenen Zentrales zum Drama bei: Zum einen zeigt die zunehmende Entfremdung der Amme, dass Julia immer stärker von ihrem sozialen Umfeld isoliert wird. Zum anderen verleiht ihre oft zotige und sogar anzügliche Sprache dem ansonsten alles andere als heiteren Stück eine leichte Note. Als die Amme am Morgen des Hochzeitstags von Julia und Paris ihre Julia aufwecken will, kommentiert sie sehr freimütig: „Sleep for a week; for the next night, I warrant, / The County Paris hath set up his rest / That you shall rest but little." (IV.v, 5-7) Diese durch komische Elemente erreichte Aufheiterung einer tragischen Handlung (*comic relief*) wird im klassischen Drama oft durch eine Figur niederen Standes wahrgenommen.

Für eine andere Problematik hat das Drama ebenfalls seine eigene formale Lösung entwickelt. Da nicht alle Begebenheiten einer dramatischen Handlung auf der Bühne dargestellt werden können, beispielsweise große kriegerische Auseinandersetzungen oder die Landung eines Flugzeugs, gibt es für solche Momente wie bei der Wortkulisse eine verbale Lösung. Anstatt mit großem Aufwand einen Kriegsschauplatz darzustellen, verwendet man oft einen Boten, der von den Entwicklungen jenseits des auf der Bühne dargestellten Raums berichtet. Verwandt mit diesem **Botenbericht** ist die **Mauerschau**, bei der Figuren auf der Bühne kommentierend berichten, was auf der anderen Seite einer Mauer und damit unsichtbar für das Publikum geschieht. Beide Techniken helfen ebenfalls, grausame Szenen von der Bühne fernzuhalten. Das klassische Prinzip *decorum*, mit „Schicklichkeit" oder „Anstand" übersetzbar und von Horaz in seiner *Ars poetica* (Dichtkunst) festgelegt, schrieb vor, dass zum Beispiel Selbstmord oder Kindstötungen nur hinter der Bühne geschehen dürfen, also nicht direkt vor aller Augen dargestellt werden.

Schon Shakespeare widersetzt sich in *Romeo and Juliet* dieser Tradition: Der fünfte Akt zeigt den Selbstmord der beiden Hauptfiguren. Das Theater des 20. Jahrhunderts hat die Tabuisierung von Gewalt (und Sexualität) weitgehend aufgelöst. Mord und Totschlag werden ebenso wie Erotik nicht mehr ausschließlich verbal evoziert, sondern in vielen Fällen direkt auf der Bühne dargestellt. Von der Tradition des Elisabethanischen Dramas mit seiner nur bedingten Illusionserzeugung hat sich das moderne Theater in diesem Bereich zumindest stark entfernt.

5.3.8 Dramatische Ironie

Der Spannungsaufbau vieler Dramen lebt davon, dass das Publikum bereits den Ausgang der Handlung kennt, während die Figuren ihrem

Schicksal noch ahnungslos gegenüber stehen. Wie im Kasperltheater, wo die Kinder im Publikum aufgeregt zu quietschen beginnen, wenn der Räuber sich von hinten an den ahnungslosen Kasperl anschleicht, braucht es für diesen Spannungsaufbau einen unterschiedlichen Kenntnisstand: Die Zuschauer wissen vom nahenden Schurken; Kasperle nicht. Eine solche **diskrepante Informiertheit** trägt entscheidend zum Entstehen von dramatischer Ironie bei. Diese Sonderart der Ironie beruht darauf, dass eine Figur sich der Bedeutung ihrer Aussage nicht bewusst ist, das Publikum aber schon.

Für die Informationsvergabe an das Publikum sind das **Beiseitesprechen** (*aside*) und Monologe von zentraler Bedeutung. In beiden Fällen kommt es zur Informationsvergabe von einer Figur an das Publikum, ohne dass die anderen Figuren den Inhalt erfahren. Durch das Beiseitesprechen tritt auch das Empfinden der Figuren deutlicher hervor, da in solchen Momenten meist die Gedanken, Ängste oder Wünsche der Figuren zum Ausdruck kommen. Die gleiche Funktion haben Monologe.

In *Romeo and Juliet* geht der Wissensvorsprung auf den Anfang des Dramas zurück. Noch vor dem ersten Akt betritt der Chor die Bühne und liefert eine vollständige Zusammenfassung der Handlung, die nicht nur den Familienzwist und die vom Schicksal verdammte Liebe der Hauptfiguren ankündigt, sondern auch deren letztendlichen Tod:

>> BEISPIEL 6

William Shakespeare
Romeo and Juliet

Enter Chorus
Two households, both alike in dignity
In fair Verona, where we lay our scene,
From ancient grudge break to new mutiny,
Where civil blood makes civil hands unclean.
From forth the fatal loins of these two foes
A pair of star-cross'd lovers take their life;
Whose misadventur'd piteous overthrows
Doth with their death bury their parents' strife.
The fearful passage of their death-mark'd love
And the continuance of their parents' rage,
Which, but their children's end, nought could remove,
Is now the two hours' traffick of our stage;
The which if you with patient ears attend,
What here shall miss, our toil shall strive to mend.

William Shakespeare: The Complete Works of William Shakespeare. Pordes, London, 1993, Seite 826.

In *Romeo and Juliet* besteht somit vom ersten Moment an diskrepante Informiertheit zwischen Figuren und Publikum, da der Chor bereits das Ergebnis der Liebesbeziehung vorweggenommen hat. Zudem verfügen unterschiedliche Figuren über einen unterschiedlichen Kenntnisstand. In Julias an die Mutter gerichteten Kommentaren, als diese sie wegen des Todes von Tybalt in Trauer glaubt, erkennt das Publikum den Versuch von Julia, Romeo auch verbal treu zu bleiben und zugleich ihre Mutter in dem Glauben zu belassen, sie trauere um ihren Verwandten: „Indeed, I never shall be satisfied / With Romeo, till I behold him – dead – / Is my poor heart so for a kinsman vex'd." (III. v, 93 – 95) Je nachdem, welchem Teilsatz man das Wort „dead" zurechnet, ensteht eine unterschiedliche Bedeutung: Die Mutter versteht natürlich, dass Julia hofft, Romeo tot zu sehen („till I behold him dead"); Julia dagegen „sagt" eigentlich, dass sie erst bei einem Wiedersehen mit Romeo glücklich werden kann, während ihr Herz von dem Todesfall in der Familie ungerührt bleibt („dead is my poor heart"). Spätere Aussagen von Romeo und Julia erscheinen dem Publikum, das den Dramenausgangs kennt, bedeutsam, auch wenn die jeweils sprechende Figur sich der Tragweite ihrer Aussage nicht bewusst ist. Wenn Julia nach der ersten Begegnung mit Romeo ihre Amme bittet, seinen Namen und seinen Familienstand in Erfahrung zu bringen, verweist ihre Aussage direkt auf ihr Schicksal voraus: „Go, ask his name. – If he be married, / My grave is like to be my wedding bed." (I, v, 138–139) In gleicher Weise ist Romeos Ausspruch „Let me be ta'en, let me be put to death" (III, v, 17) für das Publikum als dramatische Ironie wahrnehmbar.

In *Amadeus* weiß das Publikum ebenfalls von Salieris üblen Plänen, befindet sich also Mozart gegenüber, der sich von Salieri Hilfe erhofft, in einem Wissensvorsprung. Aussagen von Mozart zu oder über Salieri, sofern diese das Verhältnis der beiden angehen, bekommen dadurch eine ironische Note.

Diskrepante Informiertheit kann jedoch auch zwischen den einzelnen Figuren entstehen. Die berühmte erste Balkonszene in *Romeo and Juliet* zeigt, wie das Beiseitesprechen Romeos von Julia nicht wahrgenommen wird, ihre Liebeserklärung von Romeo jedoch gehört wird, wodurch für ihn ein Wissensvorsprung entsteht. Dieser Moment trägt zudem dazu bei, dass die beiden Liebenden nicht erst in langsamen Versuchen ihre gegenseitige Zuneigung entdecken müssen. Vielmehr kommt es hier unmittelbar zu einem direkten Austausch. Die ohnehin große Geschwindigkeit, mit der sich die Ereignisse im Drama entwickeln, erfährt in dieser Szene einen wichtigen Beitrag:

>> BEISPIEL 7

William Shakespeare
Romeo and Juliet

Jul. O Romeo, Romeo! — wherefore art thou Romeo?
Deny thy father and refuse thy name;
Or, if thou wilt not, be but sworn my love,
And I'll no longer be a Capulet.
Rom. *[Aside.]* Shall I hear more, or shall I speak at this?
Jul. 'Tis but thy name that is my enemy;
Thou art thyself though, not a Montague

William Shakespeare: The Complete Works of William Shakespeare. Pordes, London, 1993, Seite 826.

Romeo weiß ab diesem Moment von Julias Gefühlen, wodurch sich der Prozess des Sich-Näherkommens deutlich beschleunigt. Wenn sich später in *Romeo and Juliet* die Ereignisse überstürzen, dann wird diese große Geschwindigkeit auch dadurch ermöglicht, dass die beiden Liebenden schon hier von ihrer Liebe Kenntnis bekommen. Die Szene birgt noch einen weitern Moment der dramatischen Ironie, wenn nämlich Julia davon spricht, dass sie nicht mehr lange eine Capulet sein werde: Darin deutet sich ihr baldiger Tod bereits an.

Die große Bedeutung von dramatischer Ironie zeigt sich auch, wenn man die Gattungskonventionen dramatischer Texte beachtet. Da der Ausgang einer Tragödie vorgegeben ist, spielt die Art und Weise der konkreten Entwicklung eine größere Rolle als das tatsächliche Ende des Helden. Das informierte Publikum genießt demnach die gekonnt konstruierten Verstrickungen.

5

5.3.9 Beispielanalysen

>> BEISPIELINTERPRETATION 1

Tom Stoppard (1937–) **Rosencrantz and Guildenstern Are Dead (1966)**
ACT TWO

Hamlet, Ros[encrantz] and Guil[denstern] talking, the continuation of the previous scene. Their conversation, on the move, is indecipherable at first. The first intelligible line is Hamlet's, coming at the end of a short speech – see Shakespeare Act II, scene ii.

HAMLET: S'blood, there is something in this more than natural, if philosophy could find it out.
[A flourish from the Tragedians' band.]
GUIL: There are the players.
HAMLET: Gentlemen, you are welcome to Elsinore. Your hands, come then. *[He takes their hands.]* The appurtenance of welcome is fashion and ceremony. Let

	me comply with you in this garb, lest my extent to the players (which I tell you must show fairly outwards) should more appear like entertainment than yours. You are welcome. *[About to leave]* But my uncle-father and aunt-mother are deceived.
GUIL:	In what, my dear lord?
HAMLET:	I am but mad north north-west; when the wind is southerly I know a hawk from a handsaw.

[Polonius enters as Guil turns away.]

POLONIUS:	Well be with you gentlemen.
HAMLET:	*[To Ros]* Mark you, Guildenstern *[Uncertainly to Guil]* and you too; at each ear a hearer. That great baby you see there is not yet out of his swaddling clouts ... *[He takes Ros upstage with him, talking together.]*
POLONIUS:	My Lord! I have news to tell you.
HAMLET:	*[Releasing Ros and mimicking]* My lord, I have news to tell you ... When Roscius was an actor in Rome ...

[Ros comes downstage to re-join Guil.]

POLONIUS:	*[As he follows Hamlet out]* The actors are come hither my lord.
HAMLET:	Buzz, buzz.

[Exeunt Hamlet and Polonius.]
[Ros and Guil ponder. Each reluctant to speak first.]

GUIL:	Hm?
ROS:	Yes?
GUIL:	What?
ROS:	I thought you ...
GUIL:	No.
ROS:	Ah.

[Pause.]

GUIL:	I think we can say we made some headway.
ROS:	You think so?
GUIL:	I think we can say that.
ROS:	I think we can say he made us look ridiculous.
GUIL:	We played it close to the chest of course.
ROS:	*[Derisively]* 'Questions and answers. Old ways are the best ways'! He was scoring off us all down the line.
GUIL:	He caught us on the wrong foot once or twice, perhaps, but I thought we gained some ground.
ROS:	*[Simply.]* He murdered us.
GUIL:	He might have had the edge.
ROS:	*[Roused]* Twenty-seven-three, and you think he might have had the edge? He murdered us.

Tom Stoppard: Rosencrantz and Guildenstern Are Dead. Faber & Faber, London, 1967, Seiten 40–41

Stoppard's play takes place inside the world of Shakespeare's *Hamlet*. It uses two minor characters from the play both to celebrate the original play from the perspective of (post)modern art and to ask questions about the nature of theatre, language, and history.

The first half of the excerpt above comes directly from Shakespeare's play. However, whereas in the original, Rosencrantz and Guildenstern simply disappear from the rest of the scene only to reappear later in the play, the action in Stoppard's re-invention of Hamlet stays with the two hap-

less characters. Through subverting a canonical text, Stoppard's play also questions the system of literature and the formation of a canon.
While Shakespeare's Hamlet already plays with the power of language by pretending to have gone mad, Stoppard's play takes this critical attitude towards the power of language a step further. The fact that none of the other characters ever seems to be quite clear how to tell Hamlet's two friends apart (he himself is revealed in the stage directions to turn „Uncertainly to Guil", having just addressed Rosencrantz by his friend's name) already points to the fact that language does not always clearly refer to particular referents.
The second half of the excerpt above takes this playful notion of language one step further. As in other moments of the play, Rosencrantz and Guildenstern are shown to use language simply as a game. They turn their conversation with Hamlet into a sort of word-tennis, where they are losing badly to their royal friend. However, the ultimate (dramatic) irony at the end of the passage above is reached when they argue that Hamlet „murdered us". The remark emphasizes that there is a reality beyond words: after all, both characters are killed at the end of the play, and it is Hamlet's scheming that leads to their death. So, ultimately, Hamlet's skilled use of language leads to the death of Rosencrantz and Guildenstern.
Looked at from this perspective, their conversation with Hamlet does have a deadly meaning. Other than what the rest of the play may imply, language is then, after all, shown to create facts, to have an effect on reality. The play, in many ways, presents the complex case of both making an argument and at the same time presenting evidence against it. The relationship of *Rosencrantz and Guildenstern Are Dead* to Shakespeare's *Hamlet* repeats this dual attitude. By writing a satirical comment on the earlier play, Stoppard both subverts his source and, through his text, contributes to the lasting importance of Shakespeare's work.

>> BEISPIELINTERPRETATION 2

Arthur Miller (1915–2005) Death of a Salesman (1949)

WILLY *[stops short, looking at Biff]*: Glad to hear it, boy.
HAPPY: He wanted to say good night to you, sport.
WILLY *[to Biff]* Yeah. Knock him dead, boy. What'd you want to tell me?
BIFF: Just take it easy, Pop. Good night. *[He turns to go.]*
WILLY: *[unable to resist]:* And if anything falls off the desk while you're talking to him – like a package or something – don't you pick it up. They have office boys for that.
LINDA: I'll make a big breakfast –
WILLY: Will you let me finish? *[To Biff.]* Tell him you were in the business in the West. Not farm work.
BIFF: All right, Dad.
LINDA: I think everything –
WILLY: *[going right through her speech]*: And don't undersell yourself. No less than fifteen thousand dollars.
BIFF *[unable to bear him]*: Okay. Good night, Mom. *[He starts moving.]*
WILLY: Because you got greatness in you, Biff, remember that. You got all kinds of greatness ... *[He lies back, exhausted. Biff walks out.]*
LINDA *[calling after Biff]:* Sleep well, darling!
HAPPY: I'm gonna get married, Mom. I wanted to tell you.
LINDA: Go to sleep, dear.
HAPPY *[going]:* I just wanted to tell you.

WILLY: Keep up the good work. *[Happy exits.]* God ... remember that Ebbets Field game? The championship of the city?

Arthur Miller: Death of a Salesman. Viking, New York, 1949, Seiten 67 – 68.

Arthur Miller's *Death of a Salesman* is considered to be one of the most American plays ever written. First produced in 1949, it is an open condemnation of the underside of the American dream: dishonesty, superficiality, and appearances are shown to contribute to the suicide of a father and the spoiling of his sons. Willy, the eponymic salesman, lives in a world of pretense, reminiscing about the past, day-dreaming about his professional success, imagining brilliant futures for his sons. Secretly, however, he has been plotting his own death so as to leave his family the insurance money that will provide them with the financial security he has been never able to reach.

The excerpt above, taken from the end of the first act, shows how Willy is prone to withdraw into his inner world of happiness and promise, ignoring all evidence from around him that would contradict him. While Biff is obviously unwilling to dream along in this scene, his father imagines a very positive outcome from the planned meeting next morning. His social pretensions become clear when he tells his son not to be too subservient: „They have office boys for that." Even though his son has hardly any qualifications that would justify the kind of treatment Willy expects, the simple promise „you got greatness in you" is supposed to make up for all shortcomings.

The relationship between Willy and his wife, Linda, highlights the fragile psychic state of the husband. While his outer world is falling apart, he compensates by ruling over his wife, talking over her, telling her to be quiet and insisting on her showing him respect. At this stage in their relationship, Linda has also become affected by her husband's tendency to block out reality by withdrawing into an inner world. The announcement of Happy that he will get married is met with silence. While his statement would surely warrant some kind of response, she simply tells him: „Go to sleep, dear." By protecting her feeble husband, whose suicidal tendencies she had already started to notice, she herself has also begun to withdraw from reality. She does not want to face the facts and instead choses to ignore aspects of the life around her that may upset the equilibrium.

The stage directions in this scene, beyond pointing out characters' coming and going, contribute to the understanding of the relationship between the characters. Willy's dismissive tone towards his wife is emphasized by the stage directions, making it clear to the reader (and the director) how Miller had envisioned the balance of power on stage. Biff's view of his father, whose shallowness he has seen through when still a child, is also frequently expressed non-verbally, through the stage directions that indicate his thoughts and feelings. Biff also does not voice his opinion so as not to shatter the imaginary realm of Willy's view of life.

Lastly, the language marks the characters throughout as inauthentic and struggling for a personal sense of belonging. The repeated use of clichéd expressions paired with words that hardly describe clearly what is being meant, add to the feeling that Willy (and his family) is unable to use thinking and speaking as a means to represent reality. Willy's phrase „You got all kinds of greatness" provides a good example: while „you got greatness" is highly unspecific and in the case of Biff at best wishful thinking (as Biff himself points out at the end of the play), the addition of „all kinds" hardly makes Willy's statement any clearer. In fact, nearly every single sentence in the scene above (like „Glad to hear it" or „Knock him dead") is an empty phrase. Language, as a whole, has turned into an empty vessel.

The banalities that the characters in *Death of a Salesman* exchange on stage point to one of the central themes of the play, namely the emptiness that is at the centre of Willy, the protagonist. His suicide at the end of the play represents the climax of the process of self-annihilation that has been going on for most of his life. The absence of meaning that marks most sentences thus mirrors the absence of meaning from his life; and the play's superficial dialogue echoes the superficiality of Willy's view of life. The play thus presents some clear, if indirect, criticism of the vacuity at the heart of the American way of life during the post-war years.

5.4 Prosa

Der Begriff der Prosa geht auf das lateinische Wort für „schlichte Rede" zurück, beschreibt also vor allem eine Art der Sprachverwendung. Definiert man Prosatexte negativ, durch ihre Unterschiede zu den anderen beiden Hauptgattung, bleiben die nicht-lyrische Sprache und das nicht-szenische Darstellen als Ausscheidungskriterien bestehen. Die verbleibenden Texte schließen bei einer solchen Beschreibung eine Großzahl an Gebrauchstexten, wissenschaftlichen Abhandlungen und anderen Veröffentlichungen ein, die nicht notwendigerweise alle in den Bereich der Literatur fallen. Von besonderem Interesse ist dagegen die „schlichte Rede", wenn sie künstlerischen Charakter hat. Eng verwandt mit dem Begriff der Prosa, aber nicht mit ihr identisch, ist die Bezeichnung Erzähltexte. Sie beschreibt deutlicher (und positiv) das zentrale Erkennungsmerkmal der dritten Hauptgattung, nämlich die Anwesenheit einer erzählenden Instanz, die zwischen Leser und Figurenrealität vermittelt.
Der früher häufig verwendete Begriff Epik für die dritte Hauptgattung ist aufgrund seiner Bezüge zum Epos, dem aus der Antike bekannten Heldengedicht, wenig hilfreich.

5.4.1 Untergattungen von Prosatexten

Die Untergattungen der Prosa unterscheiden sich vor allem durch ihre jeweilige Länge und den damit verbundenen Einschränkungen. Kann ein Roman das Leben seiner Hauptfigur über viele Jahrzehnte und große Räume hinweg begleiten, etwa in Daniel Defoes *Robinson Crusoe* (1719) oder in Virgina Woolfs *Orlando* (1928), so verhindert die Knappheit der Kurzgeschichte das Entstehen solch epischer Breite. In die Gattung Prosa gehört neben dem **Roman** und der **Kurzgeschichte** auch die **Novelle**, wobei diese im englischsprachigen Raum weniger stark verbreitet ist als etwa im deutschsprachigen. Allerdings kann man im Fall von Joseph Conrads *Heart of Darkness* (1898/99) durchaus dafür plädieren, dass die wenigen Charaktere, der relativ knapp bemessene zeitliche Rahmen und auch die im Wesentlichen auf ein einziges (wenn auch längeres) Ereignis beschränkte Handlung den typischen Merkmalen der Novelle entsprechen. Gängiger ist jedoch die Bezeichnung **Kurzroman** *(short novel)*.

Die Knappheit der Kurzgeschichte wurde von Edgar Allan Poe damit begründet, dass es möglich sein soll, den Text am Stück zu lesen, ohne von weltlichen Dingen unterbrochen zu werden. Daneben sind für die Kurzgeschichte der unmittelbare Einstieg in die Handlung, die fehlende Entwicklung der wenigen Charaktere und die Beschränkung auf ein einziges, oft schicksalhaftes Ereignis kennzeichnend. In Poes eigenen Schauergeschichten oder auch Ambrose Bierces *An Occurrence at Owl Creek Bridge* findet man diese Kriterien gut realisiert. Die Darstellung konzentriert sich auf das Erleben während eines entscheidenden Augenblicks und es findet (aufgrund der Kürze der dargestellten Zeit) auch keine Persönlichkeitsentwicklung statt. Versucht der Roman, eine Gesamtdarstellung des Lebens zu liefern, so will die Kurzgeschichte ein konkretes Gefühl oder eine bestimmte Stimmung erzeugen.

Anhand des Werkes von James Joyce kann man diese unterschiedlichen Ansprüche gut verdeutlichen. So lässt sich aus den Romanen *Ulysses* und *Finnegans Wake* das alltägliche Leben in Dublin in der ersten Hälfte des 20. Jahrhunderts fast in seiner Gesamtheit reproduzieren. Dahingegen zeigen die Kurzgeschichten in *Dubliners* jede für sich betrachtet lediglich konkrete Momente. So stellt etwa „Clay" die bedrückende Lebenslage seiner liebevollen und hilfsbereiten Protagonistin dar, die im Alter zunehmend hilflos wird und vereinsamt.

Der Roman zeichnet sich vor allem durch seine Länge, durch die oft mehrere Jahre oder gar Generationen umfassende zeitliche Spanne, die vielen Charaktere mit oft sehr genau ausgearbeiteten Eigenschaften und Entwicklungsprozessen sowie die in vielen Fällen detaillierte Beschreibung von gesellschaftlichem, politischem und geographischem Umfeld aus. Selbstverständlich kann man den Roman in weitere Typen unterteilen. Die Fülle der verschiedenen Arten von Romanen bezeugt zugleich die Beliebtheit dieser Gattung. *Kriminalroman, Liebesroman,*

Abenteuerroman, Schauerroman, Bildungsroman, state-of-England novel, postkolonialer Roman: Die Liste ließe sich schnell verlängern.

Selbstverständlich waren und sind nicht alle Typen des Romans zu jeder Epoche bei allen Lesern gleichermaßen beliebt. Für lange Zeit, auf jeden Fall im 18. Jahrhundert, galt der Roman generell als wenig wertvolle Art der Lektüre, die neben den als ästhetisch anspruchsvoll geltenden Gattungen Lyrik und Drama kaum ernsthafte Rezipienten fand. Der Roman musste sich in seiner Frühphase von der älteren Prosagattung des Ritterromans, auch **Romanze** (*romance*) genannt, abgrenzen. Der Ritterroman war sehr viel stärker von irrealen, fantastischen Momenten geprägt: Drachen, mutige Helden und hilflose Damen gehören zum Inventar fast jeder *romance*. Dem gegenüber verstand sich der Roman von Anbeginn an als eine realistische Darstellung der tatsächlichen Welt seiner Leser.

5.4.2 Mimesis/Poiesis

Erzähltexte kann man auch nach ihrem unterschiedlichen Verhältnis zur Wirklichkeit unterteilen. Grundsätzlich unterscheidet man zwischen fantastischer und realistischer Literatur. Versucht die realistische Literatur, ein authentisches Bild der tatsächlichen Wirklichkeit zu liefern, so erlaubt sich die fantastische Literatur eine eher kreative Einstellung zur dargestellten Welt. Anders ausgedrückt folgt die realistische Literatur dem Prinzip Nachahmung oder Mimesis, wohingegen die fantastische Literatur eher auf eine ästhetische Neuschaffung der Welt oder Poiesis abzielt.

Dabei ist zu betonen, dass zumeist beide Prinzipien zugleich am Werke sind, es also lediglich zu Abstufungen kommt. Während auf der einen Seite ein rein mimetischer Text nur in Biographien oder Sachbüchern (wie Geschichtsdarstellungen) vorliegt, so entsteht auf der anderen Seite das Problem, dass ein vollkommen poietischer Text jedes Inhaltsmoment neu erschaffen müsste. Es dürften also aus der Realität keine Aspekte nachahmend übernommen werden: keine Augen, Bäume, chemischen Elemente etc. Ob ein solcher Text noch verständlich wäre, ist eher fragwürdig. Tatsächlich findet man deswegen in Romanen eine je nach Text individuelle Gewichtung von realistischen und fantastischen Elementen. Während Tolkiens *The Lord of the Rings* oder die *Harry Potter*-Romane viele fantastische Elemente beinhalten, findet man in Nick Hornbys *About a Boy* oder in J. D. Salingers *The Catcher in the Rye* vor allem eine genau beobachtete Wirklichkeit, die sich natürlich auch fiktiver Elemente wie erfundener Personen, Orte, Namen oder Ereignisse bedient.

Eine erfolgreiche Mischform der beiden Grundtendenzen liegt in *Science-Fiction*-Werken vor. Während der Bezug auf die Naturwissenschaften (*Science*) natürlich die Realitätsnähe solcher Texte betont, führt der Als-Ob-Charakter (*Fiction*) dieser Texte in eine imaginäre Welt ein. So verbindet sich auch in Mary Shelleys *Frankenstein* (1818) das Wunschdenken der Menschen, durch die Wissenschaft die Probleme des Lebens zu meistern, mit der irrealen Option, Leben neu zu schaffen.

5.4.3 Grundelemente von Erzählungen

Wohl die wichtigste Erkenntnis in der Beschreibung von Erzähltexten bezieht sich auf die Unterscheidung von *story* und *discourse*. Mit diesen beiden oder ähnlichen Begriffen (leider herrscht in diesem Bereich große terminologische Vielfalt) bezeichnet man auf der einen Seite das *Was* einer Erzählung (*story*) und auf der anderen das *Wie* ihrer Darstellung (*discourse*).

Wenn man einen Text nacherzählt, etwa *Frankenstein*, wird man wohl kaum jeden erzählerischen Aspekt der Originalversion nachempfinden. Dennoch bleibt die Erzählung (bei ausreichendem Erinnerungsvermögen) in ihrem Kern erhalten: Die *story* wäre somit in den beiden Versionen die gleiche, während die Art der Vermittlung (*discourse*) sich geändert hätte. Man könnte zum Beispiel Frankenstein auch aus der Sicht der Kreatur erzählen oder vollständig in Briefform verfassen. Ebenso wäre es denkbar, ein Ballet aufzuführen, das sicherlich die *story* durch eine andere Art von *discourse* vermitteln würde. Schließlich böte es sich in allen Medien an, die Abfolge der einzelnen *story*-Elemente im jeweiligen *discourse* neu zu ordnen, also beispielsweise die komplette Handlung von ihrem Ende rückwärts zu ihrem Anfang zurück zu verfolgen. Die *story* bliebe von so einer Veränderung selbstverständlich unberührt. Martin Amis verwendet in *Time's Arrow* (1991) diese Technik; das gleiche Prinzip findet man im postmodernen Film *Memento* (2000).

Tipp: Bausteine des Erzählens

Bei der Analyse von Erzähltexten ist wichtig, sich darüber im Klaren zu sein, dass jede Erzählung immer zugleich über *story* und *discourse* verfügt. Es ist zudem unmöglich, *story* in quasi reiner Form, ohne Verwendung von *discourse*, zu vermitteln. Selbst eine denkbar knappe Wiedergabe eines Romans (Mann baut Monster aus Leichenteilen; Monster tötet alle Freunde und Verwandten seines Schöpfers; beide sterben im ewigen Eis) kommt nicht ohne *discourse*-Elemente aus: hier im Beispiel die gewählte Formulierung der wichtigsten Romanmomente aus *Frankenstein* im Telegrammstil.

Nicht nur bei der Übertragung in ein anderes Medium, etwa in den Film oder ins Ballet, kommt man somit nicht umhin, das **Was** der Erzählung durch ein **Wie** auszudrücken. Selbst die vereinfachteste Wiedergabe einer komplexen Erzählung verfügt stets sowohl über *story*- als auch über *discourse*-Elemente. Auch wer einen Roman, beispielsweise *Frankenstein*, als Cartoon nacherzählt oder nachzeichnet, der entscheidet sich für eine bestimmte Art der Wiedergabe. Die Darstellung der einzelnen Figuren, die relative Länge, die einzelnen Episoden zukommt, die chronologische oder achronologische Abfolge der Ereignisse: Sie alle machen den Bereich *discourse* aus.

Es stellt sich hierbei die Frage, was denn nun mit *story* gemeint ist. Eine mögliche Antwort wäre, dass damit dasjenige einer Erzählung gemeint ist, was einem in Erinnerung bleibt. Wenn man sich viele Jahre später an eine Erzählung wie Hänsel und Gretel erinnert, hat man vielleicht nicht mehr einzelne Details parat, kann aber „die Geschichte" nacherzählen. Das erinnerte Material, aus dem man eine neue Variante der Erzählung konstruiert (also als *discourse* ausformuliert), wäre dementsprechend *story*.

Bei der Beschreibung einer Erzählung kann man auch nach anderen Begriffen Unterscheidungen treffen. Der Romanautor und Essayist E. M. Forster hat in *Aspects of the Novel* (1927) mit dem Begriffspaar *story* und *plot* Teilaspekte von Erzählungen unterschieden, wobei seine Vorstellung von *story* nicht gleichzusetzen ist mit dem *story*-Begriff aus dem Gegensatzpaar *discourse/story*. Forster bezeichnet mit *story* den **chronologischen Ablauf** einer Erzählung und mit *plot* die **logisch-kausale Verknüpfung** der einzelnen Elemente. Für *Frankenstein* heißt das, dass „Victor erschafft eine Kreatur / die Kreatur tötet dessen Familienmitglieder" die *story* (beziehungsweise einen Teil davon) wiedergibt, während mit „Victor erschafft eine Kreatur / die Kreatur tötet aus Enttäuschung über Victors Verstoßung dessen Familienmitglieder" der *plot* (ausschnittsweise) beschrieben wäre. Die meisten Romane verfügen sowohl über *story* als auch über *plot*, allerdings versuchen experimentelle Texte immer wieder, ohne einen der beiden Bereiche auszukommen. In seinem Roman *Ulverton* (1992) schildert Adam Thorpe unterschiedliche historische Momente in der Geschichte des gleichnamigen Ortes. Der Aspekt *story* ist damit gewahrt; inwieweit der Roman auch über die Komponente *plot* verfügt, bleibt unklar.

Die Betonung von logisch-kausalen Inhaltsmomenten führt dazu, dass man Teile einer Erzählung danach unterscheiden kann, ob sie das Geschehen weiterführen oder nicht. Dementsprechend nennt man einen entscheidenden oder handlungstragenden Aspekt einer Erzählung *kernel* und eher digressive, vom Thema abschweifende Teile *satellites*. **Textbausteine** aus dem Bereich *kernel* für eine Kriminalgeschichte zu definieren, ist vergleichsweise einfach: Der Ablauf des Mordes, das genaue Tatmotiv und das den Täter überführende Beweismaterial gehören sicher dazu; die Autopanne des Detektivs auf dem Weg ins Polizeirevier oder die Großwetterlage im Moment der Verhaftung wohl eher nicht. In den meisten Kurzgeschichten kann man dagegen fast keine Textpassagen als *satellites* beschreiben. Zu benennen, wo in einem Roman wie *Ulysses* der Bereich *satellite* endet, ist dagegen ein bedeutend schwierigeres Unterfangen. Gerade in der Moderne und Postmoderne führt der Verlust des Glaubens an logisch und zielgerichtet verlaufende Sinneinheiten dazu, dass auch in Erzähltexten die Willkürlichkeit und die Betonung des scheinbar Belanglosen größeren Raum einnehmen. Das Verhältnis von *kernel-* und *satellite*-Anteilen verschiebt sich entsprechend.

Tipp: Terminologie

Obwohl Fachbegriffe eigentlich der Klärung komplexer Sachverhalte dienen und mögliche Unklarheit zu vermeiden helfen sollen, muss man auch bei der Verwendung des terminologischen Apparats Sorgfalt walten lassen. Die unterschiedliche Bedeutung des Begriffs „story" kann die Problematik verdeutlichen, denn je nachdem, ob es um das Begriffspaar „story/discourse" oder „story/plot" geht, hat das Wort eine unterschiedliche Bedeutung. Eine sorglose Verwendung führt schnell zu großer Verwirrung.

5.4.4 Erzählsituation

Während man bei einem Drama den Fortgang der Ereignisse direkt dargestellt bekommt und bei einem Gedicht das persönlich-subjektive Empfinden eines lyrischen Ichs nacherlebt, bieten Erzähltexte eine grundsätzlich andere Art der Inhaltsvermittlung. Diese kann nach unterschiedlichen Aspekten genauer definiert werden. Eben dies steht oft am Anfang einer Interpretation narrativer Texte.

Die Form des Erzählens, die Erzählsituation, tritt in drei Grundtypen in Erscheinung: als auktoriale, personale oder Ich-Erzählsituation. Selbstverständlich gibt es darüber hinaus weitere Erzählsituationen, z.B. eine Du-Erzählsituation, bei der sich der Text direkt an einen Leser wendet, oder den Briefroman, der streng genommen keinen Erzähler hat. Ebenso findet man regelmäßig Mischformen der drei Grundtypen. Die grundsätzliche Unterscheidung, die auf Arbeiten von Franz Stanzel zurückgeht, hat sich jedoch als erste Orientierung in der literaturwissenschaftlichen Praxis gut bewährt. Die drei Grundtypen des Erzählens kann man anhand zentraler Merkmale unterscheiden:

- Die **auktoriale Erzählsituation** *(authorial narrative situation)* hat einen allwissenden Erzähler, der außerhalb der Welt der Romanhandlung angesiedelt ist. Dieser Erzähler hat Einblick in die Psyche der Figuren, kann also über die Motivation, die Ängste oder Wünsche einzelner Charaktere Auskunft geben. Ebenso ist diesem Erzähler die Vorgeschichte sowie der Ausgang der Handlung bekannt.
- Die **Ich-Erzählsituation** *(first-person narrative situation)* hat einen Erzähler, der in der ersten Person erzählt. Der Erzähler gehört der gleichen Welt an wie die anderen Charaktere der Handlung. Oft ist der Erzähler zugleich der Protagonist. Da der Erzähler keinen Zugang zu den Gedanken und Gefühlen der anderen Personen hat, ist die Ich-Erzählsituation in ihren Darstellungsmöglichkeiten stark eingeschränkt. Allerdings kann der Erzähler Kenntnis vom Ausgang des Geschehens haben, vor allem dann, wenn das erzählende Ich *(narrating I)* von einem deutlich späteren Zeitpunkt aus die früheren Abenteuer des erlebenden Ich *(experiencing I)* schildert.
- Die **personale Erzählsituation** *(figural narrative situation)* ist gekennzeichnet von einem Erzählen, das nicht einer bestimmten Figur zugerechnet werden kann. Anders als bei den anderen beiden Grundtypen gibt es hier keinen eigentlichen Erzähler; vielmehr *wird* erzählt. Diese passive Distanz entwickelt sich aus dem wechselnden Fokus auf einzelne Personen der Erzählung, aus deren Perspektive berichtet wird. Eine solche Reflektorfigur *(focaliser)* ist jedoch für sich kein Erzähler: Sie fungiert lediglich als Spiegel, der den Fortgang der Handlung wiedergibt.

Die folgenden drei Romananfänge sind Beispiele für die Grundtypen des Erzählens.

>> BEISPIELE

It is a truth universally acknowledged, that a single man in possession of a good fortune, must be in want of a wife.
However little known the feelings or views of such a man may be on his first entering the neighbourhood, this truth is so well fixed in the minds of the surrounding families, that he is considered as the rightful property of some one or other of their daughters.
"My dear Mr. Bennet," said his lady to him one day, "have you heard that Netherfield Park is let at last?"
Mr. Bennet replied that he had not.

Jane Austen: Pride and Prejudice. Penguin, London, 2003, Seite 5

In my younger and more vulnerable years my father gave me some advice that I've been turning over in my mind ever since.
"Whenever you feel like criticizing any one," he told me, "just remember that all the people in the world haven't had the advantages that you've had."
He didn't say any more but we've always been unusually communicative in a reserved way and I understood that he meant a great deal more than that.

F. Scott Fitzgerald: The Great Gatsby. Scribner, New York, 2003, Seite 5

Mrs Dalloway said she would buy the flowers herself.
For Lucy had her work cut out for her. The doors would be taken off their hinges; Rumpelmayer's men were coming. And then, thought Clarissa Dalloway, what a morning – fresh as if issued to children on a beach.
What a lark! What a plunge! For so it had always seemed to her when, with a little squeak of the hinges, which she could hear now, she had burst open the French windows and plunged at Bourton into the open air.

Virginia Woolf: Mrs Dalloway. Wordsworth, Ware, 2003, Seite 3

Im ersten Beispiel eines Romananfangs klingt die ironisch-zynische Stimme des Erzählers von außerhalb und jenseits der Figuren. Die Wünsche und Hoffnungen der beteiligten Personen werden jedoch nicht nur dargestellt, sind dem auktorialen Erzähler also offensichtlich einsehbar, sie werden zugleich kommentiert. Die Tatsache, dass die Nachbarn keine Einsicht in die Psyche anderer haben, ausgedrückt in der dritten Zeile des zweiten Absatzes, lässt vermuten, dass die Erzählstimme in Austens *Pride and Prejudice* sehr wohl Kenntnis des Innenlebens der Figuren hat. Das letzte Kapitel des Romans bestätigt diese Funktion des Erzählers. Der erste Satz dort beschreibt die Glückszustände von Mrs. Bennet (auch wenn diese sicher nicht zu überhören waren): „Happy for all her maternal feelings was the day on which Mrs. Bennet got rid of her two most deserving daughters." Die übertriebene Beschreibung dieser beiden Töchter als „most deserving" verweist indirekt und kritisch darauf, dass sich nicht alle Töchter gleichermaßen die Hochachtung der Erzählstimme erworben haben. Der letzte Absatz gibt dann einen Ausblick auf die Zukunft der Figuren. Das gesamte Abschlusskapitel bezeugt sowohl die Distanz der Erzählstimme als auch ihre tiefe Einsicht in die einzelnen Charaktere.

Das zweite Beispiel verwendet eine Ich-Erzählsituation. Der Erzähler, Nick Carraway, ist zwar nicht der Protagonist, er ist aber die Figur, die uns von Gatsbys Erlebnissen berichtet. Der fehlende Einblick in die Motivation der anderen Figuren wird bereits in diesen ersten Zeilen des Romans deutlich. Nick zitiert seinen Vater, ist sich aber nicht ganz sicher, ob er dessen Aussage richtig verstanden hat. Diese fehlende Einsicht in die Innenwelt der anderen Figuren, die sich aus der Ich-Erzählsituation von Nick zwangsweise ergibt, hat jedoch den Vorteil, dass Gatsby den Lesern bis zum Schluss als eine mysteriöse Figur erscheint. Das Ende von Fitzgeralds *The Great Gatsby* betont diese Unwissenheit und geht konkret auf die unbekannte Zukunft ein: „So we beat on, boats against the current, borne back ceaselessly into the past." Die Erzählsituation trägt zu der Stimmung des Romans entscheidend bei.

Das dritte Beispiel zeigt, wie eine personale Erzählsituation zwischen verschiedenen Reflektorfiguren oszilliert. Virginia Woolfs *Mrs Dalloway* verzichtet fast vollständig auf eine erzählende Stimme, die man als Person fassen könnte. Viel mehr liefert der Text verschiedene Einblicke in das Innenleben der wichtigsten Figuren, vor allem Clarissa Dalloway und Septimus Warren Smith. Deren innere Zustände werden mehr oder weniger unvermittelt dargestellt. Sie liefern dabei einen stark idiosynkratischen Blick auf die Situation. Die Handlung, bzw. *story*, von *Mrs Dalloway* müssen sich die Leser aus den einzelnen Eindrücken selbst konstruieren.

5.4.5 Einblick in das Bewusstsein der Figuren

Romanfiguren können in Texten auf verschiedene Art und Weisen vorgestellt werden. E. M. Forster benennt die beiden Möglichkeiten *showing* und *telling*. Danach werden Figuren entweder durch ihre Handlungen charakterisiert (also vorgeführt) oder direkt beschrieben. Es existieren jedoch noch differenziertere Möglichkeiten, Einblick in die Psyche der einzelnen Figuren zu liefern. Dabei unterscheidet man zwischen drei Typen:

- Gedankenbericht *(psycho narration)*
- erlebte Rede *(free indirect discourse)* und
- innerer Monolog *(interior monologue).*

Der Gedankenbericht tritt häufig in einer auktorialen Erzählsituation auf und bedient sich ebenso wie sie der dritten Person und des Präteritums bei der Darstellung des Bewusstseins einer Figur. Die Sprache folgt formal weitestgehend den üblichen Konventionen literarischen Schreibens, bedient sich also einer korrekten Syntax, verwendet abgeschlossene Satzkonstruktionen und bemüht sich um eine Stilebene, die eindeutig nicht der gesprochenen Sprache zuzurechnen ist. Der letzte Satz aus dem Jane Austen Zitat oben („Mr. Bennet replied that he had not.") mag als Beispiel dienen. Den größten Gegensatz dazu stellt der innere Monolog dar. Hier gibt die Sprache formal den eher assoziativen Gedankenfluss der menschlichen Psyche wieder. Entsprechende Textpassagen sind deswegen oft durch abgebrochene Sätze (Anakoluth), fehlende Interpunktion, umgangssprachliche Ausdrücke und unzensierte Gedankengängen charakterisiert. Das vorherrschende Tempus ist das Präsens; die verwendeten Pronomina sind die der ersten Person. Die beiden Ausrufe aus dem Exzerpt von *Mrs Dalloway* („What a lark! What a plunge!") stellen stilistisch schon durch ihre unvollständige Syntax einen deutlichen Unterschied zu dem direkt folgenden Satz dar: Man kann davon ausgehen, dass mit ihnen mehr oder weniger direkt die Gedanken von Mrs Dalloway wiedergegeben werden. Die erlebte Rede stellt schließlich eine Mischung der beiden Extremformen dar. Die vermittelnde Instanz der im Text vorherrschenden Erzählsituation tritt in den Hintergrund, allerdings werden die Gedanken der dargestellten Person in der ersten Person und im Präsens dargestellt. Gleichwohl verzichtet die erlebte Rede auf die stark elliptische Form des inneren Monologs. Vielmehr werden die inneren Vorgänge einer Figur auf eine direkte Art wiedergegeben, die jedoch keinen stilistischen Bruch im Vergleich zu der sonst vorherrschenden Erzählstimme verursacht.

Die stark zunehmende Darstellung von Bewusstseinszuständen in Romanen zu Beginn des zwanzigsten Jahrhunderts geht auch auf Entwicklungen in anderen gesellschaftlichen Bereichen zurück. Sowohl die psychoanalytischen Schriften von Sigmund Freud, dessen *Traumdeutung* im Jahre 1900 erscheint, als auch die Arbeiten von Albert Einstein, der seine spezielle Relativitätstheorie 1905 publiziert, verändern die Wahrnehmung und Verarbeitung der Realität radikal.

Virginia Woolfs *Mrs Dalloway* gilt als einer der wichtigsten Romane für die Entwicklung der Darstellung von inneren Zuständen der Charaktere. Das folgende Zitat beginnt den siebten Abschnitt des Romans und setzt mit den Gedanken von Peter ein, dessen schmerzliche Trennung von Clarissa, am Ende des vorhergehenden Kapitels, aus seiner Erinnerung heraus berichtet wurde. In diesem Ausschnitt wechselt die Erzählstimme von Peter zu Lucrezia, unterbrochen von kurzen Einschüben einer nicht näher definierten Stimme, die wie ein auktorialer Erzähler in einer eigenen diskursiven (= erzählerischen) Welt angesiedelt scheint, jedoch anders als ein auktorialer Erzähler keinen tieferen

Einblick in die Psyche der Charaktere erkennen lässt.

>> BEISPIEL 1

Virginia Woolf **Mrs Dalloway**

It was awful, he cried, awful, awful!

Still, the sun was hot. Still, one got over things. Still, life had a way of adding day to day. Still, he thought, yawning and beginning to take notice – Regent's Park had changed very little since he was a boy, except for the squirrels – still, presumably there were compensations – when little Elise Mitchell, who had been picking up pebbles to add to the pebble collection which she and her brother were making on the nursery mantelpiece, plumped her handful down on the nurse's knee and scudded off again full tilt into a lady's legs. Peter Walsh laughed out.

But Lucrezia Warren Smith was saying to herself, It's wicked; why should I suffer? she was asking, as she walked down the broad path. No; I can't stand it any longer, she was saying, having left Septimus, who wasn't Septimus any longer, to say hard, cruel, wicked things, to talk to himself; to talk to a dead man, on the seat over there; when the child ran full tilt into her, fell flat, and burst out crying.

That was comforting rather. She stood her upright, dusted her frock, kissed her.

Virginia Woolf: Mrs Dalloway. Wordsworth, Ware, 2003, Seite 49

Der erste Satz in diesem Ausschnitt hat eine Erzählstimme („he cried"), trennt diese jedoch nur durch Kommas von den zitierten Worten aus Peters Erinnerung („It was awful, awful, awful!"): Anführungszeichen fehlen, wodurch der Wechsel in das Bewusstsein Peters sehr flüssig verläuft. Dieser erste Satz kann als erlebte Rede gelten, denn das Tempus ist im Original erhalten; ein Pronomen liegt nicht vor. Im zweiten Absatz verwendet Woolf daher eher eine Technik des Gedankenberichts: Sätze wie „Regent's Park had changed very little since he was a boy" zeigen, dass ein Wechsel der Pronomen in die dritte Person vorliegt. Während die Syntax dieser Passage weitgehend den Normen literarischer Sprache entspricht, lassen sich auch eher der gesprochenen Sprache zuzurechnende Auffälligkeiten wie Wortwiederholungen, etwa von „still", aufzeigen. Der dritte Absatz bietet Beispiele, die deutlich in Richtung innerer Monolog gehen: Die Gedanken von Lucrezia sind für einen kurzen Moment in der ersten Person und im Präsens wiedergegeben („I can't stand it any longer"), werden jedoch unmittelbar danach extern zusammengefasst und in die Vergangenheit verlagert. Der Strichpunkt vor „when the child ran full tilt into her" beendet diesen Gedankenbericht; unmittelbar danach schildert die externe Erzählstimme den kleinen Unfall mit dem Mädchen. Im abschließenden Absatz kann man im ersten Satz eine Empfindung von Lucrezia in Form eines Gedankenberichts erkennen, während der zweite Satz wieder aus der Außenperspektive berichtet, was geschieht.

Wo genau hier die einzelnen Übergänge zwischen welchen Arten der Bewusstseinsdarstellung liegen, ist nicht unbedingt entscheidend und sicher auch kontrovers diskutierbar; wichtig erscheint jedoch die Einsicht, dass Woolf in ihrem Roman beständig und sehr geschickt von dem Bewusstsein einer Figur in das der nächsten wechselt, oft nur mit kurzen Überleitungen. Insgesamt dominiert dabei die Darstellungen der Erlebniswelt der Charaktere. Die Bedeutung des Erzählers tritt hinter die Darstellung der Figuren zurück.

5.4.6 Raum und Zeit

Während auf der klassischen Bühne zeitliche Begebenheiten dargestellt werden, die innerhalb eines Tages geschehen können, erstrecken sich die meisten Romane über deutlich längere Zeiträume, die etwa das gesamte Leben einer Figur oder auch das Schicksal einer ganzen Dynastie umfassen. Daraus ergibt sich eine Diskrepanz zwischen der Zeit, die man beim Lesen braucht, und der Zeit, die innerhalb der Erzählwelt vergeht.

So wie man grundsätzlich zwischen *discourse* und *story* unterscheidet, differenziert man auch zwischen **Erzählzeit** (*discourse time*) und **erzählter Zeit** (*story time*), also zum einen der Zeit, die man benötigt, um ein Ereignis zu erzählen (Erzählzeit), und zum anderen der Zeit, die innerhalb der erzählten Welt vergeht. Dabei kann es durchaus vorkommen, dass die Dauer der beiden Zeiten identisch ist, dass also das Erzählen (bzw. das Lesen) einer Begebenheit genau so lange dauert wie das, was erzählt wird. Eine Kurzgeschichte über ein Fußballspiel, die man in 90 Minuten (plus Pause) lesen kann, wäre ein solcher Fall. Natürlich kann man aber auch deutlich länger oder deutlich kürzer über etwas erzählen, das – innerhalb der Welt der erzählten Figuren – etwa 90 Minuten dauert. So könnte man einerseits aus der Perspektive eines gelangweilten Besuchers („So ein doofes Gekicke!") das erlebte Ereignis in wenigen Sekunden abhandeln. Andererseits könnte man in einem entspannt plaudernden Roman durch die ausführliche Schilderung der Gedanken, Gefühle, Erinnerungen oder Hoffnungen sämtlicher beteiligter Personen viele Lektüreabende mit der Darstellung eben dieser 90 Minuten füllen. Die jeweiligen Gemütszustände der beteiligten Akteure (oder gar der 42 385 Besucher) böten reichlich Material. In *House Mother Normal* (1971) schildert B. S. Johnson, einer der wichtigsten Vertreter des experimentellen postmodernen englischen Romans, einen Abend in einer psychiatrischen Anstalt aus der inneren Sicht der neun anwesenden Personen. Die Erzählzeit ist dabei genau neun Mal länger als die erzählte Zeit, da alle Figuren etwa in realer Geschwindigkeit berichten.

Generell kann man drei Grundtypen der relativen Geschwindigkeit (*pace*) eines Erzählverhaltens unterscheiden, die sich in ihrem Verhältnis von erzählter Zeit zur Erzählzeit grundsätzlich unterscheiden. Es kann erstens Einheit zwischen den beiden Zeitaspekten herrschen (Erzählzeit = erzählte Zeit) oder die eine Zeit dauert länger als die jeweils andere: Dabei kommt es zweitens zur Zeitraffung (Erzählzeit < erzählte Zeit) oder drittens zur Zeitdehnung (Erzählzeit > erzählte Zeit). Extremfälle sind ebenfalls denkbar, etwa wenn Erzählzeit in großem Maße verstreicht, ohne dass die erzählte Zeit erkennbar weiterläuft, etwa in einer Digression. Man nennt dies auch Pause. Ebenso kann ohne erkennbar verwendete Erzählzeit viel erzählte Zeit vergehen, etwa wenn ein neues Kapitel mit den Worten „Ten years later ..." beginnt.

In den meisten Erzähltexten fluktuiert das Zeitverhalten: Manchmal überschlagen sich die *story*-Ereignisse innerhalb einer kurzen *discourse*-Zeit, dann wird wieder ausgedehnt über eine lange ereignislose Phase berichtet. Ein Unterschied in der relativen Erzählzeit hat meist auch inhaltliche Gründe, die es zu erkennen und darzustellen gilt.

Virginia Woolfs *Mrs Dalloway* ist gerade in Hinsicht auf die Zeitstruktur sehr sorgfältig durchorganisiert: Nicht umsonst hatte der Roman den Arbeitstitel „The Hours". Die Erlebnisse der Hauptfiguren werden immer wieder vom stündlichen Läuten der Glocken von Big Ben unterbrochen. Die Mitte des Romans ist konsequenterweise vom 12-Uhr-Läuten unterbrochen.

Daneben verwendet *Mrs Dalloway* aber auch Wiederholungen, die der Vorstellung einer chronologisch verlaufenden Zeit widersprechen. Die bereits oben zitierte Szene im Park führt aus unterschiedlichen Blickwinkeln den gleichen Moment vor. Nachdem Peter Walsh den Sturz des kleinen Mädchens bereits erlebt hat, wird das gleiche Erlebnis noch einmal aus der Wahrnehmung von Lucrezia geschildert. Es entsteht dadurch ein Eindruck von Parallelität, der die Stimmung der modernen Großstadt London als Ort der Anonymität zusätzlich unterstützt. Es gibt somit in *Mrs Dalloway* nicht nur *eine* narrative Zeit, sondern vielmehr die Beschreibung einer Gesellschaft, deren Bürger in individuellen Zeitkapseln leben, die nicht notwendigerweise alle synchron eingestellt sind. Die Glockenschläge von Big Ben gliedern zwar den Roman; in vielen Details wie der oben zitierten Szene kommt es jedoch nicht zu einer gleichförmigen Zeitauffassung, sondern vielmehr zu einem Zerfall der Funktion Zeit, die den Zerfall der modernen Gesellschaft metaphorisch vorführt.

Neben der Zeit kommt auch dem Raum einer Erzählung große Bedeutung zu. Viele Romanautoren beschreiben detailliert die Örtlichkeiten ihrer Handlung. Im Idealfall trägt die Lokalität einer Begebenheit zu ihrem Verständnis bei, wobei die räumliche Situiertheit einer Szene oft in einem metaphorischen Verhältnis zur Handlung steht. Im Schauerroman etwa kommt den gruseligen Kellergewölben von verwunschenen Schlössern ebenso große Bedeutung zu wie der mystischen Macht der Natur. Beide evozieren psychische Reaktionen, die der Schwäche und Hilflosigkeit des menschlichen Lebens ein räumliches Bild verschaffen.

In *Mrs Dalloway* führt die Großstadt in ihrem hektischen Treiben die zunehmende Isolation des Individuums vor. Die Trennung in Innen- und Außenräume betont zudem das psychologische Interesse von Woolf an den Geisteszuständen ihrer Protagonisten. In fast schon impressionistischer Manier wirkt die Stadt um die beiden Hauptpersonen als eine Ansammlung von Eindrücken: Geräusche, Gerüche, Menschen, Autos, Flugzeuge. Die große Verschiedenheit des Umfelds macht es zum einen fast unmöglich, sich sinnvoll zu orientieren; gerade Smith zeigt zum anderen, dass das räumliche Umfeld immer nur aus der Psyche des jeweils Wahrnehmenden Bedeutung erfährt. In seinem Fall bedeutet dies, dass er auch in London nach wie vor von seinen Erlebnissen an der Kriegsfront umgeben ist. Der physische Raum, in dem die Figuren agieren, wird somit zu einem psychischen Raum, was das Grundinteresse von *Mrs Dalloway* deutlich unterstützt.

Gerade in amerikanischen Romanen spielt der Raum oft eine besondere Rolle. Die Vorstellung einer Abgrenzung, oder *frontier*, von kultiviertem Land im Osten und „wildem" Westen diente nicht nur als Entschuldigung für die Besitznahme des Kontinents (bzw. die gewaltsame Vertreibung der indianischen Bevölkerung), sondern spiegelt auch die Auseinandersetzung mit der immensen Weite des Landes und seiner beeindruckenden Natur wider. Mark Twain lässt *The Adventures of Huckleberry Finn* (1884) um den Mississippi spielen, verwendet also ebenfalls eine räumliche Metapher, um seine Textbotschaft deutlich zu machen.

>> BEISPIEL 1

This second night we run between seven and eight hours, with a current that was making over four mile an hour. We catched fish, and talked, and we took a swim now and then to keep off sleepiness. It was kind of solemn, drifting down the big still river, laying on our backs looking up at the stars, and we didn't ever feel like talking loud, and it warn't often that we laughed, only a little kind of a low chuckle. We had mighty good weather, as a general thing, and nothing ever happened to us at all, that night, nor the next, nor the next.

Mark Twain: The Adventures of Huckleberry Finn. Penguin, London, 1994, Seite 70

In *Huck Finn* nimmt der Fluss für Huck die Rolle der Eltern an. Als lebensspendendes Symbol für das Mütterliche liefert er Schutz und Orientierung. Dagegen spielen sich Hucks Erfahrungen mit der bürgerlichen, paternalistischen Gesellschaft vor allem in beengenden Verhältnissen ab: Sowohl seine „Tante" als auch sein Vater sperren Huck ein. Eine positive Entwicklung ist ihm dadurch verwehrt. Die Umkehrung dieser Situation gegen Ende des Romans, als Huck und Tom Sawyer aus Jim unnötigerweise einen Gefangenen machen, betont ebenfalls die Grundthematik des Romans: die Anklage der Sklaverei. In die Erzählung findet das Thema durch den Gefängnisraum von Jim direkt Eingang.

5.4.7 Beispielanalysen

>> BEISPIELANALYSE 1

Mary Shelley (1797 – 1822) Frankenstein (1818)

[...] These motives urged me to comply with his demand. We crossed the ice, therefore, and ascended the opposite rock. The air was cold, and the rain again began to descend: we entered the hut, the fiend with an air of exultation, I with a heavy heart and depressed spirits. But I consented to listen; and, seating myself by the fire which my odious companion had lighted, he thus began his tale.

Chapter 11

'It is with considerable difficulty that I remember the original era of my being: all the events of that period appear confused and indistinct. A strange multiplicity of sensations seized me, and I saw, felt, heard, and smelt, at the same time; and it was, indeed, a long time before I learned to distinguish between the operations of my various senses. [...]

Mary Shelley: Frankenstein, or, The Modern Prometheus. Wordsworth, Ware, 1993, Seite 71

Shelley's novel is presented in a highly complex and densely structured fashion. Most of the novel appears to be told in the first person by Victor Frankenstein, who is the first person narrator at the end of chapter 10. Chapter 11, however, begins the tale of his creature. The novel uses various layers of embedded narratives. In fact, the first narrative frame has a young scientist, R. Walton, travel to the North pole. He is writing letters to his sister, telling her, at one point, about having met Victor Frankenstein, who then takes over as (embedded) first person narrator.

5

The layering of the narrative frames makes it easier for the readers to move from the scientific Walton, whom one may take to be reliable, to the fantastic creature. The novel thus incorporates a number of narrative modes that cover both realistic and fantastic ground. In fact, Shelley's novel has been called one of the earliest science fiction texts since it mixes some realistic portrayals of scientific, or rather medical, advances with highly imaginary (and somewhat Gothic) inventions that are clearly not derived from a mimetic approach to reality.

The insistence to keep to first person narratives hightens the novel's atmosphere of being a genuine report of events that truly happened. The continued use of opening quotation marks throughout chapters 11 to 16 not only reminds readers of a change of speaker, it also emphasizes the fact that somebody is speaking, that a person is recounting his personal memories. Through relying on eyewitnesses, the text claims greater veracity. By situating the various episodes of the novel in easily identifiable parts of Europe, Shelley further heightens the mimetic quality of her narrative. She also brings the natural environment directly into her text, which is filled with the Romantic view of nature as a powerful place that confronts humanity with its own insignificancy vis-à-vis the divine creation.

The scene quoted above takes place in a typical location for *Frankenstein*, namely in a sublime natural environment. The inhospitability is emphasized by words like "ice", "rock", and "fire." Surrounded by the elements, Victor appears fragile and at risk. His creature, on the other hand, seems remarkably at ease on the glacier. Victor's scientific rationality is in direct opposition to the creature's physical presence. While Victor is all scheming intellect, the creature turns out to be driven by desires and emotions; it (or rather, he) almost seems to be the better human being. The opening words of Chapter 11 show that the creature is by no means a brute: on the contrary, both the eloquent tone of voice and the keen perceptions that mark the first moments of his life present him as a sensitive being. When he claims that he "saw, felt, heard, and smelt," he proves to be connected to his environment, in touch with the natural world around him. The fact that later on he "learned" proves him to have intelligence, so that he can be said to fulfil at least the second half of the *homo sapiens* description.

By contrast with the creature's harmonious relationship with the powerful natural environment, Victor's distance from his physical surroundings is highly noticeable. His arrogant hubris raises moral questions. The novel as a whole has been described as a critique of the scientific world view. The need to question the responsibility of science can easily be transferred to a contemporary setting. Shelley's novel can thus even be read as a commentary on such questions as whether cloning has to be discussed from a moral point of view.

>> BEISPIELANALYSE 2

J. M. Coetzee (1940 –) Foe (1986)

"'I must go, Friday. You thought that carrying stones was the hardest of labours. But when you see me at Mr Foe's desk making marks with the quill, think of each mark as a stone, and think of the paper as the island, and imagine that I must disperse the stones over the face of the island, and when that is done and the taskmaster is not satisfied (was Cruso ever satisfied with your labours?) must pick them up again (which, in the figure, is scoring out the marks) and dispose them according to another scheme, and so forth, day after day; all of this because Mr Foe has run away from his debts. Sometimes I believe it is I who have become the slave. No doubt you would smile, if you could understand.'"

J. M. Coetzee: Foe. Penguin, London, 1987, Seite 87

Coetzee's novel is a postmodern rewriting of Daniel Defoe's *Robinson Crusoe* (1719), which has been called the first English novel. In truly postmodern fashion, Coetzee openly plays with conventions of writing, of authorship, and of narrating. His whole novel is based on the idea that the small Caribbean island was inhabited not just by Cruso [sic!] and Friday, but also by a woman called Susan Barton, who is the ostensible narrator of *Foe*. However, as the section above shows, her words are for the most part put in quotation marks. Everything she says, from the moment the novel begins, is presented as something mediated. The topic of representation, and in particular of writing, is one of the key themes of the book.

In the excerpt above, Susan Barton discusses the pains of writing with Friday, who has been mute since his tongue was cut out. Barton's comparison of writing to physical labour introduces the body, pain, and desires into the process of writing stories. For Barton, the story she tells is not so much a representation of reality and thus a realistic portrayal of life, but rather a text: on the surface, it consists of marks on a piece of paper. She says she produces "marks with a quill". However, as the novel progresses, it becomes clear that Barton's version is being written for a specific purpose, namely to please somebody, in this case the future author, (De)Foe. Through making obvious the various fields of motivation that drive authors, Coetzee comments on the system that his own text is part of. This metafictional aspect of his work marks him as a postmodern writer.

The focus on the text as a material object also marks the naming of the text. The novel's title changes Defoe's name to Foe, playing with the fact that a writer is not necessarily a friend but may well be a foe. The reader has to confront this enemy with caution, not taking what is written as truthful representation of reality, but rather as trickery and deceit. The mentioning of the fact that "Mr Foe has run away from his debts" also makes it more than clear that writing, and thus the lofty field of literature, are determined by capitalistic and materialistic interests. The way Susan Barton changes her story while writing confirms this: at first she complains that nothing ever happened on the island but insists that the book reflect this truthfully. Later she is willing to invent as she goes along, in effect creating a fiction and abandoning the idea of truthfully representing reality. In the image of Friday's labour that the excerpt uses, Barton keeps moving her stones until the result is satisfactory, as if she were playing on a game board. The importance of power for the process of writing becomes obvious in this subordination to external rules.

Power also determines the relationship between the various characters. In addressing Friday as if he were a child, Susan Barton becomes involved in the process of colonization. She, in fact, controls Friday's every move. In presenting her writing as equivalent to his slavery, Coetzee implicitly addresses the distance between literature and reality. While writing may be strenuous, it does not compare to forced physical labour or slavery. Thus, the text shows to what extent Barton is unable to put herself in Friday's place. Her inability to show empathy is a portrayal of the arrogance that often lies behind a colonial system of exploitation. In the same way that Friday's voice has been made inaudible, his thoughts and feelings have been rendered unimportant.

Since Coetzee wrote *Foe* from within the context of South Africa's system of apartheid, a system he has variously criticised, the novel can also be read as an allegorical comment on the political situation in South Africa; with this focus on the question of the nation the text follows a frequent pattern of postcolonial writing. The suppression of Friday, whose racial background is clearly marked in the text as non-white, can also be read as a critical comment on any form of racism.

6_Landeskunde „Great Britain"

6.1 Politics in Britain

6.1.1 Political system

Britain's political system is a parliamentary democracy, which means that parliament has supreme authority in all political matters. This is where new laws are made and all political issues are discussed.

The role of the monarch

Although Britain is still a monarchy, nowadays the monarch (currently Queen Elizabeth II) has no real political power. She is the Head of State, but this is chiefly a ceremonial position. One of the most important functions of the monarch today is to represent her country, both at home and abroad.
However, she does still have a small part to play in the political sphere:

- She officially opens Parliament each year after the summer recess.
- She signs all bills before they become law and could, in fact, prevent a law from being passed by refusing to sign it. However, this is extremely unlikely to happen.
- She officially appoints the Prime Minister after a general election.
- She usually meets with the Prime Minister once a week to discuss current issues and give advice.

Parliament

The British Parliament consists of two chambers, the **House of Commons** and the **House of Lords.**

The House of Commons

- This is where the Members of Parliament (MPs), elected by the citizens of Britain, meet to debate current issues, discuss policy, and make laws.
- After the last general election (May 2005) there were 646 MPs, each representing a constituency. The number of constituencies in the country can vary slightly from election to election, as the borders are redrawn if the population of an area changes. This is to make sure that all parts of the country have fair representation in Parliament.
- The best-known aspect of parliamentary sittings is the Prime Minister's Question Time. This takes place once a week and consists of half an hour of questions directed at the Prime Minister from both his or her own party and the opposition parties. Nowadays it can be watched live on the internet, and it owes its popularity to the lively nature of this question and answer session.
- There is a strict seating plan. The Prime Minister and the Cabinet sit on the front bench, and face the Leader of the Opposition and the Shadow Cabinet across a table. The other MPs sit behind them, and are therefore referred to as "back-benchers".

The House of Lords

- The members of the upper house in the British Parliament are not elected, but traditionally have a right to a seat there.
- In the past, the members consisted of the Lords Spiritual, i.e. the Archbishops and other senior bishops of the Church of England, hereditary peers, i.e. aristocrats whose seat had been passed down through the generations and life peers (e.g. former politicians who have a right to a seat in their own lifetime, but it is not passed on their descendents).
- The Labour Party wants to reform the Lords and, in 1999, passed a law that took away the right of hereditary peers to a seat there. This was then changed to allow 92 hereditary peers to remain for the time being, but further reform is planned. The majority of the 741 members of the House are now life peers.
- The Lords have limited powers to influence the political decisions made in the House of Commons. They can suggest amendments to legislation, and can delay the passing of a new law for twelve months.
- The House of Lords is also the highest court of appeal in Britain, although there are plans to create a Supreme Court of the United Kingdom, which would take over these duties.

6.1.2 The electoral system

- A general election is normally held in Britain every four to five years. The exact timing is not fixed: it is up to the Prime Minister to choose the date for the election, as long as it is a maximum of five years after the previous one. This gives the Prime Minister a certain amount of freedom to call an election at a time that is advantageous to his party and when the chances of winning may be higher.
- The voting system at general elections is known as "first-past-the-post". This means that the candidate with the largest number of votes in each constituency wins the seat in Parliament, even if that person only receives a few more votes than the candidate in second place and the majority of the people in fact voted for other candidates.
  In practical terms, this means that it is almost impossible for small parties to win seats and gain representation in Parliament, and that British politics are dominated by a few large parties.

6.1.3 The main political parties

There are three main political parties in Britain today, which together account for 616 of the 646 seats in Parliament. The smaller parties with seats tend to regional parties such as the Scottish National Party or Sinn Féin.

The Labour Party

- Labour has been in power since 1997, winning their third consecutive general election in 2005, although with a reduced majority.
- Traditionally Labour is a left-wing party of the working classes with close connections to the trade unions.
- The increasing influence of the more radical left-wing members of the party during the 1970s and early 80s alienated the voters and led to a fundamental reform of the party's policies that started at the end of the 1980s and continued into the 1990s.
- As a result of four defeats in a row by the Conservatives between 1979 and 1997, Labour elected a young, dynamic leader called Tony Blair (only 43 years old at the time) and relaunched itself as "New Labour". In so doing, the party managed to attract a more middle class vote in addition to their traditional working class supporters.
- New Labour stands for social justice, equality and a strong sense of community. Its policies place emphasis on the importance of education, health, employment and the reduction of crime.
- The Labour Party tends to be more pro-Europe than the Conservatives; however, the protection of British interests always takes priority.
- Tony Blair's government has also received widespread criticism in Britain for its support of George Bush's "war on terrorism" since 2001.
- Since their landslide victory in 1997, Labour has seen their majority in the House of Commons gradually decrease.

The Conservative Party

- The Conservatives are also known as the Tories.
- Traditionally they are a right-wing party that attracts middle and upper class voters.
- In the 1980s, under Margaret Thatcher, Conservative policy was characterised by its support of free enterprise and private businesses (e.g. with lower taxes) and privatisation of state-owned industries. Individuals were to help themselves rather than get lots of benefits from the welfare state, and the powers of the trade unions were severely limited. The policies of this time came to be known as "Thatcherism".
- Today, after nearly ten years as the Opposition Party in Parliament, Tory policy is more tailored to the issues of the day, such as improvements for schools, the health service and the environment, rather than focussing too much on economic growth.
- The party remains "Euro-sceptic" in its foreign policy. In the past, the Tories were known for their close ties to the USA; however, David Cameron, the current leader, has indicated that he would wish to rethink this relationship.

The Liberal Democrats

- The Liberal Democratic Party was founded in 1988 when the Liberal Party and Social Democratic Party merged. They are now the third largest party in the country and play a significant role as an opposition party.
- Their supporters include both former Labour and more liberal Conservative voters, as they have policies that appeal to both these camps. They are often described as a "centre left" party, although not all their policies fit this description.
- The Lib Dems, as they are often known, wish to change the electoral system to one of proportional representation, which would result in a more accurate reflection of the votes cast and, of course, would mean a greater chance for a party such as theirs to win an election.
- Other policies include the decentralisation of government power, the abolition of university tuition fees and opposition to very strict anti-terrorism laws, seeing them as an infringement of civil liberties. They are pro-Europe and would support Britain introducing the euro.

Scottish National Party

- The SNP campaigns to make Scotland an independent country and a seperate member state of the European Union.
- Their political orientation is centre-left wing.
- They have six seats in the House of Commons and 26 out of 129 in the devolved Scottish Parliament (see below).

6

Plaid Cymru

- "Plaid Cymru" means "The Party of Wales" and, like the SNP, campaigns for Welsh independence from the United Kingdom and membership of the EU as a separate country.
- Their position on the political spectrum is centre-left.
- As part of the promotion of Welsh interests, they work towards a bilingual society where the Welsh language has equal status to English.
- They currently hold three seats in the House of Commons, where they work as a group with the SNP, and twelve out of 60 seats in the devolved Welsh National Assembly (see below).

Sinn Féin

- Sinn Féin, meaning "ourselves", is the main Republican party in Northern Ireland.
- Their main goal is to achieve the reunification of Northern Ireland and the Republic of Ireland.
- Due to their close links to the Provisional IRA, the Republican terrorist organisation, Sinn Féin has always been surrounded by controversy. However, both Sinn Féin and the IRA claim to be independent from each other, although their aims are very similar.
- Although they currently have five seats in the House of Commons, Sinn Féin MPs do not take their seats there in protest to what they see as the occupation of Northern Ireland by Britain. They also have seats in the devolved Northern Ireland Assembly (see below) and in Dáil Éireann, the Republic of Ireland parliament.

United Kingdom Independence Party (UKIP)

- This relatively new party (founded in 1993) is the subject of a great deal of controversy.
- Its main aim is to bring about the United Kingdom's withdrawal from the EU. Their mottos include "We can run our own country" and "Let's get our country back".
- Other central points in the party's manifesto include keeping the English pound instead of joining the single European currency, support for the NHS and reduction of immigration.
- They are against devolution and would like to see the UK as "one country with one parliament".
- The main point of criticism from outsiders is that this is a racist party, although the members of UKIP deny this.
- The party does not currently hold any seats in the British Parliament, but has several local councillors and twelve seats in the European Parliament.

6.1.4 Devolution

At the end of the 1990s separate parliaments were established for Scotland, Wales and Northern Ireland. They do not, however, completely replace the central parliament in

London, but have powers to deal with certain political matters on a more regional level.

- The Scottish Parliament was opened in July 1999. It deals with, among other things, education, health, agriculture, environment, food standards, sport, the arts, transport and tourism. The Parliament can also pass new laws, and, within certain limits, set the level of tax to be paid in Scotland.
- The National Assembly for Wales opened for business in 1999. It makes decisions about education, health, economic development and similar issues in Wales.
- The Northern Ireland Assembly was established in 1998. It deals with matters such as education, health, the environment and the arts. However, the Assembly was suspended in October 2002 as a result of a scandal involving allegations that members of Sinn Féin were spying for the IRA. Although elections for the Assembly were held in 2003, there is currently no end to the suspension in sight.

TALKING ABOUT: British politics

- **constituency** – *Wahlkreis*
- **devolution** – *Dezentralisierung*
- **first-past-the-post-system** – *Mehrheitswahlsystem*
- **general election** – *landesweite Wahlen*
- **legislation** – *Gesetzgebung*
- **proportional representation** – *Verhältniswahlsystem*
- **welfare state** – *Sozialstaat*

6.2 Education

It is compulsory for children aged between five and 16 to be in full-time education. There are different types of schools, both state and private; the most common are described below.

6.2.1 State Education

There are various types of state schools, some working in close cooperation with the local education authority (LEA) while others have independent sources of funding and are able to make several important decisions without the input of the LEA. State schools follow the National Curriculum (see below), a government programme that specifies the subjects that are to be studied and the standards of education that children should have reached by certain stages in their schooling.

Primary Schools

- For children aged from five to eleven.
- The children are tested during Year Two (ages six/seven) and at the end of Year Six (ages ten/eleven) (see table below for subjects studied).

Secondary Schools

For ages eleven to 16. At the age of 16, young people in Britain have the following options: stay on at school for a further two years, leave school and attend a sixth form college for one or two years, leave school and do a practical training programme, or leave school and find a full-time job.

Comprehensive schools

- This is the most common kind of state secondary school. The pupils are of mixed ability, some going on to do A-levels and then to university, whereas others leave school at 16.
- Many comprehensive schools deal with the problem of having pupils of mixed ability in one class by setting them. This means that the pupils split up into different groups for each subject according to their skills in that subject. It is possible, for example, for a pupil to be in the top set for English but the bottom set for chemistry.
- Comprehensives also offer a range of vocational courses. These are a good opportunity for less academic pupils to gain practical skills (see "Examinations and qualifications" below).

Grammar schools

- There are not many state grammar schools left in Britain, as several of them were converted into or merged with comprehensive schools in the 1960s and 1970s. One reason for this was that the Labour government in

the mid-1960s believed that grammar schools were too elitist, and wanted to introduce an educational system in which all schools were open to all pupils, regardless of ability.
- Grammar schools only take pupils with high academic abilities, who generally have to pass an entrance exam before being accepted.
- There is more focus on academic rather than vocational subjects, and it is more common for pupils to stay on into the sixth form and take A-levels. Many grammar school pupils also go on to higher education.

Sixth-form college
- Many young people leave school at 16 and continue their education at a sixth-form college. In the past, the last two years at school were referred to as the "sixth form", which is where the name comes from.
- Pupils can take A-levels or do vocational courses here.

Voluntary aided schools
- These are schools where the land and buildings are owned by a charitable organisation, usually a church, rather than the state. The school governors are responsible for employing teachers and other staff, and they decide which children can be given a place.
- Most voluntary aided schools are Church of England, Roman Catholic or Jewish, although there are a few belonging to other faiths, such as Muslim schools.
- They receive financial support from the state for equipment, but the running costs are covered by the organisation that owns them.
- Increasingly, church schools in particular are seen as the best option by many parents, as they tend to be smaller, have good educational standards, and are likely to have fewer "problem" students. However, these schools give priority to families who are active members of that particular religion. As a result, there are growing numbers of parents who admit that they have started to attend church services regulary simply in order to get their children a place at a certain school, even though they may not be believers.

Specialist schools
- These schools follow the National Curriculum, but also focus on a "specialist" area: technology, science and maths, languages, sports or the arts.
- There are now over 2000 specialist schools, which, however, can currently only be found in England and not in other parts of the UK. Many of them are to be found in disadvantaged areas.
- As well as getting extra money from the government, the schools get sponsorship from private businesses.

City academies
- These are secondary schools that are owned and run by sponsors, who cover a large part of the costs. The academies are equipped with the latest technology and facilities.
- They often replace an existing school that was doing very badly, and are supposed to help weak pupils from disadvantaged backgrounds, although the academies can choose up to 10 % of pupils with very good academic abilities.
- Like the specialist schools, city academies focus on specific subject areas such as technology or the arts.

6.2.2 Examinations and qualifications

General Certificate of Secondary Education (GCSE):
- Pupils normally study for GCSEs in Years Ten and Eleven.
- The exams are a combination of coursework throughout the two years and written exams at the end of Year Eleven.
- The majority of pupils take nine GCSEs in different subjects. Most take English, Maths and Science; it is also common at many schools to take a modern language, English Literature, a subject from the field of Design and Technology and ICT (Information and Communication Technology). The pupils are normally free to choose the remaining subjects themselves.
- Some critics of the system would like to see a reduction in the amount of coursework that counts towards the final grade, as they feel it

is too easy for pupils to simply copy information they find on the internet or to get help from members of their family.

Vocational qualifications

- There are various vocational (work-based) qualifications available, which can be taken in addition or as an alternative to GCSEs. Not all schools offer them, however; they are often done at sixth-form college, or can be studied part-time while working.
  - **NVQs (National Vocational Qualifications):** pupils learn practical skills that enable them to do a job effectively. Subject areas include Business and Management, Sales, Marketing and Distribution, and Food, Catering and Leisure Services.
  - **BTECs and OCR Nationals:** pupils learn a lot about particular business sectors or industries. They are designed to provide the knowledge and skills that employers are looking for in particular fields. Subject areas include Art and Design, Health and Social Care, Media, Public Services, Science and Sport.

A-Levels (Advanced Level Exams)

- Normally taken at the age of 18, these are the more traditional kind of academic examinations, although it is now also possible to take "applied", i. e. vocational, A-levels.
- At the end of the first year, students take an "AS" (advanced subsidiary) exam in their chosen subjects. This can be counted as a qualification in its own right, or the student can go on to complete a second year of study and obtain a full A-level at the end of it.

International Baccalaureate Diploma

- This is an internationally recognised qualification aimed at students aged between 16 and 19. More and more schools in Britain are now offering this option.
- Students study a variety of subjects from the fields of languages, the arts, science, maths, history and geography.
- The course is assessed by written exams, coursework and an extended essay on a subject chosen by the student.
- In addition to the academic aspects of the course, students are expected to get involved in their local community, e. g. through theatre or music activities, sports and community service.

The National Curriculum

Key Stage Age School year	1 5–7 1–2	2 7–11 3–6	3 11–14 7–9	4 14–16 10–11
English	✓	✓	✓	✓
Mathematics	✓	✓	✓	✓
Science	✓	✓	✓	✓
Design and Technology	✓	✓	✓	
Information and Communication Technology (ICT)	✓	✓	✓	✓
History	✓	✓	✓	
Geography	✓	✓	✓	
Modern foreign languages			✓	
Art and Design	✓	✓	✓	
Music	✓	✓	✓	
Physical Education	✓	✓	✓	✓
Citizenship			✓	✓
Religious Education	✓	✓	✓	✓
Careers Education			✓	✓
Sex Education			✓	✓
Work-related Learning				✓
Personal, Social and Health Education	✓*	✓*	✓*	✓*

Source: www.nc.uk.net
✓ = required by law; ✓* = not required by law

This standard curriculum was introduced in 1989 and applies to all state schools. There are four "Key stages" when the pupils are tested; the table above shows which subjects must be studied at each stage. Other subjects can be studied at these stages but are not compulsory. In addition to this, parents have the right to withdraw their children from sex education and religious education lessons if they feel that these are not in keeping with the family's beliefs.

6.2.3 Private Education

- There are about 2,500 independent schools in Britain, which cost from £700–£5600 per term. These fees do not include items such as books, uniforms and extra-curricular activities, all of which can add to the costs considerably.
- The number of pupils in private education continues to rise as more and more parents are becoming dissatisfied with the standards of state schools. In private schools, the class sizes are smaller and the pupils can expect to get more individual attention. Academic standards are also generally higher.
- Independent schools do not have to follow the National Curriculum, but can devise their own teaching programme (within certain limits).

Preparatory (or "prep") schools

- These schools, traditionally for 8- to 13-year-olds, are often a first step towards attending a pupil school, and "prepare" the pupils for taking this step.
- Some of them are boarding schools.

Public schools

- The term "public school" in Britain refers to a very traditional type of private school, often a boarding school.
- Most public schools have a long history: the most famous among them are several centuries old, such as Winchester (founded in 1382), Eton (1440), or Harrow (1572).
- Public schools have a reputation of being very elite: people with high positions in public life in Britain, or even members of the royal family such as Princes William and Harry, attended public school. The very high fees charged also add to their exclusive nature.

6.2.4 Higher Education

About 43 % of school leavers in Britain go on to some form of higher education, either at university or a college of further education (e.g. an art school or technical college).

Universities

- There are approximately 200 universities in Britain. Oxford and Cambridge are the oldest, and have the best international reputation. Prospective students have to take an entrance exam and attend an interview, and there is a great deal of competition for the limited number of places there. As well as attracting the academic elite, the two universities with their beautiful old buildings and many traditions are very popular with tourists.
- The universities built during the Industrial Revolution are known as Redbrick Universities (referring to the material that some of them were built of). They were intended to provide more practical courses for the students, such as engineering or medicine. They were built in industrial centres such as Birmingham and Manchester.
- Undergraduates normally study for three or four years for a Bachelor's degree. Postgraduate qualifications include Masters degrees and PhDs (doctorates).
- The subject of tuition fees has caused a lot of controversy in recent years. Up until 1998, tuition was free, with the costs being covered by the student's LEA. For the university year 2007/2008, however, students have to pay up to a maximum of £3,070 per year for tuition, in addition to living costs. This can be financed with a student loan, which has to be paid back once the graduate is earning more than £15,000 a year. However, this means that the majority of graduates start their working lives with large debts.

TALKING ABOUT: education

- **boarding school** – *Internat*
- **coursework** – *schriftliche Arbeit*
- **curriculum** – *Lehrplan*
- **extra-curricular** – *außerhalb des Lehrplans*
- **fees** – *Gebühren*
- **graduate** – *Hochschulabsolvent*
- **to set** – *in Leistungsgruppen einteilen*
- **school governors** – *Schulbeirat*
- **sixth form** – *die Oberstufe*
- **tuition fees** – *Studiengebühren*

- **undergraduate**
  – *Student (vor dem Abschluss)*
- **vocational course**
  – *berufsbildener Kurs/Unterricht*

6.3 Working life in Britain

Like many industrial countries, the focus of the British economy and the various fields of employment have changed throughout the last decades. Whereas in the 19th century work opportunities were based in industry and manufacturing, today the emphasis is on services and the leisure industry. However, Britain still has a strong economy and a lower rate of unemployment than many other European countries.

The Industrial Revolution

Britain's economy became very strong during the 19th century due to:

- an abundant supply of natural resources and raw materials (e.g. coal, natural gas, iron, oil)
- cheap raw materials from its colonies throughout the world
- a large number of international trading partners throughout the British Empire
- the development of new, more efficient manufacturing techniques
- numerous new factories and a large workforce to manufacture goods (often at very low wages, which increased profits and made the economy stronger)
- improved infrastructure (e.g. railways and canals) to transport and distribute the products faster.

Changes in the job market

- Since the mid-20th century there has been a decline in traditional industries such as shipbuilding and coal mining.
- Manufacturing is also less important now than 50 years ago, although manufactured goods still make up a significant part of British exports.
- A large percentage of the goods manufactured in Britain today are still made for the motor industry and other types of transportation, but there has also been an increase in light and high-tech industries, such as computers and electronic goods. In addition to this, many products in the fields of food, drink, publishing and clothing are produced.
- The largest growth area since the end of the 20th century has been in the service industries. These include retailing, catering, education, health services and tourism.
- Another area of strong economic growth in recent years has been the creative industries. Advertising, television, film and book publishing are just some of the fields in this sector.
- Finance plays an important role in the economy, with London as the world's largest financial centre.

The British workforce

The following table shows the main distribution of the British workforce.

	Percentage of workforce
Percentage of people in work (as of January 2006)	73.4 %
Percentage of people unemployed (as of January 2006)	4.6 %
Fields of employment	
Hotels and catering, repairs and distribution	24 %
Financial and business services	19.5 %
Education, social work and health services	19 %
Manufacturing	14 %
Transport, storage and communication	6 %
Public administration and defence	5 %
Construction (building)	4.5 %
Agriculture, hunting, forestry and fishing	1 %
Electricity, gas and water	0.5 %
Mining (including oil and gas extraction)	0.3 %
Other	6.2 %

Source: www.statistics.gov.uk

Working conditions

- The minimum wage for people over 22 is £5.35 an hour. For 18- to 21-year-olds it is £4.45; for 16- to 17-year-olds the rate is £3.30 an hour.

- As in many western countries, fewer people now have a traditional "nine-to-five" job. Longer working hours and (unpaid) overtime are the norm for white-collar workers.
- The statutory holiday in most companies is a minimum of four weeks a year.
- In the last few years, laws have been passed to make working conditions easier for people with young children:
  - women have to right to 52 weeks maternity leave, up 39 weeks of which are paid
  - men can take up to two weeks paid paternity leave
  - both parents can take parental leave, a total of 13 weeks unpaid holiday, to look after a child aged five or under.
  - both parents have the right to ask their employer to provide flexible working arrangements, e.g. job sharing, working flexi-time or working from home.

Unemployment

- Due to the changes in the economy over the last few decades, there tend to be fewer blue-collar and unskilled jobs available than in the past, as many companies have transferred production overseas.
- There is a north-south divide in Britain with regard unemployment rates. Generally speaking, there are more people out of work in the middle and north of the country, especially in places which, in the past, depended heavily on industries such as coal mining or steel-making.
- Unemployment benefit is available, but is not very high and depends on various factors such as family status or length of time without a job. There are various other schemes, however, where unemployed people can get financial help, such as the Jobseeker's Allowance for people who are actively looking for work.
- The unemployment rate amongst young people is higher than in the population as a whole. This is partly because the school system makes it easier for young people to finish their full-time education without any qualifications at all. Clearly, this means it is more difficult for them to find work in a country with fewer and fewer unskilled jobs.
- People from ethnic minorities are also more likely to be out of work than their white counterparts.

The role of language skills

- Many people in Britain believe that it is not very important to be able to speak a foreign language as part of their job. Globalisation and the increase of English as a world language has led to the attitude that "everyone speaks English". As a result of this, fewer young people are choosing to study a language at school or college than ever before.
- The government has recognised the seriousness of this lack of language skills, but has not done much to prevent the situation from getting worse. For example, it is not compulsory to study a language at school even up to GCSE level.
- However, if Britain is to remain competitive within Europe, more emphasis must be placed on learning foreign languages. Anyone from within the EU can apply for a job in Britain, and graduates will increasingly find themselves having to compete with highly qualified graduates from other European countries, who have the added bonus that they can speak more than one language fluently.

TALKING ABOUT: work

- **blue-collar worker** – *Arbeiter*
- **catering** – *die Gastronomie*
- **to dismiss someone** – *jmdn. entlassen*
- **flexi-time** – *Gleitzeit*
- **maternity leave** – *Mutterschaftsurlaub*
- **nine-to-five job** – *normaler Büro-/Acht-Stunden-Job*
- **notice** – *Kündigungsfrist*
- **paternity leave** – *Vaterschaftsurlaub*
- **raw materials** – *Rohstoffe*
- **retailing** – *Einzelhandel*
- **statutory** – *gesetzlich*
- **unemployment benefit** – *Arbeitslosengeld*
- **unskilled worker** – *ungelernte Arbeitskraft*
- **white-collar worker** – *Angestelle/r*

6.4 British society

6.4.1 The British people

Population facts and figures

Population	60.2 million
Population aged 14 and under	10.8 million
Population aged 50 and over	20 million

Source: www.statistics.gov.uk

- The population of Britain has continued to increase since the end of the Second World War.
- As in other European countries, the population as a whole is getting older, as people live longer and the birth rate declines.
- The number of people of working age will decrease over the next few decades, as more people retire and there are fewer young people to replace them.

Effects of an ageing population

- More pressure on health service resources.
- More need for care facilities (old people's homes and private nurses in the home).
- More and more people reduce their working hours or give up work altogether to care for an elderly relative.
- More pressure on the state pension funds, which results in more elderly people living below the poverty line.
- However, people aged over 65 who have a good source of income have a positive effect on the economy. Many retired people now like to do what is light-heartedly referred to as "SKI", short for "Spend the Kids' Inheritance". This means that, instead of saving their money to pass on to their children, they spend it on themselves, mostly on leisure activities, holidays, meals and consumer goods.

Families

- The number of people getting married each year is gradually increasing, but the total is still far lower than 30 years ago.
- Nowadays more people have a civil wedding than a religious one. The main reason for this is that there are now a large number of places throughout the country, such as castles, historic buildings and hotels, where a civil wedding may be held. Therefore it is no longer necessary to choose a church wedding simply in order to have an attractive backdrop.
- A large number of people, especially those aged under 35, cohabit.
- One in four children live with just one of their parents, usually with their mother.
- One in five women are childless.
- The divorce rate throughout the country is falling.

Ethnic background of the population

Ethnic background	% of population
White	92.1
Mixed race	1.2
Indian	1.8
Pakistani	1.3
Bangladeshi	0.5
Other Asian	0.4
Black Caribbean	1.0
Black African	0.8
Black Other	0.2
Chinese	0.4
Other	0.4

Source: www.statistics.gov.uk

6.4.2 Social institutions

The welfare state

The welfare state in Britain dates from the early 20th century. Before that time, the poor and needy generally had to get help from their families, churches and other charities. Anyone who was truly destitute could get a little money, called relief, or, quite often, was sent to a workhouse. Here they were given very basic food and shelter in return for manual labour. In the 19th century in particular it was considered shameful to be poor, and those who were well off tended to believe that people were poor through their own fault, because they did not work hard enough. This was seen as a justification for making conditions in workhouses bad to appalling. Understandably, most needy people did whatever they could to avoid being sent there.

- 1905–1911: The Liberal government began to introduce a series of public services with the intention of taking away the shame of poverty. These included:
  - old age pensions
  - free school meals
  - labour exchanges, i.e. places where unemployed people could go to find information about available jobs
  - the National Insurance Act was set up to provide money for healthcare and unemployment
- 1918–1941: Various new services to provide financial help were introduced, including unemployment benefits and council housing.
- The **Beveridge Report** of 1942: Sir William Beveridge recommended the introduction of a National Insurance scheme to finance healthcare, education, family allowance (financial benefits for families) and other social security payments. All workers were to contribute to this insurance. His ideas were implemented over the next six years.
- 1948: The National Health Service (NHS) was the first such scheme in the world, and was intended to allow every citizen to have access to free healthcare. It was to be paid for by national insurance contributions and government funding.

6

The NHS today

- Every British citizen still has the right to free treatment by a general practitioner (GP) in their local area.
- Due to the heavy financial demands on the system, many services that were free in the past, such as dental or eye care, now have to be paid for or at least subsidised by the patient. However, children under 16, adults over 60, people on low incomes and people with certain medical conditions do not have to pay anything.
- NHS hospitals can vary greatly in terms of conditions for the patients or services available, depending on the area in which they are situated.
- There are long waiting lists for routine operations, with patients waiting several months or even years for non-urgent treatment.
- As a result of this, many people in Britain now have private health insurance or individual policies for particular types of treatment, e.g. in case they need hospital treatment. However, even people with private insurance must continue to pay national insurance contributions.
- Several reforms have been introduced in recent years in an attempt to make the system more efficient and increase patient satisfaction. These include:
  - A Patient's Charter, which details patients' rights and the standards of care they can expect. It lists their rights to information and gives details of the complaints procedure.
  - Patients today are generally encouraged to become more actively involved in their healthcare and to make suggestions about how the day-to-day running of health services can be improved.
  - NHS Foundation Trusts are hospitals that, instead of being controlled by the central government, are managed by local people, patients and staff, who are able to influence how these services are run so that they benefit the local community.

Health issues

- The increasingly elderly population is putting more and more strain on NHS resources.
- The problem of obesity, especially amongst children, is the subject of heated discussion in the UK. The population as a whole has become heavier over the last few decades, and a growing percentage of children and young people are overweight, some seriously so. This is blamed on the combination of eating the wrong kind of food and lack of exercise (too much time spent in front of the TV or at the computer), which is seen as typical of today's society.
- Several solutions have been suggested to tackle this problem. These include a focus on the kind of food school canteens serve (a campaign led by a well-known British TV chef) and banning the advertisement of

unhealthy snacks and drinks. It has even been suggested that, in cases of serious obesity, the NHS should pay for stomach reduction operations in order to force people to lose weight and therefore be less likely to suffer from typical diseases of the overweight, such as diabetes, when they are older. This, in turn, would save the NHS money in the long run. This idea is, however, controversial.

Social security

Social security consists of:

- Income support: this guarantees a minimum income for people with little or no other financial means. Extra payments for housing costs can be made if necessary.
- Job Seeker's Allowance: this has replaced unemployment benefit. It is part of a wider scheme of advice, training and supervision intended to encourage unemployed people to actively look for work.
- State pensions
- Benefits for sick and disabled people
- Child benefit

The system of benefits is complicated, and many people find it difficult to work out exactly what benefits they are entitled to.

Social services

These include:

- Caring for elderly and disabled people, either in their own home or in some form of nursing home.
- Providing care for children and young people who are not able to live with their families.
- Providing care for the mentally ill.

6.4.3 Social issues

Crime and punishment

The most common types of crime in Britain are:

- theft and handling stolen goods
- drug offences
- violence against a person
- burglary
- criminal damage
- robbery
- sexual offences
- fraud and forgery

In recent years there has been a fall in crime rates overall, while the numbers of certain types of crime have risen. These include "new" offences such as internet-related crime (internet fraud, spam, viruses, hacking, paedophilia) and identity theft. The latter occurs when someone finds out another person's personal details (name, address, bank details, credit card details) and uses them to buy goods, take out bank loans or even apply for a new passport.

Courts

- A person accused of committing a crime normally has to go to court to be tried.
- Less serious crimes and civil cases are usually tried by a magistrate.
- Serious criminal cases are tried by a jury.
- Juries consist of citizens aged between 18 and 70 who are selected randomly for jury service.

Punishment

Depending on the seriousness of the crime, the person who has been found guilty can be sentenced to:

- pay a fine
- do community service
- a prison sentence
- a suspended prison sentence

If the accused is found not guilty, he or she will be released.

Crime prevention

- Neighbourhood Watch scheme: groups of neighbours, led by a volunteer coordinator, come together to discuss ways to make their neighbourhood a safer place to live. The groups also work together with local police. There are two main ideas behind the scheme: to reduce crime locally and to encourage people to be good neighbours with a strong sense of community.
- Anti-social behaviour: there are now special local coordinators to help communities tackle problems of anti-social behaviour in their area. Examples of this include noisy neighbours, vandalism, graffiti and intimidation from groups of people, all of which can make it unpleasant or even frightening to live in a certain neighbourhood.

- Acceptable Behaviour Contracts (ABCs) are written agreements between a person causing anti-social behaviour and their local authority, landlord or the police. The idea is that the person should admit his/her anti-social behaviour and agree to stop it. The agreement also states the consequences of breaking the contract. They were originally intended for young offenders, but can be used for people of any age.
- Anti-social Behaviour Orders (ASBOs) are court orders designed to protect the public by, for example, banning continual offenders from certain places. The ASBOs last for a minimum of two years, and are also intended to encourage local people to report crime and anti-social behaviour.
- The "Respect" campaign for local communities aims to tackle problems such as truancy and anti-social behaviour in schools, as well as providing out-of-school activities for young people, making local communities stronger and supporting anyone who wishes to challenge anti-social behaviour.

6.4.4 Immigration and race relations

Immigration to Britain

Approximately 8 % of the people living in Britain were born in another country. The largest groups of immigrants come from Asia, especially the Indian subcontinent, the Caribbean, and Europe. The number of people who were allowed to settle permanently in the United Kingdom almost doubled between 1991 and 2004, the largest increase during this time being in people from European countries outside the European Economic Area. The following table shows the numbers of those allowed to live in the UK:

Place of origin	approximate numbers
Asia	54,000
Africa	39,000
Europe	27,000
Americas	14,000
Oceania	7,000
Other	1,000

Source: www.statistics.gov.uk/downloads/theme_social/Social_Trends36/Social_Trends_36

Reasons for immigration

The main reasons that foreigners are allowed to settle in Britain are:

- asylum
- to work
- to rejoin members of their family who already live there.
- Since EU nationals can now live in Britain for as long as they wish, provided that they have a job or can support themselves financially, they are no longer included in statistics of this kind.
- In the 1950s and 1960s, there was an urgent need for workers in the UK, and foreigners, especially from former British colonies such as the Caribbean, India and Pakistan, were encouraged to come to fill the gap.
- The number of asylum seekers increased sharply at the end of the 1980s as people fled international trouble spots such as Somalia and former Yugoslavia. However, although the percentage of asylum seekers in the UK is slightly above the EU average, the number decreased overall during 2003 and 2004.
- The latest influx of immigrants is from eastern European countries that joined the EU in 2004, and from European countries still outside the EU.
- The government dealt with this new wave of immigrants by establishing a Workers Registration Scheme, which ensured that such people entered Britain in order to work rather than to claim social security benefits. This scheme has been successful, with the migrants filling gaps in the job market.
- However, there are no plans to extend this scheme to future EU members such as Romania or Bulgaria.

Problems for ethnic minorities

- Integration is difficult, especially among immigrants who do not speak good English.
- They are more likely to have low-paid, unskilled jobs and to live in areas where the housing is poor.
- They have to face the prejudice that they have only come to the country in order to live off social security benefits. This causes feelings of resentment, whether justified or not, amongst many British people.

- Due to recent terrorist attacks in Britain carried out by Muslim extremists, Muslims or "Muslim-looking" people are now often regarded with suspicion. This is partly fuelled by government warnings, e.g. that universities and colleges should be on the lookout for Islamic extremists on their campuses.
- The ethnic minorities are generally underrepresented in public life, whether in politics, the police force and the army and similar fields. This also applies to the trade unions, which means that they have fewer people representing their needs in a working environment.

Working against discrimination

- The 1976 Race Relations Act makes it illegal to discriminate against anyone on the basis of race, colour, nationality or ethnic origin. This applies to employment, housing and education, as well as to the provision of goods, facilities and services.
- The Commission for Racial Equality is an organisation set up to promote a just and integrated society, where diversity is seen positively. They hold conferences, monitor the media for positive and negative reporting, give input to proposed changes in laws connected to immigration and ethnic minorities, offer legal advice to people who have suffered discrimination, and provide guidelines for schools and employers, among much else.

Integration and acceptance

- People from ethnic minorities have a much higher public profile nowadays, especially on television. Children's programmes and soap operas in particular take care to show a broad cross-section of the community.
- There are more celebrities from ethnic backgrounds, for example in the fields of sport and music. As these stars are normally quite young, they serve as positive role models for other young people.
- Ethnic restaurants are extremely popular and dishes from other cultures have become integrated into British cooking. This is supported by celebrity TV chefs from a variety of backgrounds.
- There has been a definite increase in marriages between people from different ethnic backgrounds, showing greater integration, at least on a personal level.

TALKING ABOUT: social issues

- **the accused** – *Angeklagte/r*
- **anti-social behaviour** – *asoziales Verhalten*
- **asylum seeker** – *Asylbewerber/in*
- **burglary** – *Einbruchdiebstahl*
- **to care for someone** – *jemanden pflegen*
- **celebrity** – *Prominente/r*
- **civil wedding** – *Standesamtli. Hochzeit*
- **to cohabit** – *zusammenleben*
- **council housing** – *Sozialwohnungen*
- **court** – *Gericht*
- **destitute** – *mittellos*
- **EEA** – *Europäische Wirtschaftsraum*
- **fine** – *Geldstrafe*
- **forgery** – *Fälschung*
- **fraud** – *Betrug*
- **general practitioner** – *Allgemeinarzt*
- **intimidation** – *Einschüchterung*
- **jury** – *Geschworene*
- **landlord** – *Vermieter*
- **magistrate** – *Richter*
- **national insurance** – *staatliche Krankenversicherung*
- **needy** – *bedürftig*
- **obesity** – *Fettleibigkeit*
- **offence** – *Verbrechen*
- **continual offender** – *Wiederholungstäter/in*
- **pension** – *Rente*
- **poverty line** – *Armutsgrenze*
- **to retire** – *in Ruhestand gehen*
- **to sentence** – *verurteilen*
- **social security** – *Sozialversicherung*
- **suspended sentence** – *Haftstrafe auf Bewährung*
- **theft** – *Diebstahl*
- **truancy** – *Schuleschwänzen*
- **to try** – *vor Gericht stellen*
- **welfare state** – *Sozialstaat*
- **workhouse** – *Armenhaus*

6.5 Religion

The main religions in the UK

There are six main religions represented in the UK. The following table shows the representation of these groups throughout the population as a whole:

Religion	Number who stated this as their religion	Percentage of population
Christian	42,079,471	71.5 %
no religion	9,220,653	15.6 %
Muslim	1,589,183	2.7 %
Hindu	558,485	0.9 %
Sikh	336,430	0.8 %
Jewish	266,875	0.5 %
Buddhist	151,883	0.25 %
other religions	178,544	0.3 %
not stated	4,405,646	7.5 %

Source: www.statistics.gov.uk/census/default.asp

- Britain is officially a Christian country, where the head of state is also the official religious head.
- The main Christian religions in the UK are: the Church of England, the Roman Catholic Church, the Presbyterian, Methodist and Baptist Churches, the Church of Scotland and the Church of Ireland.
- The data from the census above refers to the religion that people identify themselves with, that they were brought up with. It does not necessarily reflect the number of people who actively practise their given religion.
- According to a survey taken in 2004, 44 % of people living in Britain definitely believe in God, whereas 35 % do not; the rest are unsure. However, many people who say they do not believe still state that they have an affiliation to a certain religion, normally because it has been passed down to them by their parents. This is sometimes referred to as "cultural Christianity", where religion has the role of being part of a person's cultural identity rather than having a spiritual function.
- People belonging to the Church of England are among the least likely to go to church regularly every week. However, church attendance normally rises considerably at important feasts such as Christmas or Easter, and many Anglicans marry in church or have their children christened, again illustrating the social and cultural aspect of religion: it still has a part to play in British tradition.

The Church of England

- England's official established church is also known as the Anglican Church.
- Up until 1534, England was a Catholic country. However, King Henry VIII asked for the Pope's permission to divorce his first wife, Catherine of Aragon, because she had not managed to give birth to a male heir, and the king had fallen in love with a younger woman, Anne Boleyn. When the Pope turned down his request, he decided to split from the Catholic Church and declare himself Supreme Head of the Church in England. The title is significant: Henry had not founded a new religion, but simply enabled himself to be in charge of religious matters in England, and to adapt the state religion to suit his own purposes.
- Gradually, the Church of England developed into a Protestant religion, and was established as such during the reign of Elizabeth I (1558–1603).

The Church and the State

- One criticism of the Church of England is that it is not separate from the state. For example, the Prime Minister is involved in the appointment of the Archbishop of Canterbury (the highest-ranking bishop in the Church) and other senior bishops.
- In addition to this, decisions made by the General Synod (the Church's governing body) have to be approved by Parliament, although the politicians are not allowed to make any changes.
- Senior bishops still currently have seats in the House of Lords, which means that they are actively involved in the political life of the country.
- All Anglican clergy have to swear allegiance to the Crown.
- However, the Church does not receive any funding from the government. Most of its

finances come from donations and various historic funds.

Different kinds of Anglicans

There are two main Church of England groups:

- The High Church, or Anglo-Catholics: its church services are very similar to the Roman Catholic mass. The ritual of the service is of central importance, as is the authority of the clergy.
- The Low Church, or Evangelicals: the Bible is seen as the only source of authority, and church services tend to be simple ones of prayer rather than the celebration of Holy Communion. Preaching also plays an important role, and lay preachers are common.

Other issues

- The first Anglican women priests were ordained in 1994, after many years of disagreements and under a great deal of protest. Today, one in five priests are women, and a new, equally controversial discussion has now started about whether the Church should permit women to be ordained bishop. No decision has been reached on this point as yet.
- Another extremely controversial issue in recent years has been the question of homosexual priests. The Church of England allows gay people to be ordained as long as they are celibate. However, the recent appointments of openly homosexual priests to high positions within the Church caused a lot of disagreement. This, together with the connected issue of whether blessings of same-sex couples should be approved by the Church, is causing great division in the Anglican Communion (a world-wide affiliation of Anglican Churches). Members of the Anglican Communion in Nigeria, South East Asia and South America in particular have threatened to break away from the group of churches that allow same-sex blessings and homosexual priests.
- Church attendance has declined in recent decades, with fewer young people going to church regularly. However, the number of women at services has significantly increased since the ordination of women priests, as many feel that female priests can identify better with their needs and concerns.

The Church of Scotland (the "Kirk")

- The official national church in Scotland is completely independent from the state.
- It is a Presbyterian church, which is governed democratically by church councils consisting of ministers, elders (also known as "presbyters") and deacons, but it does not have any bishops.
- A General Assembly is held once a year, where the Moderator, the head of the church for one year, is elected.
- The services normally consist of prayers and hymns, with a long sermon. Holy Communion is often only celebrated a few times a year.
- The services can be conducted either by a minister or a lay preacher.
- The "Kirk" has had women ministers since 1968; today most of the people training to be a minister are women. 2004 saw the first woman Moderator, and the second one will hold office in 2007.

The Church in Wales

- Wales does not have its own official church, but is part of the Anglican Communion.
- The Church tends to be more High Church-oriented, although conscious attempts are being made to make the liturgy more relevant to a wider range of people.
- Other Christian churches, such as the Presbyterian Church of Wales, also have a large membership.

Northern Ireland

- The terms "Protestant" and "Catholic" have strong political overtones in Northern Ireland, and are often used to represent a set of attitudes that now have little to do with religious beliefs.
- Most Unionists, who want Northern Ireland to remain part of the United Kingdom, tend to be Protestants who are often of English, Scottish or Welsh descent.
- Most Nationalists tend to be Catholics. Their aim is that their country should once again become part of the Republic of Ireland. However, according to a recent survey, 24 %

of Northern Irish Catholics wish their country to remain part of the UK, which shows that the issue is not as clear-cut along religious lines as it is often claimed.

- For many people, the term "Catholic" or "Protestant" is one of identity, a way of expressing a sense of community and affiliation with a particular group rather than strictly following certain religious practices.
- Despite initiatives to promote understanding between the two main religions, a large percentage of Catholics in Northern Ireland still have a deep-seated mistrust of Protestants, and vice-versa. Even if the issues in the country can be resolved through negotiations in the foreseeable future, it is obvious that it will take much longer for these prejudices to disappear.

The Free Churches

- These are Protestant Churches which, at various times, broke away from the Church of England due to disagreements over doctrine or ritual.
- The main churches in this group are the Methodists, Presbyterians, Baptists, the United Reform Church, the Quakers and the Salvation Army.
- Although there are differences between them, they also have several similarities, including emphasis on the authority of the Bible rather than that of religious leaders, the fact that both men and women can be ordained minister, and the simplicity of their chapels and services.

6

The Catholic Church in Britain

- The Catholic Church suffered several centuries of persecution in Britain after Henry VIII broke with Rome in the 1530s.
- It was not until 1829 that the Church was granted full civic rights again, and from the 19th century onwards membership increased, helped along by numerous immigrants from Catholic countries such as Ireland.
- Throughout the UK there are about 3,300 parish churches.
- There are approximately five million baptised Catholics in Britain, of which about one million attend mass regularly. Although numbers have dropped considerably over the last decades, this still makes Catholics the largest actively practising religious group in the country.

Non-Christian religions

- The main non-Christian religious groups represented in Britain today are Muslims, Hindus, Sikhs, Jews and Buddhists.
- These groups have their own places of worship (there are, for example, over 600 mosques in the UK) and, often, their own community centres.
- The Jewish community has a long history in Britain, although, Jews have had to deal with anti-Semitism there, too.
- The number of Jews increased in the early 20th century as thousands fled from the pogroms in Russia. Jewish refugees from Europe were allowed to settle in Britain before 1938, but not during World War II, except for approximately 10,000 Jewish children who were rescued from Nazi Germany. However, many European Jews were allowed to immigrate to Palestine during the 1930s, which was controlled by Britain at the time.
- Nowadays there are around 350,000 Jews in Britain, who are generally well integrated into life there.
- Many Muslim communities are now afraid that they may be suspected of preaching extremist attitudes. These suspicions are seen by many as a form of discrimination, and an injury of their rights to practise their religion freely.
- As a result of this, religious leaders from all faiths emphasize the importance of dialogue to increase tolerance and understanding between the religions.

TALKING ABOUT: religion

- **celibate** – *im Zölibat leben*
- **clergy** – *die Geistlichen*
- **deacon** – *Diakon*
- **lay** – *Laien-*
- **to ordain** – *zum Priester weihen*
- **parish** – *Pfarrbezirk*
- **persecution** – *Verfolgung*
- **preacher** – *Prediger*
- **sermon** – *Predigt*

6.6 Foreign affairs

6.6.1 The British Empire

Britain's colonial empire, which lasted from the late 16th to the mid 20th century, was the largest ever in the world. At its height in the early 1900s it comprised over 20 % of the world's land area and about 458 million people. It was said that "The sun never sets on the British Empire"; in other words, the empire was so extensive that there would always be daylight in at least one of the colonies.

Reasons for empire-building

- Since it is an island, Britain has long been a seafaring nation. The first great explorations took place during the reign of Elizabeth I (1558–1603) when Sir Francis Drake sailed around the world (1588) and Walter Raleigh explored the Americas between 1578 and 1595. However, the first long-term colonies were not founded until the beginning of the 17th century.
- Economic factors played a large role from the start: the idea was to establish foreign trade in order to bring wealth to the mother country. Colonies were a source of cheap raw materials and provided a market for exports. Large trading companies were established as early as the 17th century, e.g. the East India Company (1600) and the London (Virginia) Company (1606).

The first empire

The first British colonies were in:

- the West Indies (Jamaica, the Bahamas, the Bermudas)
- India (although it was not directly ruled by Britain until 1858)
- North America
- Canada (Newfoundland, Hudson Bay)
- Gibraltar

Britain acquired some of this land during wars with France (Canada, India) and Spain (West Indies, Gibraltar). After gaining control of Gibraltar, Britain was permitted to supply slaves and trade goods to the Spanish Americas, which established the country as a major overseas power.

The North American colonies

These can be split into three groups:

- The New England Colonies: the area around Boston settled by the Puritans.
- The Middle Colonies: the area around New York settled by various European immigrants attracted by the religious and political freedom to be found there.
- The Southern Colonies: producers of tobacco and cotton. This is where slavery was introduced.

Britain expanded its North American territory when it gained control of the French parts of Canada in 1763. To pay for the increasing costs of a growing empire, it decided to impose taxes on the North American colonies (the Stamp Act of 1765). The colonists resisted this, arguing that they should not have to pay taxes until they were represented in the British Parliament. The Boston Tea Party (1773) protested against tea taxes, leading ultimately to the War of Independence and the founding of the United States of America as a country in its own right.

The Second Empire

After America became independent, Britain concentrated on extending its empire towards the east. Trade still played the most important role in the earlier stages, especially during the Industrial Revolution when there was a huge increase in goods available for export and in the need for raw materials.

6

Imperialism

As the British Empire expanded, the colonists felt it was their mission to "civilize" the native populations of the countries they settled. It was seen as being in the best interests of the local people to impose Western values, beliefs, and white society in general on them. However, this was often done with a lack of sensitivity towards native cultures that led to resentment, resistance and, in the end, the fight for independence.

Some important colonies

- **India:** This was already a vital trading post, and the British consolidated their position there by playing a more active role in Indian politics. During the 19th century, large areas of the country were conquered, English established as the official language, and Queen Victoria was proclaimed Empress of India.

- **Australia:** The explorations of Captain Cook in the 1770s led the British to believe that they had discovered a rich, fertile land which, although a long way away, could form a valuable part of the empire. It was first mainly used as a penal colony for convicts to ease some of the pressure an Britain's overcrowded prisons. Although, as it turned out, much of the country consisted of desert, it still proved to be a source of wealth when gold was discovered there. Australia, along with New Zealand and Canada, became Britain's main colonies with mostly European settlers.
- **Africa:** The British conquered Cape Colony from the Dutch during the Napoleonic Wards, which gave them a stronghold in South Africa. By the beginning of the 20th century Britain controlled one third of the African continent.

The break-up of the Empire

This was a gradual process, which happened for many reasons:

- Australia, New Zealand and Canada demanded the right to govern themselves.
- rebellions in India (Great Sepoy Mutiny in 1857, passive resistance under Gandhi from 1920)
- growing nationalism and demands for independence in various states (e. g. Ireland from 1916; Kenya 1952)
- conscription: citizens of British dependencies were expected to fight for Britain during the two World Wars, which many colonies rejected
- economic reasons: after World War I independence was given to some colonies (e. g. Egypt) to ease the financial strain on Britain.

Procedure

- Initially all colonies were known as "crown colonies" and were governed from London.
- They then became "self-governing colonies" that were run by local governments, but some elements, such as defence, remained the responsibility of Britain.
- The former colonies finally became "dominions", which were free nations that kept the British Monarch as Head of State. This transition first took place in the "white colonies", e. g. Canada (1867) and Australia (1900). Most African and Asian colonies, however, did not gain their independence until after the Second World War.

British Dependencies

This is the name given to the remaining British colonies, 15 self-governing nations that still depend on Britain for defence and foreign affairs. They include the Bermudas, the Falkland Islands and Gibraltar. Some of these dependencies have caused serious problems, such as when the Falkland Islands were seized by Argentina in 1982 after Britain cut back on their defence. The Falklands were only regained after two months of costly war.
It is not clear what the long-term future of these last remainders of the British Empire will be.

6.6.2 The British Commonwealth

Many of the former colonies remain part of an organisation called the Commonwealth of Nations. Initially this was a way of maintaining economic ties with former colonies that were now independent states; today it allows member states to interact at a more informal level, states that, at least in the past, had certain things in common, such as language and culture, due to their association with Britain.

Foundation of the Commonwealth

- 1931: The Commonwealth of Nations was established as an association of all dominions, which were now declared equal in all matters. These states had the right to reject any laws passed by the British government and to pass legislation on domestic affairs.
- Former colonies that had become republics (e. g. India) and therefore did not recognise the monarch as head of state joined the Commonwealth later; they see the monarch as the symbolic head of the Commonwealth but not of their own individual country.
- Economic ties between Commonwealth countries remained important.

The Commonwealth today

- There are 54 member states including Britain.
- The heads of government or state meet every two years to discuss international issues.
- There are many Commonwealth institutes, societies, professional associations and university exchange programmes.
- English remains the common language.
- The Commonwealth Games, a large sporting event, are held every four years. The athletes compete in a wide variety of sports, including some that are only really played in Commonwealth countries, such as netball and lawn bowls.
- There are joint British/Commonwealth programmes in agriculture, engineering, health and education.
- Commonwealth citizens get some special privileges that are not available to all foreigners. These include the right to vote or to be able to take part in certain immigration programmes.

Principles of the Commonwealth

- 1971 Singapore Declaration: commitments to peace, equality, fighting racism, economic and social development.
- 1991 Harare Declaration: reconfirmed these principles and placed additional emphasis on democracy, human rights and social justice.
- Member states that violate these principles can be punished by economic sanctions or even suspension from the Commonwealth. For example, Zimbabwe was suspended in 2002 due to the electoral and land reform policies, and human rights violations that occured under the leadership of President Mugabe.
- Commonwealth members are free to leave the association if they wish to do so, as membership is voluntary. Zimbabwe left in 2003 after the other members refused to lift the suspension; other states have left in protest at particular issues, but rejoined at a later stage.
- Although the Commonwealth has been able to encourage democracy in some countries, it has had little effect in other conflicts, and its long-term future is doubtful. Economic ties with Britain have weakened in recent years as the importance of the European Union grows, and the traditional sense of solidarity among Commonwealth countries has been lost: many no longer have very much in common with each other.

6.6.3 Britain and Europe

Britain's relationship with continental Europe is not always an easy one. Being an island, it is physically separate from mainland Europe, and the Empire allowed Britain to develop close ties with more distant countries. In addition to this, there is a special connection with the USA: the two countries share a common language, culture and a history of political cooperation.

Post-war Britain

The Second World War changed the balance of world power, and in many areas Britain could no longer keep up:

- It had to get financial help from the USA and Canada because it was so badly in debt.
- There were shortages and rationing of food and everyday goods, and a lack of housing, which would continue for some years.
- Many of its colonies wanted to become independent, signalling the end of the Empire.
- The new world powers were the USA and the USSR.

European division and unity

In the post-war years, Europe was rebuilt from two sides and in two quite distinct ways: the western countries followed a capitalist, democratic ideology, whereas the eastern bloc took on the communism of the USSR. Some western countries felt that they could become stronger again, both economically and politically, if they formed some kind of union. They wanted to prevent another war and boost the economies of European countries. Britain, however, felt that its political ties were closer to the USA. This is illustrated by the fact that it joined NATO in 1949, but did not join the European Community (EC) until 1973.

Other key dates

- 1975: in a referendum, two-thirds of Britons voted to remain in the EC, despite huge opposition when the country joined.
- 1991: although Britain signed the Maastricht Treaty that allowed the start of the single European market, Prime Minister John Major made sure that the country had the option to remain outside the single currency, and did not sign the Social Charter which guaranteed certain minimum conditions of employment throughout the EC.
- 2002: Britain, along with Denmark and Sweden, did not change its currency to the euro when the other 12 member states did.
- from 2003: Britain has been widely criticised by other EU states for its role in supporting the war in Iraq.

The EU – for or against?

British politicians are divided over the question of whether the EU is a good thing for Britain or not. There are, of course, voices for and against in all the big parties, but, generally speaking, the Conservatives tend to have more "Euro-sceptics", whereas the Labour government and smaller parties such as the Liberal Democrats are usually more pro-Europe. However, there is a large percentage of Euro-sceptics among the general public in Britain, which is one reason why parties such as UKIP (see "Politics") have had some success among the voters.

6

Euro-sceptic attitudes

- There is a loss of sovereignty and national identity (e.g. the monarch's picture would no longer appear on the currency).
- Britain has to pay too much into the EU and doesn't get an equal share out.
- Many laws made in Brussels are seen as interference in the way in which the country is run – Britain should be able to run its own affairs.
- As the EU grows and more people from poorer countries receive the right to live anywhere they choose within the EU, Britain will end up having to support more immigrants, with negative effects on the economy.

Pro-Europe attitudes

- Britain is a European country and will increasingly come to rely on the EU economically in the future.
- There are various EU subsidies that are also good for Britain.
- Britain can make a positive contribution to EU policy by taking an active part in decision-making.
- British people have the freedom to live and work in all other EU countries.
- Britain can take advantage of the free trading conditions within the EU.
- Immigrants from "new" EU countries do not have to become a problem. It is possible to limit the numbers that come, they can fill gaps in the job market, and statistics have shown that many do not, in fact, stay long term.

TALKING ABOUT: foreign affairs

- **to conquer** – *erobern*
- **conscription** – *Einberufung*
- **convict** – *Strafgefangene/r*
- **penal colony** – *Strafkolonie*
- **referendum** – *Volksentscheid*
- **to settle** – *siedeln*
- **slavery** – *Sklaverei*
- **sovereignty** – *Staatshoheit*

7_Landeskunde „The USA"

7.1 Politics in the USA

7.1.1 Political system

The political system in the United States is made up of three parts: the Legislative Branch, the Executive Branch and the Judicial Branch.

Legislative Branch

This branch consists of Congress, which is divided into two chambers: the House of Representatives and the Senate.

- Both chambers have equal power.
- Both are elected directly by the citizens of the USA.
- Both chambers must agree before a bill can become law. This can cause difficulties if one political party has the majority in the House of Representatives, and the other has the majority in the Senate.

House of Representatives	Senate
435 members	100 members
each member represents a congressional district of about 600,000 people	each state elects two senators
Representatives serve for two years	Senators serve for six years
all House seats are re-elected every two years	one third of the Senate is re-elected every two years

Powers of Congress

- to make laws
- to impose and collect taxes, and control federal spending
- to control trade with other countries and within the States
- to print money and regulate its value
- to declare war and make peace agreements
- to maintain, arm and discipline the armed forces
- to promote science
- to oversee and check the activities of the Executive Branch

Executive Branch

The Executive Branch consists of the President and Vice President of the United States and an organisation of approximately four million people, including one million military staff.

- In order to be elected president, candidates must have been born in the USA, be at least 35 years of age and have lived in the US for at least 14 years.
- All US presidents to date have been white males.
- A president serves a 4-year term of office and cannot serve more than two terms overall.
- He and the Vice President are elected by the Electoral College (see below), and are the only political figures to be elected nationally, all other elections taking place at state or district level.
- They do not have to be members of the political party that holds the majority in Congress.

The role of the President

The President is Head of State, Head of Government, Commander-in-Chief of the military and Chief Diplomat. In addition to this, his powers include:

- suggesting new laws to Congress
- signing or vetoing laws passed by Congress. A veto can be overturned by a two-thirds majority in Congress.
- appointing federal judges (including Supreme Court judges); however, these must be approved by the Senate
- appointing members of the Cabinet, of federal agencies (e.g. the CIA), and other federal employees and diplomats. Again, these appointments have to be agreed by the Senate.
- managing national affairs and the federal government
- pardoning criminals (except those who have committed a crime against the State)
- influencing foreign policy
- having control over military strategy and matters of national security

However, the President needs the approval of Congress for most decisions he makes. Therefore things can become very difficult for him if his political party no longer has the majority in Congress, as happened in November

2006, in the middle of the Republican President George W. Bush's second term in office, when his party lost their majority both in the House of Representatives and in the Senate.

Judicial Branch

The USA has two types of courts: the federal courts and the courts of each individual state. These two systems are separate from each other, except for certain cases that start at state level but go through several appeals, the last of these being the Supreme Court.

State Courts

- Each state in America has its own laws and legal procedures.
- They deal with civil cases involving private individuals or between citizens and local or state governments.
- Each state has its own supreme court, which has the final say in matters concerning that particular state's laws and constitution, and is the final court of appeal in such matters.
- However, if the case involves a federal question, i.e. is connected to the US Constitution or laws concerning the USA on a national level, it may be taken to a federal court on appeal.

Federal system – the Supreme Court

- This is the highest court in the land, where the final judgements are given regarding constitutional and legal matters.
- The court has nine judges who are nominated by the President, subject to approval from the Senate. The judges have the job for life, but can retire or resign if they wish to do so.
- The appointment of judges can be controversial, as the President is likely to choose people who are sympathetic to his views. This can then have an effect on judgements that are passed, especially on matters concerning the interpretation of or changes to the Constitution, although the judges should, theoretically, be neutral.
- The most important job for the Supreme Court is to rule on whether certain laws or government policies are unconstitutional or not. In so doing, it can overrule government decisions.
- All federal courts must follow the rulings made by the Supreme Court in matters concerning the Constitution and federal laws.
- The Supreme Court is not permitted to make judgements concerning the laws and constitutions of individual states.
- The Supreme Court only hears a small number of the cases that are sent there for appeal, choosing those with the greatest importance for the nation or the Constitution.

The American Constitution

The United States' system of government is based on its Constitution. Britain's American colonies had gained their independence in 1776, and in the years that followed it became clear that the central government needed more power if the country was to become and remain united. The Constitution was formulated in 1787 and ratified in 1788. It is still considered to be one of the great political documents of the western world today.

Most important points of the Constitution

- The government must have the agreement of its citizens for the decisions it makes on their behalf, i.e. the citizens have an active say in how they are governed.
- The citizens have the power to elect the people who govern them. Politicians therefore have to answer to the people who elected them, and are responsible for representing their needs.
- The importance of the separation of powers, which is why the US government has its three individual branches.
- The system of checks and balances. Each of the three branches of government has some powers over the others, so that no one branch can become too strong.
- Federalism, which means that the national government and the individual states share authority. Once again, this is to ensure that neither one becomes more powerful than the other.
- Flexibility. In other words, amendments can be made to the Constitution as necessary.

The Bill of Rights

The first ten amendments to the Constitution were added in 1791 and are known collectively as the Bill of Rights. They set down certain civil rights that every citizen should have, including:

- freedom of speech, the press and religion
- the right to hold meetings as long as they are peaceful
- the right to lobby the government to bring about changes
- the right to have and use weapons for protection
- the right to a fair trial, and freedom from cruel punishment

There have been a total of 27 amendments to the Constitution to date. An amendment can be suggested either by Congress or by the states, and must be ratified by at least three-quarters of all states. The President cannot make any changes to the Constitution.

The political parties

The USA is basically a two-party state, consisting of the Democratic Party and the Republican Party. Although there are some smaller parties such as the Green Party, the Reform Party and the Libertarian Party, which have increased their number of supporters in recent years, they tend to be more successful at local or state level. All seats in Congress are currently held by either Republicans or Democrats.
The main principles of the two biggest parties are shown below. Naturally, there are a number of factions within these huge organisations, so the following is simply a general overview of the main points.

The Democrats

The party is generally in favour of:

- a higher minimum wage
- more government finance for healthcare; possibly the introduction of a national health system
- more investment into alternative and renewable energy sources
- stricter anti-pollution laws
- lower tuition fees for colleges to make higher education more affordable
- equal opportunities and affirmative action (actively giving advantages to minority groups, e.g. in the field of employment)
- same-sex marriage and rights for homosexuals
- the right of every woman to birth control and abortion
- stem cell research

The party is generally against:

- continued American military presence in Iraq
- unilateralism, i.e. the idea that if the USA feels its security is being threatened, it can take military action without the agreement of other nations.
- the use of torture against prisoners
- violations of the right to privacy
- the free availability of guns

The Republicans

The party is generally in favour of:

- free-market policies and the importance of individual companies and entrepreneurs being able to run their own businesses without government interference. This means, for example, that issues such as how much workers are paid should be settled by the individual employers.
- tax cuts, especially for people who create jobs
- making it more difficult for people to get welfare money, and therefore encouraging more people to look for a job
- capital punishment
- the right to own guns
- the teaching of creationism and intelligent design on the same level as evolution
- US military action in the Middle East with the aim of spreading democracy to that part of the world
- stricter anti-terrorism laws

The party is generally against:

- an increase in the minimum wage
- the forming of trade unions
- a national health insurance scheme
- abortion
- same-sex marriage
- stem cell research
- measures to stop global warming such as those set down in the Kyoto Protocol

Election campaigns

Elections play a very important part in American political life, mainly because there are so many of them, which means that the results can be used to gauge the mood of the electorate. Every four years a new president is elected, and there is some form of Congressional election every two years. Election campaigns tend to be lavish displays of party unity, often with personal appearances by celebrities and making extensive use of the media. The idea of television debates between presidential candidates, for example, comes from the USA, but has now spread to other parts of the world.

Presidential candidates

Candidates for the two parties are chosen in one of two ways, depending on the state:

- Through primary elections held in some states: the candidates are selected by the voters.
- Through party conventions, where representatives of the parties meet to choose delegates to be sent to their party's National Convention. The presidential candidate is then chosen at the convention.

The Electoral College

The President and Vice President are not elected directly by the people, but through the complicated system of the Electoral College. This idea of the electoral college originally came about because, in the early years of the USA, people living outside the cities normally did not have much information about individual presidential candidates: communications were not very good, and the poor transport connections did not allow candidates to travel widely and visit the people. It was also thought that ordinary, and often uneducated, citizens did not have the skilled judgement necessary for choosing a good president.

Therefore, respected local people were nominated as "electors' to represent presidential candidates. The rest of the citizens voted for one of the electors, who would in turn give the votes to the candidate of their choice.

The system today

- There are the same number of electors for each state as the total number of Senators and Representatives for that state.
- The people cast their vote for one of the presidential candidates.
- The votes cast in each state are collected, and the candidate with the most votes receives all of the electors' votes for that state. This is known as a "majority" or "winner-takes-all" system.
- There are 538 electoral votes in the country as a whole, so a candidate needs at least 270 votes to win.
- The main disadvantage of this system is that the candidate who received the largest number of individual votes from the people does not necessarily win.

TALKING ABOUT: American politics

- **amendment** – *Verfassungszusatz*
- **appeal** – *Berufung*
- **appellate court** – *Berufungsgericht*
- **constitution** – *Verfassung*
- **faction** – *Parteigruppe*
- **federal** – *Bundes-*
- **judicial** – *juristisch*
- **legislative** – *gesetzgebend*
- **unilateralism** – *Politik des Alleingangs*
- **to veto** – *Einspruch erheben*

7.2 Education

7.2.1 Schools

Public Education

In the USA, "public" education means free, state-run education. About 85 % of pupils attend public schools; the rest go to private schools or are educated at home. Education is not controlled by the federal government: it is up to each individual state to decide on its curriculum and educational standards.

Children must attend school from the ages of five or six to 16, although they can stay on until they are 18. Depending on the state, the pupils will go to either two or three different schools until they graduate:

7

Elementary school	Grades 1 – 6
Junior High School	Grades 7 – 9
Senior High School	Grades 10 – 12
Elementary School	Grades 1 – 8
High School	Grades 9 – 12
Elementary School	Grades 1 – 6
High School	Grades 7 – 12

Elementary schools

- Pupils are taught reading, writing, basic grammar, spelling and vocabulary, basic maths, and other subjects such as history and science, again on a basic level.
- They also study art, music, sport and handicrafts.

High schools

- Pupils follow a general course of study, which includes science (physics, biology and chemistry), mathematics, English, social science (including subjects such as American history) and physical education. These courses are the minimum requirement for high school graduation.
- At most schools it is also possible to do "electives", which are more specialised courses and help to prepare pupils who want to take a certain career path. Some schools offer Advanced Placement or International Baccalaureate courses, which compare to "A"-levels in Britain.
- Additionally, high schools offer a range of extra-curricular activities which pupils are encouraged to get involved in. These include sports, bands and music activities, school newspapers, writing clubs and many more besides.

Grading and testing

- The standards of testing vary from state to state. In some states, 70 out of 100 is a passing grade; in others it is 60, or as high as 75.
- However, standardised tests do exist in the form of SATs (Scholastic Assessment Tests) and ACT (American College Testing). These tests are part of the entry requirements for most universities in the States.

"Magnet" schools

- These specialist public schools are usually found in big cities.
- They aim to attract pupils with a particular talent in the fields of science, engineering, the humanities, fine arts or performing arts.
- Competition to get a place at some of these schools is fierce, as they are thought to offer better opportunities than "ordinary" public schools.

Private schools

- These are often affiliated with a particular church or religious group.
- Trade or vocational schools are usually private, where pupils learn the skills necessary for a particular job.
- The fees vary greatly, with the general rule that the more the school costs, the better the teaching will be.

7.2.2 Higher education

There are many types of college and university in America, both public and private.

Universities

- To get a place at university, applicants need good SAT results and good average grades at high school. The universities also consider the applicant's involvement and abilities in extra-curricular activities such as sport. He or she may have to write an essay, and/or go to the university for an interview before being given a place.
- The best-known and most prestigious universities in the States belong to the so-called Ivy League. These are Harvard, Yale, Princeton, Dartmouth College, Brown University, Columbia University, Cornell University and the University of Pennsylvania.
- Students first take a bachelor's degree, a four-year course normally leading to a BA (Bachelor of Arts) or a BSc (Bachelor of Science).
- Students can then go on to do graduate studies. It is not possible to do an undergraduate degree in law or medicine, as is the case in Britain. Students wishing to study either

of these subjects have to do a bachelor's degree first.

- Tuition fees at American universities can be as high as $40,000 a year for the most exclusive institutions. This does not include living expenses. However, a large number of scholarships are available; otherwise the student may have to take out a student loan.

Community colleges

- These are also known as technical, junior or city colleges.
- Anyone with a high school diploma can enrol.
- Part-time courses for people who already work are also available.
- Students can prepare for university, and earn credits that will count towards a bachelor's degree.
- As well as this, it is possible to take a vocational course: people can train for professions such as electrician.
- In addition, these colleges offer other programmes, such as the opportunity for people who dropped out of high school for some reason to take or complete their high school diploma.

7.2.3 Educational issues

Religion and evolution

One of the most controversial issues in recent years is whether evolution should be taught in schools as scientific fact or simply as one possible explanation of how the world came into being.

- In some (mostly southern) states, fundamentalist and family values pressure groups do not want pupils to be taught about evolution as fact. Instead, they favour one of two alternative explanations about the origins of the world:
- **Creationism** = a literal interpretation of the Bible, which states that God created the world in seven days and that this happened no more than 10,000 years ago. Not all Creationists believe in this timeframe, but all think that evolution cannot adequately explain how the Earth and its inhabitants came to be the way they are today.
- **Intelligent design** = the idea of natural selection and chance extinction of species, as stated in the theory of evolution, is rejected. Instead, it is thought that all biological developments happened for a reason, and that the natural world was "designed" by an external being, i.e. God, in order to arrive at the point of development at which we now find ourselves.
- As a result of pressure from these groups, in some states the science textbooks must stress that evolution is an unproven theory, not scientific fact, and must also include a discussion of creationism and/or intelligent design.

Sex education

- Many people, often those from strict religious backgrounds, do not want their children to be taught about sex and sexual health at school. Some feel that children learn about sexual matters when they are too young, or that what they are taught at school would not match their family's views on the subject.
- Some people take the view that teaching children and young people about sexual health matters, such as methods of contraception, encourages them to become sexually active at a younger age.
- Many groups strongly support teaching the concept of abstinence, i.e. that young people should not have sexual relations at all before getting married. However, studies have shown that this does not significantly reduce the number of sexually active teenagers or teenage pregnancies.

Literacy rate

- Compared with other developed countries, American schools have a high dropout rate. In addition to this, the US has a lower literacy rate than most other western countries, with below-average skills in the areas of reading, maths and science.
- This has led to initiatives such as the "No Child Left Behind" Act of 2001. The law aims to raise skills levels in all schools, and to provide assessment to make sure that the aims are being achieved.

- The law also specifies the minimum qualifications that teachers in the different types of school must have; teachers are tested to ensure that they fulfil the requirements.
- Since the introduction of the law, the test scores for African-American and Hispanic children have risen dramatically; previously white children had much higher scores than pupils from other ethnic groups.

Security

- A number of schools in the USA, especially those in poorer, inner city areas, have many problems with crime. Some have to deal with gangs or drug dealing; there is also the threat of weapons such as guns or knives being used.
- To try and deal with these problems, some schools have installed metal detectors and have their own security guards.
- Some schools have also worked out a plan of action in case of a shooting incident within the school grounds.

TALKING ABOUT: education in the USA

- **elective**– *Wahlfach*
- **the humanities**– *Geisteswissenschaften*
- **literacy**– *Lese- und Schreibfähigkeit*
- **scholarship**– *Stipendium*

7.3 Working life in the USA

Historical background

Like in Britain, the USA's economic power increased dramatically during the first half of the 19th century, when manufacturing became widespread. However, at first only the northeast of the country was really industrialised, with the south and west relying mainly on agriculture as a source of income.

It was not until after the Civil War (1861–1865) that America grew to become one of the world's top economic powers, a position that it still holds today. This economic growth was due to a number of factors:

- The country discovered that it had plentiful resources of raw materials (e.g. iron, coal, oil, copper).
- Large amounts of precious metals were found (gold in California, silver).
- The second half of the 19th century was the age of invention: large numbers of new products, e.g. the telephone, the fridge, the sewing machine, the typewriter, the camera, the elevator and many more besides were invented and manufactured in the States.
- Electric light and ways to use electricity commercially were invented, increasing the efficiency of manufacturing procedures.
- Mass production became possible, and was perfected by Henry Ford when he introduced the concept of the assembly line into his car factories in the early 20th century.
- From the beginning of the 19th century onwards there was a steady stream of immigrants to provide cheap labour.
- The idea of starting with nothing and working one's way up to become a wealthy citizen of good social standing is an essential part of the American Dream, and one that was often realised at that time: a new class of rich businessmen arose, who then boosted the economy further by buying consumer goods.
- Improved transportation, e.g. through the railway system, meant that goods could be distributed more easily throughout the country.

Main fields of employment today

The American economy is based on a variety of industries and fields of employment. Different industries tend to be concentrated in different parts of the country:

- New York City: finance, publishing, broadcasting and advertising
- Los Angeles: film and television
- San Francisco Bay Area and Pacific Northwest: technology
- The Midwest: manufacturing and heavy industry
- Detroit: car manufacture
- The Great Plains: agriculture (known as "the breadbasket of the world" due to the large amounts of wheat, corn, soy beans and rice grown there)
- The Southeast: tourism, agriculture (cotton, tobacco) and lumber

- Throughout the country as a whole, three-quarters of the workforce are employed in the service industry, including tourism – the country has the third largest tourist industry worldwide.

Working conditions

The government in the USA has always played a minor role in regulating working conditions. Throughout the 19th century the country's economy could perhaps best be described as "laissez-faire capitalism": employers were free to run their companies, and decide on working conditions within them, without any real outside interference from the government. On the one hand, this meant that businesses were able to achieve higher profits as they could adapt more easily to meet market requirements. However, this also meant that they could treat their workers in whatever way they wished, the workers being powerless to do anything about it. In some companies they had to suffer terrible conditions, or they could simply be made redundant when times were bad.

During the Great Depression of the 1930s, however, the government was forced to introduce some programmes to help the unemployed, who made up nearly 25 % of the workforce at that time. Later, laws were introduced to reduce monopolies and enable competition. Additionally, the government set down standards of business practice and introduced laws that gave workers certain rights.

The influence of labor unions

- The idea of free enterprise for businesses still holds strong today: companies in the States generally have far greater freedom in running their business than in other countries.
- It is therefore often left up to labor unions to negotiate terms and conditions of employment with individual companies. These include wages and working conditions.
- Labor unions are strictly regulated, and it is not always easy for workers to form one. Either the employer must agree to the founding of a union, or the majority of workers must want to form one.
- In several states, government employees do not have the right to form a union.
- Despite the existence of labor unions, workers in the USA often do not have a sense of job security. Employers still have the right to "hire and fire" their employees fairly freely, as the laws regarding the firing of workers are not particularly strict.
- The country had an overall unemployment rate of 4.4 % as of October 2006. However, the rate for black or African American people was 9.4 %; for people of Hispanic or Latino origin it was as high as 14.6 %

Pay, holidays and benefits

- There is no fixed minimum wage for the country as a whole: this is a matter for the individual states, and there is always a great deal of opposition whenever it is suggested that the minimum wage should be raised. Opponents argue that a higher minimum wage causes job losses at the lowest end of the scale, as companies will then employ fewer unskilled workers.
- One of the effects of this is a large gap in earnings between different social groups: although the average annual salary for the country as a whole is higher than in western Europe, in reality only 20 % of all households have a high annual income of $80,000 or more. At the other end of the scale, over 20 % of households earn $20,000 or less every year.
- Due to the low wages at the bottom end of the job market, it is not uncommon for unskilled workers to have two jobs in order to make ends meet.
- Workers in the USA do not tend to have very much paid holiday, with many companies allowing their workers only ten days or less each year. In addition to this, there are ten public holidays in the country as a whole, which most states recognise; there are some other holidays that only certain states have.
- Shops and many other businesses are open on most public holidays, except for Thanksgiving and Christmas Day.
- Conditions for women with babies are not as good as in other western countries. Paid maternity leave is not usual, although it is possible for a new mother to apply for other

payments, such as sick leave, to cover the weeks immediately before and after the birth. It is not uncommon for women to be allowed a total of just twelve weeks leave before and after the baby is born, and therefore to return to work a couple of months after giving birth.

- Many companies have a range of benefits that their employees can take advantage of. These include health insurance (which is important in a country where there is no national health insurance scheme), additional insurance for dental care or eye care, pension plans, and life insurance.

TALKING ABOUT: working life

- **agriculture** – *Landwirtschaft*
- **assembly line** – *Fließband*
- **free enterprise** – *freie Marktwirtschaft*
- **invention** – *Erfindung*
- **labor union (AE)** – *Gewerkschaft*
- **lumber** – *Bauholz*
- **make someone redundant** – *jmd. entlassen*
- **service industry**– Dienstleistungsgewerbe

7.4 American society

7.4.1 The American people

Population facts and figures

Estimated age structure (2006)	
Age	Percentage of population
0 – 14 years	20.4 %
15 – 64 years	67.2 %
65 and over	12.5 %

Source: CIA World Factbook

- In October 2006 the population of the USA passed the 300 million mark for the first time.
- This figure includes an estimated twelve million illegal immigrants.
- Although, like in most western countries, people are living longer in the States, the birth rate continues to increase slowly. This, along with immigration, helps to balance out the older population.

The American middle class

The professional middle class has become the most influential group in the States. There are several reasons for this:

- They have good incomes, and tend to spend them on houses, cars, appliances for their homes and other consumer goods, therefore having a positive effect on the economy.
- Typical professions for this group include business managers, teachers and professors, economists, political scientists, journalists, engineers, doctors, lawyers, architects and writers. These are the sorts of occupations where people have a lot of power to make their own decisions, put their own ideas into action, and to influence public opinion.
- Education is important: middle class parents want good schools and universities so that their children, in turn, can go on to find high-status jobs and continue to live a middle-class lifestyle.
- Because they are one of the strongest groups financially, they have considerable political influence: politicians know that they must listen to the concerns and wishes of this group if they want to be re-elected.

Ethnic background of the population

The ethnic make-up of the USA is rooted in the many waves of immigrants who have settled in the country in the last four centuries (see below). The following table shows the main racial groups in the country today:

Racial ancestry	Percentage of the population
White American (including people from Europe, North Africa, the Middle East, Central Asia and white Hispanics)	74.7 %
Hispanics (of any race)	14.5 %
Black or African American	12.1 %
Asian American	4.3 %
Native American (Indian)	0.8 %

Native Hawaiian or other Pacific Islander	0.1 %
Two or more races	1.9 %
Other	6 %

Source: U.S. Census Bureau

- The most common ancestries among people of European descent are:
  - German (19.2 %)
  - Irish (10.8 %)
  - English (7.7 %)
  - Italian (5.6 %) and
  - Scandinavian (3.7 %).
- Although, at the moment, the majority of the population are descendents of white European immigrants, these demographics are changing. It has been estimated that, by 2040, this will no longer be the largest group.
- The fastest-growing minority groups are Hispanics and Asian Americans.

7.4.2 Immigration

The population of the USA is made up of a wide variety of different races. The majority of the people came – and still come today – in the hope of making a better life for themselves in America. However, this ethnic mix also includes the Native Americans, who had already settled throughout the country when the first Europeans came along, and the natives of Africa who were brought against their will to work as slaves.

There have been several waves of immigrants since the first permanent settlements in the early 17th century. The following is an overview:

	Date	Main countries of origin
1.	1600–1790	England; Scotland; Ireland; Holland; Germany
2.	1790–1849	Ireland; Germany; Italy; Britain; France; Russia; China; Mexico; South America
3.	1850–1930	Germany; Britain; Ireland; French Canada; Italy; Scandinavia; Poland; Eastern European Jews;
4.	1930 – present	the Philippines; Europe (post World War II, including refugees); Canada; Mexico; Korea; Hungary; Japan; Cuba; Vietnam; Latin America

By far the largest group of immigrants today is from Mexico, followed by Asian countries such as the Philippines, Vietnam and China.

Reasons for immigration

1st group:

- Members of religious groups that had broken away from the mainstream churches in their home country came to escape religious persecution (e. g. the Puritans from England).
- Colonies were settled to grow tobacco.
- Land was cheap and economic conditions were better than at home.

2nd group:

- The potato famine in Ireland drove the Irish to leave their home country in their thousands.
- There was political instability in other parts of Europe, e. g. during and after the French Revolution.
- In 1849, gold was found in California, which signalled the start of the gold rush, when thousands of people travelled to the newly discovered gold fields in the hope of making their fortune.
- There was the prospect of finding work; others came to join members of their family already living in the States.

3rd group:

- People came to escape poverty in Europe.
- Between 1880 and 1924, approximately two million Jews emigrated to escape the pogroms in Eastern Europe.
- The Mexican Revolution from 1911–1929 resulted in more than one million refugees entering the USA, although many returned to Mexico in the following decades.
- The economic boom that America underwent in the second half of the 19th century made many people see the country as the land of opportunity – they went there to live the "American Dream".

4th group:

- Most immigrants came to escape war and oppression in their home countries.
- Jobs were plentiful after the end of the Second World War, when many women who had worked as part of the wartime effort went back to being housewives.

- From 1948, displaced people, especially from Europe, were allowed to immigrate to the States.
- People fleeing from Communist countries (e.g. Hungary, Cuba) were able to move to America.

The "melting pot" theory

The term "melting pot" has often been used to describe the integration process of immigrants in the States. The idea was that the new immigrants would gradually assimilate into life in America by giving up their old lifestyles, thereby helping to form a national identity. This is certainly what Americans in the 18th and 19th centuries desired for their country; this can be seen by the motto "e pluribus unum", ("from many to one"), which is still printed on American coins today.

- This worked fairly well for the first waves of immigrants, up to the mid 19th century, as the majority of them were white, northern European Protestants who could identify with the ideas and values of the Puritan descendents and therefore assimilated well.
- From the mid 19th century, the immigrants came from a far wider range of countries, and as a result assimilation became more difficult.
- American citizens today do, to a certain extent, share a national identity, e.g. with regard to language (over 80 % of Americans speak only English at home) and patriotic feelings (there is a sense of national pride that has become more widespread since the terrorist attacks of 11 September 2001).
- However, a large number of people refer to their ethnic or linguistic origins when asked to describe themselves: they are African American, or Irish American, or German American, rather than just "American".
- American social make-up today is often described as the "salad bowl", "mosaic" or "symphony". In other words, it consists of separate parts that make up a whole and work together, yet at the same time keeping their individual identities.

Immigration policies

- Until the end of the 19th century, there were no restrictions on immigration to the States. There were plenty of jobs, and ship fares from Europe were cheap enough for almost everybody to afford. Settlers were encouraged, especially after independence, as a higher population would help to establish America as a country in its own right.
- Since the end of the 19th century, various laws and policies to control immigration have been introduced:
  - 1882: Chinese Exclusion Act, which was intended to ban Chinese labourers.
  - 1917: All new immigrants were tested to see if they could read and write to restrict the number of unskilled workers.
  - 1921: The Emergency Quota Act limited the number of new immigrants from each nation, depending on how many people from that nation were already living in the country.
  - 1924: The Immigration Act set quotas to further limit immigration, especially of unskilled immigrants, and to ensure that there was an even distribution of different ethnic groups.
  - 1938: America was still suffering through the Great Depression; in addition to this, there was a strong mood of anti-Semitism and fear of foreigners. As a result, the government's immigration policy placed severe restrictions on the number of people allowed to stay in the country, including refugees hoping to flee Nazi Germany.
  - 1948: These restrictions were relaxed for refugees and displaced persons following the Second World War.
  - 1965: The quota system for different nationalities was abolished. Instead, limits were set: 120,000 visas a year for the Western Hemisphere, and 170,000 visas for the Eastern Hemisphere. Visa applications from people with family already resident in the States were additional to these quotas.
  - 1986: The Immigration Reform and Control Act meant that employers could be punished for hiring illegal immigrants. However, this did not stop illegal immigra-

tion, as the law is not often enforced and it is easy to produce fake documents.
- 1990: Total immigration was increased to 700,000 per year, with visas being granted mainly to reunite families or for workers with certain skills that were needed.
- 1996: Stricter laws expanded the list of criminal activities for which immigrants can be deported. Since then, over one million immigrants have been sent back to their home countries.

Present day issues

- Discussions revolve around how best to limit the number of illegal immigrants entering the country. Suggestions have included building a wall or barrier along the whole of the border between the USA and Mexico.
- Some politicians would like to pass laws that allow long-term illegal immigrants to gain legal status in the country. Many of these immigrants have children who were born in the States and attend school there; they protest that the economy of the USA would suffer without people like them who are prepared to do the kinds of dirty, low-paid jobs that many Americans refuse to do.
- Opinion polls have shown that, since the 9/11 attacks, a larger percentage of American citizens support the idea of stricter immigration controls, believing that this would make the country a safer place.

7.4.3 The Civil Rights Movement

The history of black people in the USA is an integral part of the country's social history, and has helped to shape American society as it is today. African Americans first arrived in the country involuntarily as slaves. After the abolition of slavery, they faced decades of oppression and discrimination, which even the Civil Rights Movement could not completely eradicate.

History of slavery and abolition

- 1619–1808: Approximately 300,000 people were shipped from Africa to work as slaves in the USA. They lived mainly in the southern states and worked on the cotton, tobacco and sugar cane plantations. These crops made the plantation owners extremely rich, as well as being major products for export. After 1808, no more slaves were transported to the USA, but many were born in the country.
- 1833: The National Anti-Slavery Society, an abolitionist movement, was founded, although most of its supporters came from the northern states rather than those in the south where large numbers of slaves existed.
- 1865: Slavery was abolished after the American Civil War.
- 1868: The 14th Amendment of the Constitution gave black Americans the status of citizens.
- 1870: All male American citizens were given the right to vote, no matter what their race.

Freedom and discrimination

Although African Americans technically had the same rights as other citizens after the Civil War ended, in practice they had to suffer widespread, often officially approved, discrimination and intimidation, particularly in the southern states.

- Segregation was practised in all walks of life. This was permitted by laws known as "Jim Crow Laws" (1880s); in a famous case brought to the Supreme Court in 1896, the judges ruled that segregation was not unconstitutional.
- Black people were not allowed to exercise their right to vote.
- They were not given equal access to job opportunities, so they remained poor and dependent.
- They were subjected to acts of violence, both private and within a more organised framework, led by groups such as the Ku Klux Klan.
- From the early 20th century onwards, many African Americans left the southern states in hope of finding a better life in the more liberal northern and western states. To a certain extent, their hopes were realised, but even in these abolitionist areas discrimination was widespread.

The Civil Rights Movement

The 20th century saw the rise of several organisations working to end segregation and ensure equal rights for people of all races. These included:

- The National Association for the Advancement of Colored People (NAACP), founded in 1909, which took several cases of segregation to court.
- The Congress of Racial Equality (CORE), founded in 1942, organised peaceful demonstrations against segregation.
- The Southern Christian Leadership Conference, founded in 1957 by Martin Luther King, Jr., and other black Protestant ministers, used boycotts and peaceful demonstrations to try to end segregation.
- The goal of the "Black Muslims", or Nation of Islam, founded in 1930, was a separate black state within the USA, and not integration. Malcolm X was the best-known representative of this group; he was assassinated in 1965.
- The Black Panther Party, founded in 1966, aimed to end discrimination by violent means.

Key events in the Civil Rights Movement

- 1954: The NAACP won a famous court case, Brown v. Board of Education, which ruled that it was illegal to have separate schools for different races.
- 1955: A woman called Rosa Parks refused to give up her seat to white passengers on a public bus in Montgomery, Alabama. She was arrested and convicted for this. In protest, black people boycotted the buses for over a year in Montgomery, until segregation on public buses was lifted.
- 1961: Student volunteers took trips on interstate buses in the south to try and end segregation on public transport: the journeys were known as Freedom Rides.
- 1963: The March on Washington for Jobs and Freedom. Between 200,000 and 500,000 people from throughout the country staged a peaceful protest for civil rights. Martin Luther King made his famous "I have a dream" speech, where he spoke of his hope that one day all Americans would be equal.
- 1965: The Voting Rights Act made it easier for minorities to register to vote.
- 1968: Martin Luther King was assassinated.
- 1970–1976: As a measure to end segregation in schools, white children were taken by bus to schools in black areas, and visa versa.
- 1972: Laws were passed to encourage positive discrimination for ethnic minorities in the field of employment.
- 1984 and 1988: The Reverend Jesse Jackson, a black minister, was nominated as a presidential candidate for the Democratic Party. Although he did not win the nomination battle, he inspired more people from ethnic minorities to play an active role in politics. His son, Jesse Jackson Jr., is a member of the House of Representatives.

African Americans today

- More African Americans are members of national and local governments, notably Colin Powell, who was Secretary of State from 2001 to 2005, and Condoleezza Rice, Secretary of State from 2005.
- Barack Obama an African American is a Democratic presidential candidate for the 2008 election.
- There are far more black celebrities today in the fields of sport, film and music.
- More young African Americans complete high school and college or university, and have better chances of getting a good job. However, the high school drop-out rate among this ethnic group is still high.
- Many black people still live in deprived areas, where unemployment is high, and, especially for young people, it is easy to become involved in criminal activities such as drug dealing or gang membership.
- Prejudice and discrimination is still fairly widespread. A recent, high-profile example is the aftermath of Hurricane Katrina, which hit the south-eastern states of the USA in August 2005. The disastrous lack of organisation of evacuation and relief for the affected areas led some people to claim that this was, in part, due to the fact that a large percentage of those affected were black and living in poor areas. They felt that relief would have arrived more quickly for a predominantly white area.

Whether or not this is true, it illustrates the mistrust and the feelings of "them and us" that still exist for many people today.

7.4.4 Native Americans

It is not known how many Native Americans lived in North America before the first Europeans arrived, but there are likely to have been at least two million. There were hundreds of different tribes, with their own languages and culture, although all believed that they were an integral part of the cycle of nature. The idea of property and ownership of land was foreign to them, which became one of the many reasons for tension between native tribes and the new inhabitants of their country.

The first British settlers would probably all have died in their new country if a friendly local tribe had not helped them. Ironically, because the Indians had shown them how to survive, more and more Europeans were able to settle in the country; in return, the new settlers contributed to the dramatic fall in the number of Native Americans, both accidentally and through deliberate persecution.

The Native Americans and the new settlers

- The Europeans did not respect Native American beliefs and customs; some even tried to convert them to Christianity.
- The Indians had little resistance to European diseases such as smallpox and measles, and often died from them.
- Because many Native American tribes were nomadic, it was easier for the settlers to occupy their land.
- Many tribes were forced to live on reservations, and were not allowed to leave them without permission. The reservations were often in areas that were not particularly good for farming, hunting and fishing. These conditions further weakened the tribes.
- There were wars between the Indians and the white settlers in which many natives were killed.
- Although the government made several treaties with the Native American tribes with regard to land ownership, they were quick to break them if, for example, they wanted to build something on that land.
- Many attempts were made to assimilate them into white society by making it almost impossible for them to continue to live their traditional lifestyles: the long-term result was widespread poverty and depression among them.
- Native Americans were not given American citizenship until 1924.
- It was only in the 1970s that tribes were finally recognised as self-determining associations with the same rights as other ethnic groups.

Native Americans today

- There are approximately 1.8 million registered tribal members in the USA.
- The federal government recognises 563 different tribal governments throughout the country.
- Native Americans still suffer from the long-term negative effects of European occupation, which can, for example, be seen in the fact that large numbers of them suffer from mental health problems, alcoholism and heart disease.
- Many Native American governments get a large part of their income from casinos situated on their reservations. While some tribes feel that using gambling to get revenue conflicts with their traditional culture, others use the money to build up a stronger economy for themselves in order to improve their situation.

7.4.5 Social welfare

Compared to other developed countries, only limited welfare services are available to the poor and needy. There are historical reasons for this: the country was founded by people who believed in the Protestant work ethic, i. e. that everyone is responsible for themselves, and must work hard to gain wealth and a good standard of living. There is the belief that too many welfare benefits from the state discourage people from looking for work and make them dependent. In addition to this, charity is an important aspect of this Protestant mental-

ity: those with money should give part of it for good works. This means, however, that such donations were often made at a more local level, e.g. through a church, with little government interference.
It was during the Great Depression that the government realised the need for some form of financial help for people who had fallen on hard times through no fault of their own, and some benefits were made available to the unemployed (see above) and for old-age insurance. However, it is still very much left up to the individual to make sure he or she is covered in case of financial need.

Healthcare

- The USA does not have a national health insurance system, and it is not compulsory to have health insurance.
- Americans have to take out private health insurance, or have insurance schemes that their employers pay for, either partially or completely. Nearly 16% of Americans have no health insurance at all.
- There are two government-funded healthcare programmes for the poor (Medicaid) and for the elderly and some disabled groups (Medicare). However, these systems do not cover all costs, and there has been a decrease in the number of doctors who accept these types of insurance. It can therefore be difficult for those in need to get good medical treatment.
- One reason that costs for medical treatment are so high is the large number of people who sue their doctors or hospitals if something goes wrong. As a result, more is charged for treatment to cover possible legal costs if a patient decides to sue.

Social security

- Most employed and self-employed people pay social security taxes on their earnings.
- These taxes cover retirement, disability, survivorship (benefits for the spouse or children of a worker covered by social security who has died) and death. Unemployment insurance is no longer covered by this scheme.
- Unemployment insurance benefits are available to people who have lost their job, and is based on what that person earned in their last year of employment. Only people who have earned above a certain amount qualify for this benefit.
- Other programmes provide help such as of rent subsidies, healthcare subsidies and food stamps.
- The Temporary Assistance for Needy Families programme, introduced in 1996, gives help to poor families so that their children can be cared for in their own homes rather than having to go into a state institution. Recipients must try to find work as soon as possible, no later than two years after beginning to receive benefits. People on this programme can receive benefits for a maximum of 60 months within their lifetime. The idea is to encourage people to work rather than to accept temporary benefits, and it has reduced the number of people receiving such benefits. Statistics show, however, that the poverty rate in the country as a whole has not really changed.

7.4.6 Social issues

Crime and punishment

- The most common types of crime in the USA are: homicide, rape, robbery, assault, burglary, theft and motor vehicle theft.
- The rate of violent crimes, especially murder and crimes involving guns, is higher than in other developed countries.
- The homicide rate has decreased dramatically in the last few years, and is now 42% less than in 1991 when it reached peak levels.
- African Americans are far more likely to be victims of murder than people of other races: in 2005, nearly half of all murder victims were black.
- Furthermore, 79% of all homicide victims are male, and in general men are far more likely to become a victim of crime than women.
- Other social factors that play a role are age and financial position: people from poor backgrounds and young people are more likely to suffer from the effects of crime.

The war on drugs

America takes the problem of drug and alcohol abuse very seriously, with severe punishments for drug-related crimes. As well as focussing on the problem at home, the USA tries to put pressure on drug-producing countries (e.g. Peru, Bolivia, Colombia) to prevent drugs from being smuggled into the country in the first place. However, despite tight controls and heavy penalties, statistics show that these measures have not been very effective in cutting drug and alcohol use.

- The best-known historical example of an attempt to control drug use was Prohibition (1920–1933), when alcohol was banned. It is now known that sales of alcohol actually increased during this period, and a black market developed to meet the demand, as a result of which many people became extremely rich.
- The USA has a higher legal drinking age than many other countries: in several states alcohol may only be sold to people aged 21 and over.
- Today the war on drugs tends to focus more on narcotics, especially the possession and sale of marijuana. Almost half of the arrests made for drug crimes are related to marijuana.
- Prison sentences are very common for drug-related crimes, even relatively mild ones, which in turn puts a great deal of pressure on the prison system.
- Many companies now test their employees for drug and alcohol usage; members of staff who fail these tests can be fired.

Capital punishment

The USA is one of the 68 countries in the world that still retains and actively uses the death penalty as a means of punishment. The issue is an extremely controversial one, with emotional arguments on both sides. For a time, the death penalty was abolished in the States, but was reinstated in 1976, since which time 1,056 people have been executed.

Death penalty facts

38 of the 50 states have the death penalty on their statute books, although not all of them actively use this option. Some states now have a moratorium on the death penalty, which means that no executions are currently being carried out there. The table below lists the ten states with the highest number of death row inmates. It shows that the ratios between the number of people on death row and the number of people who are actually executed vary from state to state.

State	Number of inmates on death row (2006)	Number of executions (2006)
California	657	1
Texas	401	24
Florida	374	4
Pennsylvania	228	0
Ohio	195	5
Alabama	193	1
Arizona	125	0
Georgia	107	0
Oklahoma	91	4
Louisiana	87	0

Source: http://deathpenaltyinfo.org

- Due to the complicated appeal procedures, inmates often spend at least ten years on death row before they are executed; some are there for 20 years or more.
- The most common method of execution is the lethal injection, although other methods such as electric chair, gas chamber, hanging and firing squad have also been used.
- Death row inmates are usually kept apart from other prisoners, excluded from educational and employment opportunities within the prison, and are restricted with regard to having visitors and taking exercise, often spending up to 23 hours a day alone in their cells.
- Since 1990, the USA has executed more juvenile offenders (people who were under 18 years old at the time of the crime) than any other country.
- 122 death row inmates have been found innocent and released since 1973, in some cases after spending many years in prison.

The death penalty: for and against

It seems unlikely that the death penalty will be abolished in the USA in the near future, as the pro-death-penalty lobby has strong political influence. However, anti-death-penalty groups also make their voices heard, and often have the support of celebrities, especially in high-profile cases. The main arguments of the two groups are:

Pro:

- Anyone who deliberately kills another person does not deserve to live.
- The families of the victims are comforted by the fact that justice has been done.
- The death penalty acts as a deterrent, and makes society safer.
- Life imprisonment without parole is not a suitable alternative, as laws can change and a convicted murderer may be released on parole after all at a later stage.
- Human beings are not perfect and make mistakes, so it may be possible that a few of the people who have been executed were, in fact, innocent. However, this is balanced out by the thousands of innocent victims that are killed by convicted murderers who were released early from prison; this would not have happened if these murderers had been executed.
- If someone who takes a life is not executed, it implies that the victim's life was not worth very much, because their killer was not fully punished.

Contra:

- All human life is valuable, even that of killers, and the state does not have the right to take someone's life.
- Executing a murderer will not bring the victim back to life; in fact, it means that another family will lose a loved one.
- The death penalty does not act as a deterrent: homicide rates are not lower in countries where this is punishable by death than in countries without capital punishment. A large percentage of violent crimes are committed in rage on the spur of the moment, or under the influence of alcohol and drugs: the offender does not think about the consequences at the time of the crime.
- Life imprisonment without parole is a more suitable punishment, and is cheaper than execution in the long run because of the very expensive legal processes that have to take place before someone is put to death.
- The death penalty is not applied consistently. A convicted murderer is more likely to be sentenced to death if the victim was white rather than from another racial group. Furthermore, there is a financial aspect. Offenders who are able to pay for a first-class legal team are unlikely to be given the death penalty, but many people convicted of murder come from poor backgrounds and cannot afford a good lawyer.
- Some people who have been executed clearly suffered from mental illness, and were therefore not entirely responsible for their actions.
- As long as there is a risk of even one innocent person being executed, the death penalty should be banned.

Homeland Security

The Department of Homeland Security was established by President George W. Bush shortly after the terrorist attacks of September 11, 2001. The main functions of the department are to protect United States territory from terrorist attacks, and to provide the necessary aid for dealing with natural disasters. It aims to prepare for, prevent and react to emergencies within the US, at its borders and beyond, especially acts of terrorism.

Measures introduced by Homeland Security include a colour-coded, 5-step security alert system that ranges from "green" (low risk) to "red" (severe risk). Depending on the level of the alert, police presence in certain places can be increased, vehicles can be searched, or other security steps can be taken. In addition to this, the department advises citizens on how they can prepare for different kinds of emergencies, including the preparation of emergency survival kits.

The department has come under criticism for several reasons, including:

- The information about possible emergencies makes people unnecessarily anxious.
- The colour-coded system is unreliable, since the general public are not informed about the criteria for the different levels of alert, and therefore cannot know whether the current level of threat is accurate or not.
- The government has been accused of raising

the threat level for political reasons, e.g. during elections, so that people will vote for the politicians who seem to take security threats the most seriously.

- The department was accused of incompetence for its delayed reaction to the Hurricane Katrina disaster of 2005.

TALKING ABOUT: US society

- **abolitionist** – *Sklavereigegner/in*
- **ancestry** – *Herkunft*
- **assault** – *Körperverletzung*
- **capital punishment**– *die Todesstrafe*
- **to deport** – *abschieben*
- **deprived** – *sozial benachteiligt*
- **deterrent** – *Abschreckungsmittel*
- **displaced people** – *Vertriebene*
- **firing squad** – *Exekutionskommando*
- **food stamps** – *Essensmarken*
- **homicide** – *Mord*
- **lethal injection** – *Todesspritze*
- **narcotics** – *Rauschgift*
- **parole** – *vorzeitige Entlassung*
- **segregation** – *Rassentrennung*

7.5 Religion

The majority of people in the USA who claim to have a religious affiliation belong to one of the Christian churches. The main religions represented are as follows:

Religion	Percentage of population
Roman Catholic	25.9 %
Baptist	17.2 %
No religion/Atheist/Agnostic	15.0 %
Methodist	7.2 %
Lutheran	4.9 %
Presbyterian	2.8 %
Pentecostal/Charismatic	2.2 %
Episcopalian/Anglican	1.8 %
Mormon/Church of the Latter-Day Saints	1.4 %
Jewish	1.4 %
Churches of Christ	1.3 %
Jehovah's Witnesses	0.7 %
Muslim	0.6 %
Buddhist	0.5 %
Seventh-Day Adventist	0.4 %
Hindu	0.4 %
Other	16.3 %

Source: US Census 2001

The number of people in the USA who state that they have no religious affiliation has more than doubled in the last 15 years. In contrast, a far larger percentage of the population (53 %) than in other developed countries say that religion is very important in their lives. In addition to this, religion plays a role in politics, even though, according to the Constitution, these two matters should be completely separate.

History of religion in the States

Many of the early settlers in America had left Europe for religious reasons: they were being persecuted for their beliefs and wanted to live in a place where they would be free to practise their religion in the way they wanted to. Signs of these religious foundations can still be seen in American society today.

- 1620: A group that came to be known as the Pilgrim Fathers were Protestant dissenters who had broken with the Church of England. They first moved to Holland, but later decided to start a new colony in North America where they could worship in their own way and maintain their cultural identity. Their ship was called the Mayflower, and their settlement was the Plymouth Colony.
- from 1630: The Puritans were Protestants who aimed to "purify" the Church of England of practises left over from the days before the split with the Roman Catholic Church. They first settled in New England, and then spread throughout the new colonies. They were intolerant of anyone who did not share their religious beliefs, even to the extent of punishing those who did not conform. Since only church members were allowed to become politicians in the colonies under Puritan rule, they were easily able to impose

punishments, at times going as far as to execute dissenters or people belonging to other religions, such as Quakers.

- 1636: Roger Williams, a Puritan leader, was forced to leave Massachusetts because of his disagreements with the colonial government there. As a result, he founded a colony of his own in Rhode Island, based on principles of religious freedom rather than forced worship. Some of these principles, such as the separation of church and state, religious tolerance and freedom of religion, were written into the American Constitution.
- The North American colonies also became a refuge for other religious groups as the 17th century progressed. These included Catholics (in Maryland), Quakers (in Pennsylvania), Jews (in New York City, Rhode Island, and other coastal towns), and various German sects, e.g. Mennonites, who also settled in Pennsylvania.
- The Great Awakening, an early evangelical movement, began in the early 18th century and by the 1730s had spread throughout the American colonies. Huge open-air meetings were held, where influential preachers brought about a revival of religious feeling. There were many conversions, both of slaves and free people, who were regarded as equals. The main groups that supported the Awakening – the Baptists, Methodists and Presbyterians – had become the largest Protestant groups in the country by the early 19th century.
- Religious arguments were used in part to justify the American Revolution: they helped to convince American citizens that, morally, it was right for them to fight for independence from Britain. The defeat of the British led many Americans to believe that God was on their side, and wanted them to create a great, free nation.
- 1791: Religious freedom and the separation of church and state were written into the Bill of Rights.

The Puritan Legacy

The American mentality today owes a lot to the country's Puritan beginnings:

- The concept of the "Protestant work ethic", which means hard work and self-discipline that leads to wealth and success, plays an important role in the American business world.
- The Puritans believed that they were very special in God's eyes, and that God had blessed their new country. They therefore felt that they had a moral right to defend their beliefs and way of life.
- In addition to this, they believed strongly in a fair and equal society, and refused to tolerate anyone who did not share their views on what that society should be like. Some people see this way of thinking reflected in certain current political policies: American society is believed to be the best in the world, and anyone who disagrees must be an enemy of the state.
- It was thought that personal wealth was a sign of God's blessing, which is one reason why making lots of money is still seen as important today.
- However, the Puritans believed that part of this money should be given to the needy; Americans are very generous when it comes to works of charity.

Religion and politics

Although constitutionally separate, the influence of certain religious groups on political issues is very strong:

- Except for John F. Kennedy, who was a Catholic, all American Presidents have been WASPs (White Anglo-Saxon Protestants). Kennedy's connection to the Catholic Church was seen as a huge disadvantage for many, who thought that he would be too much under the influence of the Pope to govern effectively.
- Certain religious groups, especially extremely conservative, Protestant fundamentalists, have gained considerable influence in the last few decades. They believe in traditional family values, no sex outside of marriage, and the traditional role of the woman in the home.
- They oppose, among other things, homosexuality, abortion, euthanasia and certain kinds of biotechnology, such as human cloning and stem cell research. All of these are current political issues in the US. Additionally, they

would welcome prayer in schools and the teaching of creationism on an equal basis to evolution (see above under "Educational issues").

- Since the 1970s groups belonging to the Christian Right have been exerting influence on voters, seeing themselves as hitting back against liberal government policies. They were instrumental in helping the Republicans to win the 2000 election.

Other churches and sects in the USA

Sects

- 1830: The Church of Jesus Christ of Latter-Day Saints, or the Mormons, was founded by Joseph Smith. After widespread persecution in other parts of the country, members of the church settled in Utah, where a high percentage of the population is still Mormon today.
- 1872: The Jehovah's Witnesses were founded; their influence has since spread throughout the world.

Black churches

- The earliest of these date back to the 19th century, and were founded by African Americans as a place where they were free to worship, as they were often made to feel unwelcome in other churches. One example is the African Methodist Episcopal Church.
- Black churches played a significant role in the Civil Rights Movement: for example, Martin Luther King was a minister.

Muslims in the USA

- There are an estimated six to seven million Muslims in the USA, most of whom are well integrated in American life. A large percentage of them have a university degree and a professional career where they earn a good salary.
- Some Muslim organisations work closely with the government to give advice about US policy in Afghanistan and Iraq. Others work with the community to promote tolerance and understanding between Muslims and non-Muslims.
- Most Muslim organisations in the States emphasize their moderate standpoint, and condemn any form of violence or terrorism. However, suspicion and mistrust of anything connected to Islam has grown since the attacks of September 11, and there are greater fears of acts of terrorism from possible Muslim extremists living in the country.

TALKING ABOUT: religion

- **dissenter** – *der Nonkonformist*
- **to presecute** – *verfolgen*
- **to purify** – *reinigen*
- **to worship** – *eine Religion ausüben*

7.6 Foreign affairs

7.6.1 Isolationism and intervention

Since the early 20th century, the USA has been involved in numerous international incidents and conflicts, and has spread its influence throughout the world. This was not always the case. After gaining independence from Britain, America generally distanced itself from international politics, preferring instead to concentrate on pushing back the western frontier, i.e. expanding its territories within North America.

The Monroe Doctrine of 1823 formed the basis of American foreign policy for many years that followed. Fearing that France and Spain would try to regain control of their former colonies in Latin America, and so become a strong political force on the American continent again, President Monroe drew up the following doctrine:

- European countries must not colonise any part of the American continent.
- The USA will not involve itself in European affairs, as long as there is no threat to American rights.
- Any attempts to colonise the continent will be seen as a hostile act towards the United States which will be dealt with appropriately.

However, by the end of the 19th century, America had become an economic power, and wanted to establish foreign trade partners for the export of goods. The country was also beginning to intervene in foreign affairs:

- 1904: The Roosevelt Corollary, an amendment to the Monroe Doctrine drawn up by President Theodore Roosevelt, put an end to the USA's political isolationism, replacing it with a policy of intervention and imperialism. Specifically, it stated that the USA had a duty to intervene in countries on the American continent that seemed to be politically and financially unstable, in order to protect them from the threat of colonisation by European powers.

- Another aspect of US interventionism has been so-called "dollar diplomacy". By investing in foreign countries, particularly in Latin America and Asia, the USA has been able to influence the politics in these places to suit its own economic purposes. One example of this was support for Panama's battle for independence from Colombia in return for being allowed to build the Panama Canal – a vital trade link between east and west – and to control the Canal Zone.
- There are several states that, at least for a time, became overseas territories of or were annexed to the USA. These include:
  - Puerto Rico (1898–1952), which is still a US commonwealth country
  - Cuba (1899–1902; 1906–1909). Guantánamo Bay is still controlled by the American army.
  - U.S. Virgin Islands (1917 – present).

First World War

In keeping with their policy of non-interference in European affairs, the USA did not enter World War I until a very late stage, although President Wilson offered to help negotiate a peaceful solution. However, in 1917, when it came to light that Germany had asked Mexico to enter the war as their ally, the United States declared war on Austria-Hungary.

After the war, the USA helped to draw up the Treaty of Versailles, but decided not to join the League of Nations that was founded at the time, believing that they should once again keep out of European affairs.

Second *World War*

z *Again, the USA did not enter the war until a later stage, in this case after the Japanese bomb*ed Pearl Harbor in 1941.

- In 1945, America dropped the world's first atomic bombs on targets in Japan, which effectively signalled the end of the war but the start of a new era, both of warfare and of world politics.

Post World War II

When the war was over, the USA and the USSR emerged as the two new world superpowers. Much of US foreign policy in the years that followed focussed on trying to prevent the spread of communism.

- The Marshall Plan of 1947 meant that money was pumped into Europe, both in order to help rebuild the war-torn countries and to keep as much of Europe as possible a western, capitalist democracy. The USSR, however, wanted the countries under its jurisdiction to remain communist. Consequently, an economic, political and ideological barrier known as the Iron Curtain divided Europe from after the war until the 1990s.
- In 1949, the North Atlantic Treaty Organisation (NATO) was founded as an alliance of nations who would support each other if one of the members was under military attack.
- The American military took part in several conflicts throughout the world in order to fight communism:
  - the Korean War (1950–1953)
  - the Vietnam War (1959–1973)
  - the Cuban Missile Crisis (1961).

The end of the Cold War

The Cold War, which lasted from the end of the 1940s to the late 1980s, was a time when the USA and the USSR did their best to outdo each other in terms of military supremacy and nuclear armament. It was the real fear of nuclear war that finally brought the two sides to the negotiating table. They met several times during the 1970s and 1980s, and gradually agreed to reduce the number of nuclear missiles available to them. The agreements reached between the two superpowers made a major contribution to the fall of the Iron Curtain in 1989.

Since the mid-1990s, Russia is no longer an enemy of the USA but an ally. However, the relationship is not always a comfortable one, and the potential for disagreement and conflict remains beneath the diplomacy and friendship on the surface.

7.6.2 The war on terrorism

9/11 and the aftermath

On September 11, 2001, Islamic extremists carried out four more or less simultaneous suicide attacks. They hijacked four domestic flights; two of the planes were flown into the World Trade Center in New York City, one into the Pentagon, and one crashed in the Pennsylvania countryside. Most of the dead were either civilians or members of the emergency services.

- The reactions in the USA immediately after the attacks were those of shock that the country was not invulnerable to terrorist attacks on their own soil, gratitude and support for the members of the emergency services and the general public who risked their lives to save others, and a surge in displays of patriotism. For example, sales of American flags soared at the time.
- The popularity ratings for President Bush rose dramatically to 86 % shortly after the attacks.
- With a few exceptions (e.g. some Palestinians) the rest of the world expressed shock, sympathy and support for the USA in the wake of this disaster.
- Several conspiracy theories arose, including claims that the US government had known about the attacks beforehand but did nothing to stop them, or that it even played a role in planning the attacks in order to have an excuse to take military action in the Middle East.

US response

President Bush declared a war on terrorism that was to take place on an international scale. This took several forms:

- Homeland security and the US Patriot Act were introduced to prepare for, detect and prevent acts of terrorism.
- Military action was taken: 2001–2002 in Afghanistan – an attempt to defeat the Taliban and the Al Qaeda leader Osama bin Laden, who were thought to have been behind the 9/11 attacks; 2003–2005 in Iraq to overthrow Saddam Hussein, who was also suspected of involvement in the attacks and was thought to have weapons of mass destruction intended for use against the West.

Points of controversy

Several points of criticism have been made about US policies following the 9/11 attacks, both at home and abroad:

- There have been serious infringements of civil liberties since the attacks, for example giving the authorities the right to secretly listen to phone calls and read e-mails between people in the US and abroad.
- Since no evidence of weapons of mass destruction was found in Iraq, the war there was unjustified.
- US troops have been in Iraq for too long and should withdraw.
- Several prisoners who are described as "enemy combatants" in the field of international terrorism are being held at the Guantánamo Bay prison in Cuba. Some of these people have been there since 2002. The prisoners have not been tried for any crimes, and there have also been allegations of torture. Several prisoners have gone on hunger strike, or attempted or committed suicide. It is difficult for them to have contact to a lawyer or to their families. In June 2006, the Supreme Court ruled that these prisoners must be given a fair trial. Some of the prisoners have been or will be released without being charged; some of those remaining are to face trial. However, approximately 250 detainees will remain in the camp indefinitely.

Nevertheless, for the time being the US government stands by its anti-terrorism policies and international activities in this field as being the best way to fight the international terrorist threat.

TALKING ABOUT: US foreign affairs

- **conspiracy theory** – Verschwörungstheorie
- **intervention** – *Einschreiten*
- **isolationism** – *Isolationspolitik*
- **negotiating table** – *Verhandlungstisch*
- **nuclear armament** – *Atomrüstung*
- **weapons of mass destruction** – Massenvernichtungswaffen

7

Glossar

Das folgende Glossar ist in drei Bereiche aufgeteilt: Grammatik, Landeskunde und Literatur

Grammatik

Adjektiv: Eine Wortart, der Wörter wie *good*, *clever* oder *necessary* angehören, die typischerweise auftreten:

- attributiv vor Substantiven in → Nominalphrasen >> **a *clever* idea**
- prädikativ nach Verben in → Prädikaten >> **They are *clever***

Viele Adjektive sind außerdem:

- steigerbar >> **good – better** (Komparativ) – **best** (Superlativ)
- durch *very* modifizierbar >> **very *clever*.**

Adverb: Eine Wortart, der in der traditionellen Sprachbeschreibung Wörter recht unterschiedlicher Art zugerechnet werden, die sich schlecht in andere Wortarten einordnen lassen. Man kann drei typische Gruppen von Adverben unterscheiden:

- Bestimmte Adverben können → Adjektive oder → Verben modifizieren >> ***very* clever, ... as we saw *clearly* ...**
- Bestimmte Adverben können die Satzkonstituente → Adverbiale realisieren und sind dabei in ihrer Position relativ frei >> **She met him *there*. *Then* they went *home***
- Manche Adverben haben textstrukturierende Funktion >> ***Furthermore*, artists who are also critics are especially likely to make vivid comments on the methods and techniques of old art.** (BNC)

Adverbiale (*adverbial*): Mit (das) Adverbiale wird eine → Funktion im Satz bezeichnet. Ein Adverbiale kann durch ein Adverbphrase, eine Nominalphrase (>> **this morning**), Präpositionalphrase (>> **up the hill**) oder durch einen *clause* (>> **After it had stopped raining, ...**) realisiert werden.

Aktiv – Passiv: Ein Aktiv-Satz wie >> **The police arrested the suspect** und der korrespondierende Passiv-Satz >> **The suspect was arrested (by the police)** beziehen sich auf denselben Sachverhalt. Die *by*-Phrase im Passivsatz ist grammatisch nicht notwendig. Bei der Passivierung werden die Nominalphrasen verstellt. Ein Aktivsatz bietet sich also für den Fall an, wenn das Objekt neue oder wichtige Information darstellt (und das Subjekt schon bekannt ist). Im umgekehrten Fall, wie in >> **He had an accident. His car was buried by huge masses of snow**, bietet sich die Passivkonstruktion an, die das Neue, Interessante an den Schluss stellt, also dort, wo meist das Gewicht des Satzes liegt.

Artikel: Eine traditionelle Wortart, die eine Untergruppe der → *Determiner* bildet:

- bestimmter Artikel >> **the**
- unbestimmter Artikel >> **a, an**

Aspekt (*aspect*): Die deutsche (umgangssprachliche) Konstruktion >> **Ich bin am Lesen** entspricht in etwa der Bedeutung von >> **I am reading.** Dieser Aspekt wird *progressive* genannt. Der Beispielsatz steht im *present progressive*.
>> **The dog has disappeared** zeigt mit *have* + *past participle* den Aspekt, der als *perfective* bezeichnet werden, zusammen mit *present tense*, also gesamt *present perfect.* In der Bedeutung ist dieser Satz vergleichbar mit „Der Hund ist weg": ein gegenwärtiger Zustand usw., aber mit Nennung eines Ereignisses, das zu dem jetzigen Zustand geführt hat.
Beide Aspekte können miteinander (und mit einem Tempus) kombiniert werden >> **I've been shopping all day / I'd been shopping all day.**

clause: → Satz

determiner: Eine Bezeichnung für die Verwendung von Wörtern, die in → Nominalphrasen die Art der Referenz (Bezug auf eine bestimmte Person oder Sache, auf eine Menge / Klasse, etc.) bestimmen und vor der *premodification* des *head* der Nominalphrase stehen:
>> ***the* books, *these* exercises, *this* country, *all these* stupid questions, *their* books**
>> ***Most* graduates move away from *the* town where they've been studying when they start work**
Mit wenigen Ausnahmen (*a, an, every, the, no*) können *determiners* auch als → Pronomen verwendet werden.

Funktion: Die gängigen Funktionen im Satz (clause) sind **S**(ubjekt), **O**(bjekt), **A**(dverbiale) und der **V**(erbalkomplex), für den es unterschiedliche Definitionen und Bezeichnungen gibt. Daher die Satztypen, z. B.
SV >> **Susan is reading**
SVO >> **Susan is reading a book**
SVA >> **Susan lives over there**
Die Funktionen werden durch Phrasen (Ein-/Mehrwortphrasen), aber auch durch *clauses* realisiert >> **How you can stand all this** *(Subjekt)* **makes me really wonder.**

Hilfsverb: EineBezeichnung für die Verwendung der Verben *be, do* und *have* zur Bildung bestimmter Konstruktionen:
- **The book *was* put on the table** (Passiv)
- **She *has* not been to Paris** (Perfekt)
- ***Did* you ever go to Paris?** (yes-no question)

Konjunktion: ist der Oberbegriff für zwei Typen von Funktionswörtern:
- Koordinierende Konjunktionen verbinden zwei gleichrangige Bestandteile eines Satzes zu einem größeren Bestandteil desselben Ranges:
  Angela and Gordon (zwei Nominalphrasen bilden eine größere Nominalphrase)
  >> **She did her homework *and* then went to the cinema.**
- Subordinierende Konjunktionen leiten einen „Nebensatz" ein, der als Konstituente im übergeordneten Satz fungiert:
  >> ***After** doing her homework, she went to the cinema.*
  >> **Most graduates move away from the town where they've been studying *when* they start work**

Modalverb: Ein Verb, das über keine Flexionsform verfügt: *can, could, may, might* etc.

Noncount: Substantive wie *water, ice, homework, advice, information*, die keine Pluralform haben, werden *noncount nouns* genannt (in Wörterbüchern oft auch als „U" bezeichnet, im Unterschied zu *count nouns*, wie *book – books*. Ein *noncount* Substantiv erscheint auch nicht zusammen mit *a/an* und zeigt Einschränkungen in der Verbindung mit dem bestimmten Artikel *the*.

Objekt: Eine Nominalphrase (oder ein *clause*), in der Regel nach dem Verb. >> **He didn't give me the paper** enthält zwei Objekte, **me** (indirektes Objekt), **the paper** (direktes Objekt. Beide Arten von Objekten können (im Prinzip) zum Subjekt eines entsprechenden Passisatzes werden (**I ...; The paper ....**). Das indirekte Objekt ist dasjenige, das bei der Umstellung der Objektphrasen ein *to* (auch *for*) erhalten muss: **... the paper to me.** Das indirekte Objekt bezeichnet häufig ein Lebewesen.

Phrase: Unter *phrase* versteht man die Bausteine des Satzes (*clause*). Minimal bestehen *phrases* aus einem Wort (dem sog. *head*), wie etwa *water* in >> **Nowadays, water is expensive.** Nach der Wortart der *heads* werden die einzelnen Phrasen benannt, hier: *water* = Nominalphrase, *is* = Verbalphrase, *expensive* = Adjektivphrase, *nowadays = Adverbphrase*). Maximal können Phrasen ziemlich lang sein, z. B. in >> **More than a hundred people, who had been on a day trip to France** (bis hierher die Nominalphrase), **had to be rescued.** Wie ersichtlich, können Phrasen nach links und nach rechts vom *head* erweitert warden, z. B. >> **poor people, may have come, very silly, all cars with a catalyst**: links vom *head* steht die *premodification*, rechts davon die *postmodification*. Nominalphrasen können links, außer durch Adjektive, auch durch *determiner* erweitert werden, vgl. **several of the young children.** Weiteres → Funktion

Prädikat: Eine Bezeichnung für den Teil eines Satzes, der zusammen mit dem Subjekt das Zentrum des Satzes bildet. Das Prädikat umfasst einen Verbalkomplex, dem mehrere Hilfsverben und ein Verb angehören können:
>> **She *has been reading*.**
Objekte, Prädikative und nicht-weglassbare Adverbiale zählen ebenfalls zum Prädikat.
>> **She *had not read the text*.**
>> **He *gave her the book*.**
>> **She *put the book on the table*.**

Prädikativum (auch subjekt complement/ object complement): Bezeichnung für eine nach ihrer Funktion bestimmte Konstituente im Satz, die Teil des Prädikats ist und sich auf das Subjekt oder ein Objekt bezieht und dieses charakterisiert.
>> **She is *a teacher/clever*.**
>> **They considered him *a suitable candidate*.**
>> **She called him *Gordon*.**

Präposition: Ein Funktionswort, das nicht alleine stehen kann und mit anderen Phrasen zusammen Präpositonalphrasen bilden kann:
>> **They were *in London*. She had not seen him *since then*. They agreed *on the proposal*.**

Pronomen: Eine Wortart, deren Mitglieder als *head* einer → Nominalphrase fungieren können:
>> ***They* are clever, *What* was *that*? *She* didn't know *that herself*.**
>> **Most graduates move away from the town where they've been studying when *they* start work.**

Relativsatz (relative clause): Ein Relativsatz bezieht sich mit Hilfe eines Relativpronomens oder Relativadverbs auf die vorangehende Phrase. Man unterscheidet zwischen restriktivem oder notwendigem Relativsatz (*restrictive/defining relative clause*) einerseits und nicht-notwendigem, nicht restriktiven Relativsatz (non-defing, non-restrictive) andererseits.. Der notwendige Relativsatz hat die Form *X, who/which – that* ... , der nicht-notwendige ist *X who/which* .... ,
>> **Frogs, which are amphibians, lay eggs:** dieser nichtnotwendige Relativsatz nimmt an, dass *which are amphibians* ein dem Hörer bekanntes Faktum ist – „ja" „bekanntlich" – und die (mathematische) Menge der Frösche wird nicht verändert.
>> **Animals which are amphibians, lay eggs:** Der notwendige Relativsatz etabliert eine Untermenge zum Vorgehenden, d.h., es handelt sich um *solche* Tiere, *diejenigen* Tiere, *die* ... .Bei Übersetzungen aus dem Englischen ist zu beachten: Da der Unterschied zwischen den beiden Typen im Deutschen formal nicht gekennzeichnet werden muss, ist es sinnvoll , z. B. ja, bekanntlich" oder „solche ... die; diejenigen ... , die" zu verwenden.

Relativpronomen: Ein Pronomen, das einen Relativsatz einleitet >> **... she was the first person *who* made me realise that acting was more than just speaking and doing.**

Relativadverb: Ein wh-Adverb, das einen Relativsatz einleitet >> **Most graduates move away from the town *where* they've been studying when they start work.**

Satz *(sentence, clause)*: Ein *sentence* beginnt mit einem großen Buchstaben und endet in der Regel mit einem Punkt. >> **My mother was late.** Ist ein *sentence* und gleichzeitig ein clause.
>> **My mother was late, because she had missed the bus.** Ein *sentence* mit zwei *clauses*.

Subjekt: Eine Nominalphrase (oder ein *clause*), in der Regel am Anfang des *clause*, das denselben Numerus hat wie die Verbalphrase. Zur Identifizierung ist eine *tag question* hilfreich >> **Most cars remained undamaged, didn't they?** (*they* = *most cars* > Subjekt)

Substantiv: Eine Wortklasse, der Wörter wie *person, house, university* und *democracy* angehören, die typischerweise folgende Formen haben:

- Singular (*university*) und Plural (*universities*)
- Grundform (*university*) und Genitiv (*university's*)

Substantive kommen typischerweise als Köpfe von → Nominalphrasen vor:
>> **Most *graduates* move away from the town where they've been studying when they start *work*** (BNC)

Tempus (*tense*): → Zeit

Verb: Eine Wortklasse, der Wörter wie *go, laugh, put, be* angehören, die sich durch folgende Eigenschaften auszeichnen:

- Tempusformen für Präsens und Präteritum >> **go, goes – went**
- s-Form in der 3. Person Singular Präsens
- Partizipien mit *-ing* und häufig *-ed*
- können in Verbindung mit Hilfsverben Aktiv- und Passivkonstruktionen >> **She put the book on the table – The book was put on the table** bilden.

Zeit: Unter Zeit „(*time*)" wird üblicherweise all das verstanden, was man mit „wann?" erfragen kann.
In der Verbalphrase werden grammatische Kategorien realisiert, die zu Vergangenheit, Gegenwart oder Zukunft, auch auf Dauer, Bezüge herstellen. Bei diesen Kategorien handelt es sich um die sog. Tempora (*tenses*): (*present tense* wie in und *past tense* wie in >> **I walked**). Nun kann man die Zeitbezüge der *tenses* formulieren, z. B, dass das *present tense* Zukünftigkeit ausdrücken kann, oder umgekehrt, welche Zeit-Vorstellung mit welcher *tense* ausgedrückt werden kann, z. B., dass ein vergangener abgeschlossener Vorgang mit *past tense* ausgedrückt wird. Diese Unterscheidung zwischen Zeit und Tempus ist sinnvoll, um nicht sagen zu müssen „Die Zukunft wird durch die Gegenwart ausgedrückt".
Die beiden Tempora können alleine vorhanden sein (*simple*) oder mit → Aspekt kombiniert werden.

Landeskunde

American Constitution: The Constitution of the USA, which came into effect in 1788, is one of the most groundbreaking political documents ever written. It laid the foundations for democracy in the newly independent country by enabling the citizens to elect the politicians, and also established the way in which the country was to be governed. This included setting up three individual branches of government: the Legislative Branch (i.e. Congress), the Executive Branch (the President and Vice-President) and the Judicial Branch (the courts, including the Supreme Court). Each branch was given a certain amount of power over the other two – referred to as the system of checks and balances – to prevent any one branch from becoming too strong. Several amendments have been made to the Constitution since it was first drawn up, the most famous being the first ten amendments, known as the Bill of Rights. These include fundamental democratic rights such as freedom of speech.

British Empire: Between the end of the 16th century and the mid 20th century, Britain ruled colonies throughout the world, from Africa and the Americas to the southern Pacific. Some of these colonies gained their independence long before the others (e.g. the North American colonies, which became the USA, signed their Declaration of Independence from Britain in 1776). Many other colonies, such as India or Rhodesia (now Zimbabwe), did not become independent until after the Second World War, often after many years of bitter protest. Several former British colonies belong to the British Commonwealth, an association of states that was originally formed to maintain both economic and cultural ties between these nations. The heads of the Commonwealth countries still meet today, and there are various exchange programmes and events, such as the Commonwealth Games; however, many of these states now have very little in common.

British Parliament: The British Parliament is made up of the **House of Commons** and the **House of Lords.** The politicians with seats in the Commons (the Members of Parliament, or MPs), are elected directly by the citizens of Britain and are responsible for the day-to-day running of the country, making laws and debating current issues. The members of the House of Lords, the upper chamber, are able to make changes to laws before they are passed, or even delay the passing of a law for up to 12 months, but are not involved in daily political life. There are different ways to get a seat in the House of Lords: some seats are hereditary and are passed down through the generations of an aristocratic family, others are given to senior Church of England bishops, while the rest are occupied by life peers. These are people (often former high-ranking politicians) who have the right to a seat in the Lords for their lifetime, but cannot pass it on to other members of their family.

Church of England: In Britain, church and state are not separate, as the head of state (the monarch) is also the head of the official church, the Church of England or Anglican Church. There are still close ties between the two institutions: the Prime Minister has a say in the appointment of the most senior priest, the Archbishop of Canterbury, who, along with other senior members of the Church, has a seat in the House of Lords. However, the government does not give the Church any financial support. For many English people, the Church of England is not about religion as such: church attendance is low in comparison to other religions practised in the country, but a significant percentage of the population describe themselves as Anglicans. This is often because it is a family tradition and therefore part of their cultural identity.

Civil Rights Movement: From the early 20th century, several organisations began to work towards ending segregation and discrimination against ethnic minorities in the USA. Some of them, such as the Southern Christian Leadership Conference (founded by Martin Luther King, Jr.) relied on peaceful protests, whereas others, such as the Black Panther Party, were prepared to use violence to achieve their goals. One of the most famous events connected with the movement was the March on Washington in 1963, where as many as 500,000 people demonstrated peacefully for civil rights. The movement made significant contributions towards reducing prejudice, but also cost many lives, most memorably those of Martin Luther King, Jr., and Malcolm X, both of whom were assassinated for demanding equal rights for all races.

Immigration: The USA has always attracted immigrants from around the world. They came for a variety of reasons: to escape religious persecution, poverty or war, to make their fortune in the gold fields, to realise their dreams in the land of opportunity. Often, the reality was very different, with immigrants being forced to live in slums, work long hours for little pay, and suffer prejudice and discrimination, especially if their ethnic background meant they did not fit comfortably into American society. Assimilation was easier for some groups than for others, e.g. the white Protestant northern Europeans who arrived in the 19th century had far fewer problems than the Asian or Latin American immigrants who came later. Throughout the 20th century, immigration laws became stricter, greatly limiting the number of visas available to prospective immigrants each year. Today the government is trying to find ways to reduce the number of illegal immigrants, although some politicians would like to pass laws to give long-term illegal immigrants and their families the right to stay.

National Curriculum: In 1989 the government introduced a standardized programme of study for all state schools. It set out which subjects were to be studied in each school year, and when the pupils were to be tested. The subjects range from English and maths to modern languages, science, and subjects dealing with life skills, such as social education. Independent and private schools do not have to follow the National Curriculum, although the national exams (e.g. GCSEs and A-levels) are the same for all pupils, no matter what type of school they attend.

National Health Service: Founded in 1948, the National Health Service (NHS) was set up to provide free healthcare for all British citizens, regardless of their income. It was funded by national insurance contributions, which all workers had to pay, and by the government. It was the first scheme of its kind in the world. The basic system remains unchanged in that all employees pay national insurance and that all Britons can receive free treatment from a local general practitioner. However, NHS costs have risen dramatically over the last 60 years, which means, for example, that dental or eye treatment is no longer free. Further problems include waiting times of several months for patients requiring routine operations, and the low quality of care available in some NHS-run hospitals. Due to this, many people have additional private health insurance.

Religion and science in the US: One of the controversies regarding education that has arisen in recent years concerns the teaching of evolution. In some states, pressure groups campaign to prevent schools from teaching evolution as scientific fact. Instead, pupils are to be taught creationism, a literal interpretation of the Bible in which God created the world in 7 days, approximately 10,000 years ago. Alternatively, they may be taught the concept of intelligent design, which states that all creatures on earth have evolved for a reason, not by chance, and that the world as it exists today was "designed" by God. Those who support these theories say that evolution cannot be proved, and that it does not explain everything adequately. Critics feel that not teaching evolution as scientific fact means taking a backward step in the field of science.

War on terrorism: Following the terrorist attacks on the World Trade Center and the Pentagon on 11 September 2001, President George W. Bush announced his intention to fight terrorism throughout the world, specifically targeting Al-Qaeda. The US army, with help from other nations such as Britain, fought wars in Afghanistan and Iraq, overthrowing the dictator Saddam Hussein in the process; despite this, it has not been possible as yet to establish peace in Iraq. Furthermore, many US citizens have become concerned about the negative effects of the war on terrorism, such as a reduction in civil liberties. Even greater controversy surrounds the Guantánamo Bay prison, where several suspected terrorists have been held for some years without trial and often without any real evidence that they have any connection to a terrorist group.

Literaturwissenschaft

Aestheticism: Period in the history of English art (1880 – 1900). Following the honesty of → Realism, aestheticist artists focused on beauty, trying to celebrate the power of art to create a sensual, pleasant experience. Oscar Wilde is a major representative.

Allegory: Stylistic device that uses personified ideas in order to present an abstract concept, i.e. when Death, Time, or Friendship appear as figures in a play. The late medieval drama *Everyman* provides good examples.

Alternate rhyme: Type of → rhyme that consists of alternating rhymes: abab cdcd.

American Revolution: Period in the Anglo-American history (1775 – 1783) that established the independence of the United States from Britain. The declaration of independence (4th July 1776) is celebrated every year.

Amphibrach: Lyrical → foot consisting of one unstressed, one stressed, and one unstressed syllable.

Anapaest: Lyrical → foot consisting of two unstressed and one stressed syllable.

Anaphora: Lyrical device, the repetition of a word at the beginning of a line or a sentence.

Aside: Presentational device in dramatic texts, when a character says something that, by convention, is inaudible to others present. It not only provides insight into a character's thoughts and feelings, it also gives the audience an advantage in knowledge, leading to → dramatic irony.

Assonance: Type of → rhyme that consists of identical vowel sounds only.

Authorial narrative situation: Type of narrative in which the narrator is not part of the events narrated, has insight into the thoughts and feelings of the characters, knows about the past and the future, and comments on the narrative from an external, authorial position; → first person narrative situation, and → figural narrative situation

Ballad: Narrative poem that tells a heroic, romantic, tragic, or comic story; intended to be sung.

Beiseitesprechen: → aside

Bildungsroman: Subgenre of the novel sometimes also called "novel of development;" presenting a protagonist who rises from simple beginnings to a position of respectability. Examples are: **Charlotte Brontë's** *Jane Eyre* (1847), **Charles Dickens's** *David Copperfield* (1849 – 1850), and **James Joyce's** *A Portrait of the Artist as a Young Man* (1916).

Blank verse: Type of language, often in dramatic texts, that is structured by → metre, but not rhymed.

Botenbericht → messenger report

Briefroman: → epistolary novel

Bürgerkrieg, amerikanischer: → Civil War

Caesura: Break in the middle of a poetic line.

Chain rhyme: Type of → rhyme that consists of three lines, the first and last rhyming, the middle line forming the embracing rhyme for the next group of three lines >> **aba bcb cdc.**

Chiasmus: Syntactical aspect that reverses the sequence of sentence elements, for instance subject, verb / verb, subject; often found in poetry.

Civil War: Period in American history (1860 – 1865) that began with the secession from the Union of Southern states and later lead to a bloody military conflict (over 4 million dead and wounded) between the North and the South, ending with the victory of the Northern states.

Closet drama: Drama written for private reading, not for performance on the stage.

Comedy: A subgenre of drama written often in low style that features common people who are exposed to ridicule, often ending happily.

Comic relief: Feature of literary texts, often in tragic drama, where a character creates a moment of laughter in order to counterbalance the overall serious tone.

Commonwealth of Nations: Association of around 50 nations that once were or still are dominated by Britain.

Commonwealth: Period in English history (1649 – 1660). Following the English Civil War and the execution of Charles I, England saw the regime of Oliver Cromwell (succeeded later by his son), experienced religious tolerance but also the closing of its theatres by the Puritans.

Consonance: Type of → rhyme that consists of identical consonant sounds only.

Dactyl: Lyrical → foot consisting of one stressed and two unstressed syllables.

Dark Age: → Middle Ages

Dialogue: Form of speech in dramatic texts, when different characters are on the stage, more than one of them contributing to the conversation.

Discourse time: The time that it takes to read (or tell) a narrative; rarely the same as → story time.

Discourse: The way a narrative is organised, presented, put in order, in short: narrated; → story 1).

Dramatic irony: Feature of literary texts that involves different levels of knowledge, in particular a moment where a character is not aware of the consequences of a word or deed, other characters (or the audience), however, already foresee or know the future consequences.

Embracing rhyme: Type of → rhyme that consists of a → rhyming couplet embraced by two rhyming lines >> **abba cddc.**

Enjambment: Continuation of a syntactical unit beyond the end of a poetic line, into the next line.

Enlightenment: Period in the history of English and European thought (17th – 18th century) that emphasised the power of the intellect. Influential British representatives are **Francis Bacon, Thomas Hobbes, David Hume,** and **John Locke.**

Epanalepsis: Lyrical device, repetition of a word, interrupted by at the most two words.

Epic: Long narrative poem that celebrates the heroic deeds of its protagonist in a sublime style.

Epigram: A short and witty saying that makes a strong, critical statement.

Epipher: → Epistrophe

Epistolary novel: Subgenre of the novel in which the plot is conveyed through a series of letters. **Samuel Richardson's** *Pamela* (1740) is an early example.

Epistrophe: Lyrical device, the repetition of a word at the end of a line or sentence.

Erlebte Rede: → free indirect discourse.

Erzählte Zeit: → story time.

Erzählzeit: → discourse time.

Essay: Type of prose text that discusses a particular topic from a highly subjective point of view, offering personal insight without claiming to be a scientific discussion. **Francis Bacon, Jonathan Swift,** and **Henry David Thoreau** are key practitioners of the form.

Experiencing I: An aspect of the narrator in a → first person narrative situation; refers to a narrator who is currently experiencing the events, not yet knowing what the outcome will be. Often the narrator will be speaking from a privileged position later in time, thinking back about his or her own past experiences; → narrating I.

Figura etymologica: Lyrical device, use of two words derived from the same etymological root, for instance "to *do* great *deeds*."

Figural narrative situation: Type of narrative in which there is no perceptible narrator; the events are told in a passive way, through the eyes of often changing characters, also called → focalisers; → authorial narrative situation and → first person narrative situation.

First person narrative situation: Type of narrative in which the narrator (who is often also the protagonist) is part of the events, does not have insight into the thoughts and feelings of the other characters; → narrating I and → experiencing I; → authorial narrative situation and → figural narrative situation

Focaliser: A character in a narrative that uses a → figural narrative situation whose perspective is presented for at least part of the narrative; often used in conjunction with → interior monologue or → free indirect discourse.

Foot: Smallest unit of recurrent grouping of syllable stress in a poem, for instance → iamb.

Free indirect discourse: Literary technique for presenting the inner mind of a character. A free indirect discourse presents the thoughts and feelings of a character using the present tense and first person pronouns but keeping the conventions of literary language; → psycho narration and → interior monologue.

Free verse: Type of language, often in dramatic texts, that is not structured by → rhyme or → metre.

Gattung: → Genre

Gedankenbericht: → psycho narration.

Genre: Description of a type of literary text that shares a number of characteristics with other texts; a textual strategy agreed upon by writers and readers. Basic genres are **poetry**, **drama**, and **prose narratives.**

Gothic fiction: Subgenre of the → novel or → romance, popular during → Romanticism. The gothic novel uses a medieval or often European setting, featuring supernatural events, haunted castles, ruins, or monasteries; places its characters in threatening scenes evoking horror or terror; and emphasises emotions over rationality. **Horace Walpole's** *The Castle of Otranto* (1764) started the tradition in Britain; **Mary Shelley's** *Frankenstein* is a popular example.

Heroic couplet: Two rhymed lines of text, written in an iambic pentametre.

Iamb: Lyrical → foot consisting of one unstressed and one stressed syllable.

Industrial Revolution: Period in English history, beginning around 1830, during which the technological advancements (steam engine, railways, factories etc) lead to a major change in the lifestyles of the population, leading also to a sizeable migration from rural into urban areas, creating a huge working class.

Innerer Monolog: → interior monologue.

Interior monologue: Literary technique for presenting the inner mind of a character. An interior monologue is not part of the narrative situation but rather a switching into the actual thought processes of a character, using the present tense, first person pronouns, and the often disconnected sentence fragments that are typical for thoughts that have not yet been transformed into written language; → free indirect discourse and → psycho narration.

Intertextuality: Literary device in → postmodern texts that connects two texts, for instance through direct quotation, through the adoption of plot devices or through the insertion of already existing characters, for instance in **Tom Stoppard's** *Rosencrantz and Guildenstern Are Dead* (1966).

Jambus: → iamb.

Kernel: A part of a narrative that provides crucial information for the → plot; → satellite.

Kurzgeschichte: → short story

Lesedrama: → closet drama.

Lyrical I: The "voice" in a poem, the person speaking, the subjective centre of experience; not to be confused with the author. Called explicit lyrical I if stated directly; otherwise: implicit lyrical I.

Mauerschau: → teichoscopy

Messenger report: Presentational device in dramatic texts, when a messenger comes onto the stage to narrate events that happened off-stage, often in order to avoid the portrayal of excessive violence or scenes involving too many people, for instance a battle; → teichoscopy.

Metafiction: Type of literary discourse in which a piece of art makes obvious its own constructedness, i.e. a novel that discusses the novel as an art form or has an intrusive narrator who questions the very idea of novel writing, as in **John Fowles's** *The French Lieutenant's Woman* (1969).

Metaphor: Rhetorical device that compares two ideas, putting one word for another and transferring part of the meaning, for instance „she is an angel."

Metonymy: Rhetorical device that compares two ideas, putting one word for another to which it is closely related, for instance „to read Shakespeare," putting the author for his work.

Metre: Description for a type of line in poetry, stating the number of times a particular → foot is repeated; example iambic pentametre.

Middle Ages (Mittelalter): Period in English history between the departure of the Romans and the beginning of the Renaissance.

Middle English: Variety of English spoken between 1066 and the Renaissance (beginning around 1500). As a result of the Norman invasion, English changed dramatically, getting rid of most of the verb conjugations and noun declensions. Also, the influence of French is highly obvious in the vocabulary, with numerous loan words adopted into English. **Geoffrey Chaucer's** *Canterbury Tales* (ca. 1386) is an example.

Modernism: Period in the history of English art (ca. 1890 – 1945). Modernism was marked by a sense of disorientation, influenced by political developments (World War I) and the realisation that the traditional art forms are not longer adequate for addressing the reality of „modern" life. Often, modernist artworks are marked by a significant break with artistic traditions and they present life as a chaotic, fragmentary, and isolating experience. **Virginia Woolf, T.S. Eliot, John Dos Passos,** and **James Joyce** are key practitioners.

Monologue: Form of speech in a dramatic text, when one character gives a longer speech, addressing other characters on the stage.

Narrating I: An aspect of the narrator in a → first person narrative situation; refers to a narrator who is telling the story at a later point in time, giving the narrator the benefit of hindsight, making it possible to comment on earlier moments while knowing the outcome. The narrating I will often talk about him or herself at an earlier stage, also called → experiencing I.

Neoclassicism: Period in the history of English art (17th – 18th century) that draws its formal and stylistic inspiration from Greek and Roman antiquity. **John Dryden's** work is an example.

Novel: Type of narrative dominant since the early 18th century, marked by its social realism, its focus on characters and events that could in fact exist; in opposition to → romance. **Daniel Defoe's** *Robinson Crusoe* (1719) starts the realist novel in England.

Old English: Variety of English spoken until 1066. As a Germanic language, Old English has a fully developed case system, complex endings, and verb conjugations similar to modern German. For modern readers, Old English is only comprehensible after special study. **Beowulf** is the best known Old English text.

Parallelism: Syntactical aspect that repeats the sequence of sentence elements, for instance subject, verb / subject, verb; often found in poetry.

Plot: The logical connection of elements in a narrative; → story 2).

Poetic justice: Feature of literary texts that demands that good deeds be rewarded and that the villain be punished.

Point of view: Aspect of a narrative, way of presenting the content of a narrative. Usually divided up into three types: → authorial narrative situation, → first person narrative situation, and → figural narrative situation.

Polyptoton: Lyrical device, repetition of a word in different forms, for instance "called" (simple past) and "calls" (third person singular, present tense).

Postcolonial literature: Description for the works by authors who write from a formerly colonized country, often dealing with the history of colonialism, the struggle for independence, the cultural domination of the West, or in celebration of indigenous artistic traditions. Examples are **Chinua Achebe's** *Things Fall Apart* (1958), **Salman Rushdie's** *Midnight's Children* (1981), **Nadine Gordimer,** and **J.M Coetzee.**

Postmodernism: Period in the history of English art (1945 –). Following Modernism, Postmodernism has been described as a continuation or a break with Modernism. In postmodern art, the history of a particular art form is ironically quoted and playfully redefined. Artists are highly interested in the process of production, making their art a comment about art (→ Metafiction). Works by **Peter Shaffer, A.S. Byatt,** or **John Barth** are examples.

Poststructuralism: Method of literary analysis (also called deconstruction) that supersedes → structuralism and, in contrast to the earlier movement, does not believe in the existence of underlying ordering principles. Poststructuralists focus on a text's contradictions, logical breaks, and the overall instability of words, which they believe do not have stable meanings.

Psycho narration: Literary technique for presenting the inner mind of a character. A psycho narration is part of the narrative situation, uses the same narrative past and third-person pronouns when referring to the character; the language and style is that of „normal" literary prose; → free indirect discourse and → interior monologue.

Realism: Period in the history of English art (1840 – 1880). Following the radical changes that the → Industrial Revolution caused in England, artists started to get interested in the lives of average people, portraying in plain style simple people and their worries, for example in **George Eliot's** *Middlemarch* (1871 – 1872).

Renaissance: Period in English (and European) history after the end of the Middle Ages, marked by a rebirth of classical learning and the arts of antiquity as well as by technological advances (book printing, gun powder etc).

Restoration: Period in English history after the → Commonwealth. With the crowning of King Charles II in 1660, the monarchy was restored in England and the theatres reopened.

Rhyme scheme: Grouping of → rhymes in a → stanza creating a recurring pattern, for instance abba abba.

Rhyme: Feature of poetic texts in which the sound of (usually) the last syllable is repeated in another line.

Rhyming couplets: Type of → rhyme that consists of two subsequent lines >> **aa bb cc.**

Romance: Type of narrative dominant in the middle ages and still popular today, marked by fantastic features such as ghosts or dragons; in opposition to → novel.

Romanticism: Period in the history of English art (1780 – 1830) that emphasised the role of artists, the power of the imagination to represent the deeper significance of a sublime nature. It started as a counter-movement to the rationalism of the → Enlightenment. Important artists are **William Wordsworth** and **Samuel Taylor Coleridge.**

Satellite: A part of a narrative that does not provide crucial information for the → plot; → kernel.

Short story: Type of short narrative that typically presents a single plot with a moment of crisis, has few characters who are flat and hardly develop, and spends little to no time on setting, description etc. The writings of **Edgar Allan Poe** are popular examples.

Simile: Rhetorical device that compares two ideas or objects, using a word such as „like".

Soliloquy: Form of speech in a dramatic text, when one character only is on the stage, giving voice to his thoughts and feelings.

Sonnet: Lyrical subgenre, traditionally a love poem, written in 14 lines. Established by the Italian poet Petrarca, who divided a sonnet into two groups of eight lines (octave) and six lines (sestet); the English or Shakespearean sonnet often has three quatrains and a heroic couplet.

Spondee: Lyrical → foot consisting of two stressed syllables.

Stanza: Group of lines in a poem, often marked by a → rhyme scheme and placed apart on the page; frequently also a thematic unit.

Story time: How long it take for the events in a narrative „really" to take place; can cover many years, even centuries; rarely the same as → discourse time.

Story: 1) The content (or „what") of a narrative; → discourse. 2) The chronological sequence of elements in a narrative; → plot.

Structuralism: Method of literary analysis derived from linguistics that believes that texts are the realisations of underlying ordering principles, i.e. that all fairy tales draw from a basic group of plot elements that they realise into concrete narratives.

Synecdoche: Rhetorical device that compares two ideas. A part is taken for the whole, or a general term for a subordinate word. Example >> **To take up the sword,** meaning **to go to war.**

Tail rhyme: Type of → rhyme that consists of changing → rhyming couplets followed by a line ending in a repeated sound patter >> **aab ccb ddb.**

Teichoscopy: Presentational device in dramatic texts, when a character directly comments apon events that are happening off stage, invisible to the audience, often in order to avoid the portrayal of excessive violence or scenes involving too many people, for instance a battle; → messenger report.

Three Unities: Dramatic convention, derived in parts from Aristotle, that demands that a play have one plot, one setting, and takes place within 24 plays.

Tragedy: A subgenre of drama written in high style that features a high hero who commits a mistake and is punished for it at the end of the play.

Trochee: Lyrical → foot consisting of one stressed and one unstressed syllable.

Utopian novel: Subgenre of the novel that presents an ideal, often future, society as a means to criticise the present; negative utopias (also called dystopias) present a future in which the ills of the present have deteriorated into catastrophe. Famous utopias are **Edward Bellamy's** *Looking Backward: 2000 – 1887* (1888) and **William Morris's** *News from Nowhere* (1890); dystopias are **Aldous Huxley's** *Brave New World* (1932) or **George Orwell's** *Nineteen Eighty-Four* (1949).

Vergleich: → simile

Word scenery: Feature of dramatic texts, involving the creation of a sense of location exclusively through words, not through an actual stage set.

Zäsur: → caesura.

Stichwortverzeichnis

U

V

W

Z